“产教融合 MPAcc 教学智库实验平台建设”系列成果
“小班 + 案例”教学模式改革系列教材
◎ 邓彦　张军波　丛书主编

财务会计教学案例

CAIWU KUAIJI JIAOXUE ANLI

● 张卓　陈文涓　陈沉　陈伟晓 编著

华南理工大学出版社
SOUTH CHINA UNIVERSITY OF TECHNOLOGY PRESS
· 广州 ·

内容简介

本系列教材案例均由广东工业大学管理学院案例开发中心开发完成，涵盖财务会计、财务管理、管理会计和审计等专业核心课程，以及高等学校的会计、银行会计、财税管理、财务报表分析、内部控制与风险管理、资本运营、重组并购等专业课程。适用于MBA（工商管理硕士）、MPAcc（会计硕士）、工程硕士、全日制研究生以及高年级本科学生案例研讨；可作为理论研究的参考书，供从事财务管理理论研究的专家学者以及企业管理咨询机构使用；同时也是了解中国企业管理实践的必读书，可供企业所有者和管理者参考借鉴。

本系列教材案例为中央财政支持地方高校发展专项资金项目“产教融合MPAcc教学智库实验平台建设”（项目编号：400170043）、广东省质量工程项目“基于协同创新视角下的会计教学模式改革研究”（项目编号：JGXM022）、广东工业大学校级质量工程项目“以社会需求为导向的会计学专业教学体系优化”（项目编号：261541418）、广东省哲学社会科学规划项目（GD16XGL53）阶段性成果之一。

图书在版编目（CIP）数据

财务会计教学案例/张卓等编著．—广州：华南理工大学出版社，2018.7
ISBN 978-7-5623-5663-9

Ⅰ.①财…　Ⅱ.①张…　Ⅲ.①财务会计-案例-高等学校-教学参考资料
Ⅳ.①F234.4

中国版本图书馆CIP数据核字（2018）第135303号

财务会计教学案例
张卓　陈文涓　陈沉　陈伟晓　编著

出版人：卢家明
出版发行：华南理工大学出版社
（广州五山华南理工大学17号楼，邮编510640）
http://www.scutpress.com.cn　E-mail：scutc13@scut.edu.cn
营销部电话：020-87113487　87111048（传真）
责任编辑：吴兆强　邓荣任
印刷者：虎彩印艺股份有限公司
开本：787mm×1092mm　1/16　印张：14　字数：359千
版次：2018年7月第1版　2018年7月第1次印刷
印数：1～1000册
定价：39.80元

“产教融合 MPAcc 教学智库实验平台建设”系列成果
“小班 + 案例”教学模式改革系列教材

序言

广东工业大学管理学院依托广东工业大学的工科优势，扎根我国社会经济转型的热土，以探索管理理论与实践前沿、服务地方社会经济发展为宗旨，持续为广东经济建设提供有力的人才支持、智力支持和决策支持，成为广东地区管理人才的重要培养基地以及广东经济管理的重要研究基地。目前，学院处于快速上升期，正努力建设成为拥有知名学科的高水平学院。

得益于广东省在国家改革开放和转型升级中的前沿地位，学院在学科建设、人才培养的过程中得以接触到大批具有“敢为天下先”精神的优秀企业家，他们在经营管理中遇到的问题颇具代表性、时代性，甚至超前性，他们在这些问题的处理上有宝贵的经验，也有刻骨的教训。他们个人的成长及其企业的发展历程对管理理论形成了很好的诠释、印证。将这些宝贵实践整理提炼形成案例，让更多管理学实践者、教育者和研究者学习、反思，使之发挥更大的作用是我们一直以来的心愿。

在广东省教育厅和学校的高度重视及大力支持下，广东工业大学管理学院一批知名教授和年轻博士组成企业管理案例开发小组，并正式立项撰写本系列教材案例集。项目团队凭借对管理学理论的独到见解和深入管理现场获得的翔实资料，提炼、撰写了100余个会计与财务案例，形成本套财会教学案例系列教材。案例主题既有战略管理、财务管理、财务会计等经典管理话题，又包括创新创业、并购重组、物流与供应链管理等具有时代特色和本土特色的热点话题，从借壳上市、并购重组、资本运营、合并报表、财务分析、税务管理、审计等角度，再现了企业家和管理者在财会实际工作中面临的典型情景、需要解决的典型问题和需要做出的典型决策，有助于读者更好地了解企业所面临的内外部环境的复杂性，认识有效管理者在新时代下所要具备的系统性和前瞻性思维。

本系列教材案例适用领域广泛，用于教学，有助于训练学生对实践的观察，深化其对管理理论、财务管理、财务会计的理解，提高其对问题的分析和解决能力；用于科研，有助于学者们捕捉具有转型期特色的管理现象、提炼管理问题、归纳新的管理规律；用于指导实践，有助于启发管理者思维、扩展视野，获得有借鉴性的管理措施。

德鲁克说：“有效管理者的自我发展，是组织发展的关键所在。”我们谨以此书奉献给有志于成为卓越管理者的商学院学生，对服务企业、服务社会负有责任的学者和教师，以及在管理一线探究有效解决问题途径的实践者。愿广大读者与我们一起推动财务管理理论与实务的发展！

广东工业大学管理学院（执行院长）

张德鹏 教授

2018年5月

前言

为进一步推动案例研究及案例教学的开展，开发出更多、更好、更适用于财会教育的高质量教学案例，提高人才培养质量，由广东工业大学承担的“产教融合 MPAcc 教学智库实验平台建设”项目启动了财会教学案例开发与评选的工作，旨在深化产教融合、校企合作，构建教学智库实验平台，引领学科发展，以学科发展支撑智库建设，促进专业教育决策科学化，为专业教学提供智力支持，培养高素质应用型高端会计人才。

本系列教材案例均由广东工业大学管理学院案例开发中心开发完成，涵盖财务会计、财务管理、管理会计和审计等专业核心课程，以及高等学校会计、银行会计、财税管理、财务报表分析、内部风险控制与管理、资本运营、重组并购等专业课程。项目组成员由具有管理实践经验的企业管理相关领域的教授、博士以及部分企业高管组成。案例均在团队成员深入企业调研、采编并与企业经营者或员工深度访谈的基础上完成。入选案例必须是没有进入国内外案例库、亦未发表过的原创案例。本次开发的案例同时进入广东工业大学管理学院案例库，也是“产教融合 MPAcc 教学智库实验平台建设”系列成果。

1. 案例开发的背景

中国经济实现了跨越式发展，而今成为世界第二大经济体，这其中蕴含的中国特色管理现象与问题同样吸引了全世界的目光。中国企业对于管理相关理论和方法从模糊到熟悉，并且逐渐在实践中予以应用和创新，为经济建设积累了宝贵的经验。

财会教学案例是对企业真实运作场景与管理活动的再现，展现出具有典型性的中国式情境、问题和经验。案例在管理学科领域的教学研究和人才培养中得到了广泛认可和重视，是将管理理论与实践相结合、培养应用型高级管理人才的有效手段。案例开发是接触中国企业真实情景的有效途径，是“实践—认识—再实践—再认识”的过程；案例的真实性、实战性可以帮助学生充当决策者的角色，提升学生处理问题的能力。案例教学能让学生深刻领会到理论在实践中的生命力，是缩短教学情境与职业工作情景的有效途径。可以说，离开案例，管理教育的目标就很难实现。

2. 案例的内容框架

本系列教材的编写以管理学涉及的主要内容为范围和框架，几乎涵盖了企业管理和财务管理的各个学科领域。内容涉及创新创业、企业战略管理、财务管理、成本管理、财务会计、税务管理、审计等方面。案例类型多样，既有描述性案例，又有决策性案例。所选案例客观展现了企业某种经营行为的背景、过程、结果和存在的问题，并不对企业的经营管理做出决策，亦无暗示或说明现有管理行为是否有效。案例后附有启发思考题和案例说明书，在教学中可用于专题或综合性的课堂讨论，为案例教学方法的实施提供了有效素材，加快了教学改革的进程。

3. 案例的鲜明特色

相较于众多的企业管理案例，本次开发的案例具有以下鲜明的特色：

第一，浓厚的本土特色。本书所选案例均来自国内上市公司，代表了依托本土资源、政策和技术特点兴起的不同类型的企业，对本土企业认识、解决管理问题具有直接的参考价值。但这并不影响案例的普适性，而恰恰提示广大管理者在决策时必须关注内外部环境的独特性，对于其他地区企业利用地缘特征、地方特色资源形成竞争优势亦具有借鉴作用。

第二，可靠、充实的信息。本书所有案例均由项目组成员在深入企业调研或认真采编上市公司公开数据，并对企业经营者或员工深度访谈的基础上完成，数据可靠、充实、深入。案例展示的不仅是管理事件的经过，也体现了管理者的思想过程，有利于读者嵌入情境，对管理问题形成更深层次的认知。

第三，新鲜的时代气息。本书对近年来的新兴行业给予了充分关注，包括房地产行业、电商行业、物流行业、旅游地产行业，同时也关注了处于转型升级中的传统企业。这些企业在新时代下面临的新挑战往往不能从既有的管理学理论中找到突破口，需要通过实践案例分析来找到解决方案，这样有利于读者进行开放的、发散的、多视角的思考，系统训练思维能力。

4. 案例的适用性

本系列教材案例可满足高等院校经济管理领域的多种教学与科研需求：适用于MBA（工商管理硕士）、MPAcc（会计硕士）、工程硕士、全日制研究生以及高年级本科学生案例研讨；可作为理论研究的参考书，供从事财务管理理论研究的专家学者以及企业管理咨询机构使用；同时也是了解中国企业管理实践的必读书，可供企业所有者和管理者参考借鉴。

在此，对各企业在案例开发过程中给予的信赖和支持表示衷心的感谢，如果没有各企业的慷慨协作，要顺利完成本次案例开发是不可能的。希望所开发的案例能给企业管理提供帮助，同时引导企业经营者对相关经营行为展开探索。

广东工业大学管理学院案例开发中心负责本案例系列教材的出版工作，在此向参与编辑和出版的所有工作人员表示衷心的感谢。

案例编写过程中参考了诸多学者的研究成果，由于篇幅限制，这里不再一一列出。

广东工业大学管理学院案例开发中心

广东工业大学产教融合MPAcc教学智库实验平台

2018年5月

目 录

案例 1

“中植系”花式清壳，宇顺电子成功摆脱商誉“黑洞”*

* 1. 本案例由广东工业大学管理学院的张卓、孙丽姿、陈伟晓、李泽辉、陈少杏、彭玫、黄青山等共同撰写，作者拥有著作权中的署名权、修改权、改编权。

2. 将本案例授权予广东工业大学产教融合 MPAcc 教学智库实验平台使用，广东工业大学产教融合 MPAcc 教学智库实验平台享有复制权、修改权、发表权、发行权、信息网络传播权、改编权、汇编权和翻译权。

3. 由于企业保密的要求，在本案例对有关名称、数据等做了必要的掩饰性处理。

4. 本案例只供课堂讨论之用，并无意暗示或说明某种管理行为是否有效。

[案例封面]

专业领域： 财务会计

适用课程：《财务会计理论与实务》

选用课程：《财务管理理论与实务》《资本运营》

编写目的： ①帮助学员通过研究、分析、理解和掌握企业并购绩效的影响因素、商誉减值给企业带来的影响等相关知识点；②通过该商誉减值案例的讨论和学习，使学员掌握以下主要内容：高溢价并购给上市公司带来的风险及后果；商誉、商誉减值对上市公司的影响；业绩补偿的会计处理方法等，使学员能够将其更好地应用到未来的学习和经营实践中去。

知 识 点： 高溢价并购；商誉；商誉减值

关 键 词： 宇顺电子；雅视科技；商誉；商誉减值；业绩承诺

中文摘要： 随着并购浪潮告一段落，并购后遗症——商誉减值的风险开始涌现。并购整合后产生的巨额商誉，给上市公司的未来业绩产生了不可估计的影响。当巨额商誉减值已无法挽回时，如何将风险降到最低，摆脱并购产生的商誉“黑洞”是企业不得不面对的一个重大难题。深圳市宇顺电子股份有限公司并购深圳市雅视科技有限公司后，标的失去持续盈利能力，导致不断亏损。由于高额的业绩承诺无法实现，产生巨额商誉减值，在A股市场独有的ST制度下，深圳市宇顺电子股份有限公司面临退市风险，证券简称变为“＊ST宇顺”。为防止连续几年的利润亏损导致上市公司退市，中植融云（北京）投资有限公司入主宇顺电子后进行了一系列的“清壳”行动，着手解决深圳市宇顺电子股份有限公司并购的遗留问题。本案例通过该项并购产生巨额商誉减值事件进一步分析并购可能导致的经济后果及其原因，以及产生巨额商誉减值发生后，中植融云（北京）投资有限公司采用何种业绩平滑手段，使得＊ST宇顺成功“脱帽摘星”，摆脱商誉黑洞导致的退市危机。

[案例正文]

一、行业概况

随着市场经济的深入发展，近年来经济转型升级和产业结构调整不断加快，企业内增长遭遇瓶颈，仅仅利用自身力量的扩张并不能够满足企业短期内实现飞跃式发展的愿望，在国企改革、产业结构升级等因素的影响下，为实现多元化发展，越来越多的企业通过并购来增强自身实力或实现产业转型。根据2016年5月3日深交所综合研究所年报分析课题小组发布的《深交所多层次资本市场上市公司2015年报实证分析报告》中所提出的由于我国经济正面临着多方位的考验和供给侧改革等因素的影响，深交所上市公司的业绩分化明显，传统行业面临较大考验，而新兴行业则发展前景良好。企业并购活动依旧活跃，而并购狂潮带来的并购后遗症也开始初现端倪，需引起各并购企业的注意。

从最新信息披露时间的维度来看，2016年公告中有580笔并购事件，较2015年379家相比大幅增长了53.03%，交易金额共有20 106.83亿元，较上一年度的10 579.34亿元，大幅上升90.34%，平均每笔交易金额由2015年的27.91亿元上升到2016年的34.67亿元，上升24.19%，从具体的行业分步角度来看，2016年涉及并购重组重大事项的数量排名前五的行业分别为机械设备、化工、传媒、计算机、通信及其他电子设备制造，这五个行业的累计占比为33.97%，较2015年的41.69%大幅下降将近8个百分点，集中度较2015年有所下降。其中计算机、通信及其他电子设备制造行业作为国民经济的支柱产业，对我国国民经济的发展具有极其重大的影响。在产业结构调整和经济转型的背景下，计算机、通信及其他电子设备制造行业发展较为平稳，发展前景较好，在我国工业产值排名基本居于首位。计算机、通信及其他电子设备制造行业的集中度一直维持在较高水平，但其整体的聚集程度开始呈现下降的趋势。由于地域间的聚集程度有所不同，开始产生产业区域间的转移和分散，因此，为了进一步提高计算机、通信及其他电子设备制造行业更好的发展，开始调整产业布局，进一步提升产业聚集度，最大限度地发挥产业聚集效应。2012—2016年并购重组交易笔数和交易金额如图1－1、图1－2所示。

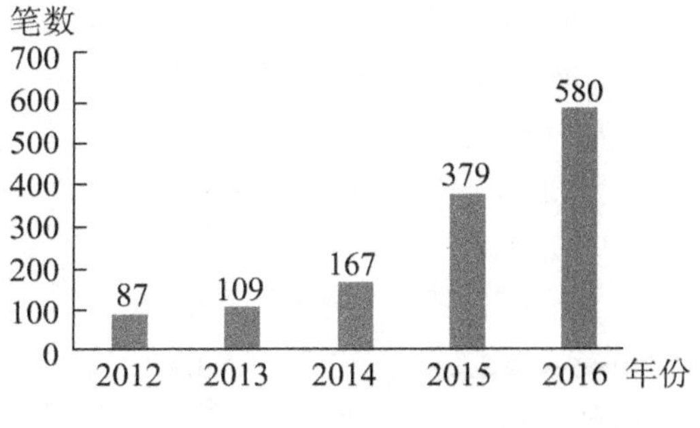

图1－1　2012—2016年并购重组交易笔数

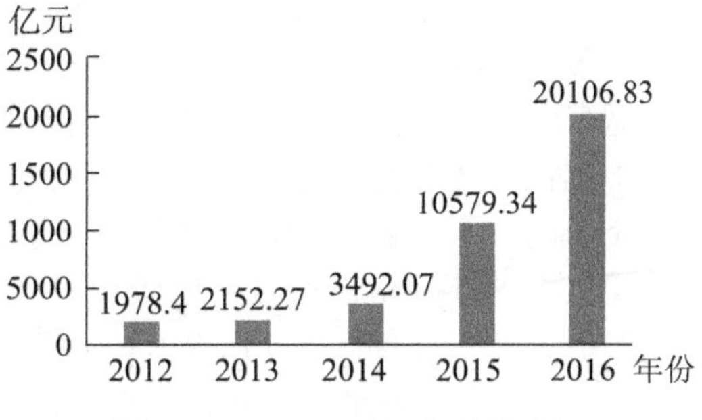

图1－2　2012—2016年并购重组交易金额

随着并购重组重大事件不断增多，并购狂潮的后遗症——商誉减值的风险也开始涌现。并购整合后产生的巨额商誉减值，给上市公司的未来业绩产生了不可估计的影响。当巨额商誉减值已无法挽回时，如何将风险降到最低，摆脱并购产生的商誉“黑洞”是企业不得不面对的一个重大难题。

二、案例公司概况

（一）深圳市宇顺电子股份有限公司概况

深圳市宇顺电子股份有限公司（股票代码 002289. SZ，以下简称“宇顺电子”）前身为深圳市宇顺电子有限公司，成立于 2004 年 1 月 2 日，注册资金人民币 186 835 822 元，公司于 2009 年 9 月在深圳证券交易所中小企业板挂牌上市，证券简称“宇顺电子”，被评为“国家级高新技术企业”。公司属于计算机、通信及其他电子设备制造行业，集研发、设计、生产、销售、服务为一体，专业研发制造 Sensor 感应器、电容式触摸（GFF/OGS/GG）、中小尺寸 LCD（TN/HTN/STN/CSTN/TFT）及对应模组、玻璃盖板产品。公司产品广泛应用于通信终端（智能手机、平板电脑等）、家用电器、车载电子、数码产品等行业，远销欧美地区和日本、韩国、新加坡等国家。公司主要从事智能显示模组制造，为智能手机、智能穿戴、智能家居、智能车载等制造商提供全方位触控显示一体化解决方案。公司业务垂直覆盖全产业链，一方面能为下游客户提供一站式配套产品以节省成本，另一方面能为客户提供多形态产品，满足客户全方位的产品需求。

2012 年，宇顺电子所处的平板显示与触控行业受消费电子需求拉动，发展态势良好。公司自 2011 年起基于对平板电脑和智能手机市场庞大潜在需求的看好，开始进行产业链垂直一体化整合布局，建立触摸屏面板（TP Sensor）、触摸屏模组（TP 模组）、盖板琉璃（Cover Glass）等产品体系。2012 年公司在新产品线试产期投入大、人员增加、期间费用增长、财务费用增长、存货跌价等因素的影响下，于 2012 年度首度出现大幅经营亏损。公司实现营业收入 100 712. 15 万元，较上一年同期增长 18. 60%；实现归属于上市公司股东的净利润 -12 500. 42 万元，较上一年同期下降 700. 93 %。

2013 年，随着智能手机和平板电脑出货量的大幅增长，宇顺电子所处的平板显示与触控产业仍然保持快速发展的良好势头。公司在经历 2012 年产品研发、新产品线磨合和团队建设的发展阶段后，对 2013 年的经营策略进行了快速调整，公司整体经营业绩明显改善。2013 年，公司实现营业收入 144 404. 46 万元，较上年同期增长 43. 38%；归属于上市公司股东的净利润 806. 46 万元，实现了扭亏为盈的经营目标。2013 年 12 月，经中国证券监督管理委员会核准，公司向林萌等 19 名交易方发行股份 48 003 887 股，完成了对深圳市雅视科技有限公司 100% 股权的收购，扩大了公司在平板显示产业的市场份额，提升了企业的整体竞争力，更加夯实了公司在行业内的领先地位。

2014 年，宇顺电子通过并购雅视科技扩大了产业规模，进一步提升了整体竞争力。但受国内三大运营商手机补贴政策调整及所处行业市场竞争激烈的影响，公司触控显示一体化模组等主要产品的售价持续走低，产品毛利率有较大幅度的下滑，整体出货情况未达预期。另外，2014 年末，公司根据企业会计准则的相关规定，计提了大额的资产减值准备，使得公司 2014 年度整体经营业绩大幅亏损。当年公司实现营业总收入 275 003. 27 万元，同比上升 90. 44%；营业利润 -31 776. 90 万元；实现归属于上市公司股东的净利润为 -32 706. 57 万元。

2015年，宇顺电子业绩较上年同期下降，其原因除受经济及市场因素影响外，主要包括：①公司全资子公司长沙显示的订单严重不足，经营情况未达预期；②公司全资子公司雅视科技2015年度盈利情况未达预期，未能实现其承诺的利润目标；根据《企业会计准则》的相关规定，公司2015年度对投资雅视科技形成的商誉大幅计提减值准备；③根据《企业会计准则》的相关规定，公司报告期末计提了存货跌价准备和固定资产减值准备等，进一步导致公司报告期亏损增加。报告期内，公司实现营业收入338 031.63万元，同比上升22.92%，实现归属于上市公司股东的净利润-109 807.01万元，同比下降235.73%。

2016年对宇顺电子公司而言是意义重大的一年，首先解决了业绩补偿事项，其次完成了重大资产出售，为公司推动业务调整、促进公司战略转型奠定了基础。2016年1月，宇顺电子控股股东已变更为中植融云；2016年12月，公司将全资子公司雅视科技100%股权出售给华朗光电，雅视科技100%股权的出售未影响公司的主营业务，公司的主营业务未发生重大变化。

2014年宇顺电子巨亏3.27亿元，2015年再次巨亏10.98亿元，由于A股市场有独特的ST制度（special treatment)，连续两年的巨额亏损直接导致宇顺电子面临退市危机，股票简称被冠以“*ST”，成为“*ST宇顺”。中植融云（北京）投资有限公司入主宇顺电子后，对宇顺电子进行了一系列“清壳”手段，终于于2017年5月，“*ST宇顺”成功“脱帽摘星”，摆脱了退市风险警示，股票简称又变回“宇顺电子”。

（二）深圳市雅视科技有限公司概况

深圳市雅视科技有限公司（以下简称“雅视科技”）于2004年8月5日在深圳市市场监督管理局南山局登记成立。法定代表人为林萌，公司经营范围包括通信液晶显示器的生产及销售，触摸屏的销售，通信产品、电子产品、计算机软硬件的设计、技术开发与购销及其他国内贸易，触摸屏、通信液晶显示器的生产等业务。

（三）中植融云（北京）投资有限公司概况

中植融云（北京）投资有限公司（以下简称“中植融云”）成立于2015年4月，主要经营范围包括项目投资、投资管理、资产管理及投资咨询。公司尊崇“踏实、拼搏、责任”的企业精神，并以诚信、共赢开创经营理念，创造良好的企业环境，以全新的管理模式、完善的技术、周到的服务、卓越的品质为生存根本。公司虽成立时间较短，但根据公开信息梳理，中植融云集团介入的上市公司包括中南重工、SST华新、兴业矿业、上海电气、江西长运、TCL集团、贵绳股份、吉恩镍业、福田汽车、三安光电、*ST圣方等十余家，具有较为丰富的投资经验。

三、并购过程

（一）事出有因——宇顺电子并购雅视科技

宇顺电子在液晶显示屏研发、生产和销售领域一直处于领先地位，宇顺电子在2011年尝试新产品的研究开发，投入了大量的资金。但新产品的研发不利导致了上市公司的产能利润率和产品良好率降低，该企业于2012年完成产业整合并成立工业品事业部，开始大规模投资开发项目，但成效却并不乐观，从而导致宇顺电子在2012年的盈利大幅下降并亏损。而在当时的市场条件下，并购经营业绩良好且能进一步推动公司产品研发的公司是宇顺电子摆脱亏损困境、增强自身实力，进一步发展扩大的相对好的选择。因此当雅视科技在以高经济效益及业绩承诺协议的诱惑下，未考虑清楚高溢价及业绩补偿无法实现下产生的经营风险就毫不犹豫地以14.5亿元的并购价格收购了同行业中发展相对较快、盈利逐年升高的雅视科技。然而，雅视科技的资产质量其实并不理想。

雅视科技资产质量不佳主要体现在：一是负债率明显偏高。根据雅视科技的财务报告，截至2016年6月31日其资产负债率为66%。其存货高达4.78亿元，剔除高额的存货后速动比率为0.64，远低于宇顺电子及大部分电子元器件公司，公司的债务结构存在很大的安全问题。二是公司的成长速度大幅降低。根据业绩承诺协议，公司2013年、2014年、2015年的扣非后归母公司净利润分别不低于8 300万元、11 800万元、14 160万元。然而，除2013年净利润达标外，其余两年均未达标，公司的成长速度降低。同时，雅视科技的收入高度依赖大客户，其拥有的两大客户分别为东莞宇龙通信科技和联想移动通信。如果这两大通信客户突然生变，那么公司将失去50%以上的营业收入，这限制了雅视科技的经营业绩和发展前景，如果公司想要得到进一步提升，难度很大。客户的过分集中，给雅视科技带来了经营风险。

宇顺电子最终以高达361.93%的溢价率发行4 800万股股价为20.54元/股的股份及支付现金4.64亿元合计价款14.5亿元的方式收购雅视科技林萌、林车、李梅兰等全部股东的100%股权。根据雅视科技的财务报告显示，截至2012年末，公司的净资产为2.85亿元，宇顺电子收购雅视科技支付的价款相当于雅视科技净资产的5.09倍，若以2013年6月30日净资产3.22亿元作为对比，则溢价4.51倍，无论哪种情况下，宇顺电子支付的14.5亿元价款都明显过高。

为了降低此次高额并购带来的风险，保障宇顺电子原有公司股东的自身利益，宇顺电子与雅视科技的控股股东林萌及其一致行动人林车和李梅兰签署了《盈利预测补偿协议》（以下称为“业绩承诺协议”）。协议中约定的业绩承诺为在2013年、2014年、2015年的扣非后归母净利润分别不低于8 300万元、11 800万元、14 160万元。其补偿方式为“在盈利补偿协议所述利润补偿期内任一会计年度，如雅视科技截至当期期末累积实现的净利润数小于截至当期期末累积盈利预测数额，且截至当期期末累计盈利预测数额同截至当期期末累积盈利预测数额之差额小于该期累积盈利预测数额的10%（含10%），则林萌应将盈利预测数额与实际净利润之间的差额部分以现金补足。在利润补偿期内任一会计年度，如雅视科技截至当期期末累积实际净利润数额小于截至当期期末累积盈利预测数额，且截至当期期末累积净利润数额同截至当期期末累积盈利预测数额之差额超过该期累积盈利预测数额的10%（不含10%），则林萌应以股份方式向宇顺电子补偿前述差额部分。”同时限定“林萌认购的股份自上市之日起36个月内不得转让，第36个月（不包含当月）至第48个月期间可解锁股份数不超过所认购股份数的25%，第48个月（不包含当月）至第60个月期间可解锁股份数额不得超过其所认购股份的25%，前述60个月期限届满后林萌方可解锁其认购的全部股份。”

交易前，宇顺电子大股东魏连速持股比例为18.38%，交易后，在不考虑募集配套资金（表1－1）的情况下魏连速持股比例变为12.92%，雅视科技控制人林萌及其一致行动人林车、李梅兰所占的持股比例合计数额为11.4%，成为宇顺电子的第二大股东（考虑募集配套资金的情况下，魏连速持股比例为14%，林萌及其一致行动人的持股比例合计为9.81%）。

表1－1　募集配套资金

定价方式	询　价	定价方式	询　价
发行对象	不超过10名特定对象	发行价格	不低于18.49元/股
募资总额	不超过4.83亿元	控股股东参与情况	魏连速拟以1亿元参与认购

宇顺电子虽在并购时与雅视科技签订了业绩承诺协议，规定在雅视科技的经营业绩不达标时由林萌及其一致行动人承担补偿责任，有现金和股票两种补偿形式，但在2014年和2015年雅视科技的经营业绩不达标的情况确实发生时，林萌及其一致行动人并未进行业绩补偿。林萌以其在宇顺电子拥有第二大股东的身份多次向董事会提出变更业绩补偿条款的申请，并最终于2015年6月13日，宇顺电子正式发布补偿变更公告，盈利承诺补偿由逐年计算补偿变更为三年累积计算补偿，并且增加了现金补偿选择权与股份质押的履约保障条款。直至2016年11月30日，宇顺电子才收到了林萌等人支付的全部现金补偿款37 804.55万元。虽然最后收到了该笔业绩补偿款，但对股东权益正向的影响金额也只有28 353.41万元。若将盈利和买卖差价的影响也计算在内的话，宇顺电子并购雅视科技后使得宇顺电子的股东权益下降了57 300.30万元之多。宇顺电子并购雅视科技后对股东权益的影响如表1－2所示。

表1－2　宇顺电子并购雅视科技后对股东权益的影响

单位：万元

项　目	影响金额	项　目	影响金额
盈利影响	－79 088.12	业绩补偿的影响	28 353.41
买卖差价影响	－6 565.59	合计	－57 300.30

在并购时宇顺电子支付的4.64亿元现金就已经远远高于收购日雅视科技可辨认金资产公允价值，其支付的溢价高达361.93%，因此这次并购事件受到最大冲击的仍然是宇顺电子的原有股东。

并购前的公司是否具备整合两家公司实现协同发展能力、雅视科技的盈利能力在之后的会计年度中是否还能持续稳定增长以及是否会因横向并购而导致企业受行业环境的影响进一步增大等因素，宇顺电子都未曾仔细考虑。因此在2014年后雅视科技业绩未达标且林萌及其一致行动人林车、李梅兰等人未按时支付业绩补偿款且业绩承诺协议进行变更后，宇顺电子盲目并购的后遗症展现得非常明显。

（二）家道中落——并购后遗症显著，业绩下滑

并购前宇顺电子拥有股份11 350万股，控股股东魏连速持股2 086.48万股，持股比例为18.38%。而作为并购雅视科技的支付对价向其股东发行了48 003 887股股份，同时

其募集配套资金发行了 26 140 255 股股份，魏连速的股权被稀释，林萌及其一致行动人林车、李梅兰等人共得到了宇顺电子 4 601 332 股股份，成为宇顺电子第二大股东，占有了公司总股份份额的 9.85%，在董事会上拥有了足够的表决权和决策权。这导致了在雅视科技两年的业绩不达标后，林萌未按时进行业绩补偿，且反复向董事会提出更改业绩承诺协议的申请，最终将业绩补偿未能实现的风险转移给了宇顺电子。并购前 2013 年宇顺电子十大股东及并购后（2014 年第一季度）宇顺电子十大股东结构分别如表 1－3、表 1－4 所示。

表 1－3　并购前 2013 年宇顺电子十大股东

股　东　名　称	持股数（万股）	持股比例（%）
魏连速	2 086. 48	18. 38
南京瑞森投资管理合伙企业（有限合伙）	1 000. 00	8. 81
西藏瑞华投资发展有限公司	1 000. 00	8. 81
常州投资集团有限公司	500. 00	4. 41
东吴证券股份有限公司	380. 00	3. 35
全国社保基金六零四组合	350. 00	3. 08
郝慧	350. 00	3. 08
泰康人寿保险股份有限公司－分红－个人分红－019L－FH002 深	261. 15	2. 30
泰康人寿保险股份有限公司－传统－普通保险产品－019L－CT001 深	135. 43	1. 19
赵后鹏	109. 84	0. 97

表 1－4　并购后（2014 年第一季度）宇顺电子十大股东

股　东　名　称	持股数（万股）	持股比例（%）
魏连速	2 086. 48	12. 92
林萌	1 380. 40	8. 55
南京瑞森投资管理合伙企业（有限合伙）	1 000. 00	6. 19
西藏瑞华投资发展有限公司	1 000. 00	6. 19
深圳松禾绩优创业投资合伙企业（有限合伙）	600. 42	3. 72
常州投资集团有限公司	500. 00	3. 10
东吴证券股份有限公司	380. 00	2. 35
深圳市瑞盈精选创业投资合伙企业（有限合伙）	360. 25	2. 23
深圳叁壹股权投资基金合伙企业（有限合伙）	353. 12	2. 19
郝慧	350. 00	2. 17

宇顺电子并购雅视科技后，雅视科技成为宇顺电子的全资子公司，随后宇顺电子的盈

利水平与雅视科技的经营业绩将息息相关。然而由于行业环境恶化、竞争加剧、产品市场价格持续降低等因素的影响，2014 年和 2015 年雅视科技实际扣非净利润分别为 0.74 亿元和 -0.53 亿元，并未完成业绩承诺。除 2013 年雅视科技实现净利润 8 428.48 万元达到业绩承诺协议约定的 8 300 万元以上外，自 2014 年起雅视科技的净利润开始不断下跌，2015 年出现负值，严重影响了宇顺电子的经营业绩，雅视科技 2016 年仅上半年就亏损了 11 700万元，与业绩承诺相差甚远。与之相伴的，宇顺电子的业绩也随之转正为负，根据宇顺电子公布的财务报告显示，宇顺电子 2014 年营业收入为 27.5 亿元，归属于上市公司股东扣除非经常性损益的净利润亏损 3.39 亿元；2015 年营业收入 33.8 亿元，归属于上市公司股东扣除非经常性损益的净利润亏损 10.93 亿元。连续两年的亏损，宇顺电子被深圳证券交易所实行了退市风险警示，如果在下一会计年度，宇顺电子无法实现扭亏为盈，则会面临退市。然而当上市公司提出以 1 元/股回购林萌所持股份时，却遭到其反对，并提出将原先方案中的逐年补偿修改为“三年累积计算补偿额，且在利润补偿期最后一个会计年度结束后实施补偿”，同时增加了现金补偿选择权等。

虽然随着我国并购市场的不断发展，我国证监会一直不断完善规范并购制度，但是控制上市公司并购溢价、保障业绩承诺协议制定后履行、更改业绩承诺的规范条件并没有得到明确的规定。正是这个原因，林萌等人才能够在雅视科技连续两年业绩未达标后找到这个漏洞，以环境变化、补偿能力受限等因素逃避补偿责任。因此，资本市场监管不完善也是导致宇顺电子并购失败的重要原因。

由于对雅视科技高溢价的收购，在经营业绩不达标的基础上，宇顺电子对雅视科技商誉减值的处理也间接地导致了公司经营业绩的大幅度下降。宇顺电子收购雅视科技支付的 14.5 亿元对价相当于公司 2012 年市盈率的 23.28 倍，与雅视科技可辨认净资产公允价值相比高出了 8.60 亿元形成了巨额商誉，占交易对价的 59.31%。宇顺电子在 2014 年和 2015 年，分别聘请的国众联资产评估公司和中和资产评估有限公司对雅视科技进行的权益评估价值分别为 10.71 亿元和 2.58 亿元，因此在 2014 年和 2015 年应分别计提商誉减值损失 2.50 亿元和 6.10 亿元。商誉减值损失的计提不计入资产减值损失，且商誉减值损失一旦计提将在以后的会计年度不可转回。考虑所得税后，商誉减值对 2014 年和 2015 年净利润的影响额也达到 18 767.19 万元和 45 745.98 万元（表 1 -5）。亏损金额之大令整个行业侧目。

表 1 -5　2013—2016 年上半年雅视科技对宇顺电子净利润的影响

单位：万元

项　目	2013 年	2014 年	2015 年	2016 年上半年	合计
净利润	0	7 272.86	-4 766.21	-17 081.60	-14 574.95
商誉减值的影响	0	-18 767.19	-45 745.98	0	-64 513.17
合计	0	-11 494.33	-50 512.79	-17 081.60	-79 088.12

注：宇顺电子于 2016 年 8 月对雅视科技挂牌出售其 100% 股权，且出手时有关与雅视科技的审计报告只统计到 2016 年 6 月 30 日，在此关于雅视科技的净利润也统计到 2016 年6 月 30 日。

除 2013 年并购当年雅视科技的利润表不并入宇顺电子合并报表对宇顺电子的经营利润不产生影响外，自 2014 年至 2016 年上半年，宇顺电子的盈利水平都受到了雅视科技业绩不佳带来的巨大冲击。宇顺电子2011—2016年经营情况见表1－6。

表1－6　宇顺电子2011—2016年经营情况

年份	营业收入（元）	归属于母公司股东的净利润（元）	扣除非经常性损失后的净利润（元）
2011	849 204 551.09	20 801 938.17	20 243 057.73
2012	1 007 141 125.62	－125 004 195.74	－131 771 449.89
2013	1 444 044 594.26	8 064 622.00	－5 990 906.75
2014	2 750 032 730.73	－327 065 654.94	－339 339 687.24
2015	3 380 316 297.59	－1 098 070 059.75	－1 093 215 492.06
2016	1 301 227 665.93	29 854 961.77	－352 549 667.34

宇顺电子因2014年、2015年连续两个会计年度经审计的净利润为负值，根据《深圳证券交易所股票上市规则》相关规定，公司股票交易自2016年5月3日被实行退市风险警示，股票简称由“宇顺电子”变更为“＊ST宇顺”，股票代码不变，股票交易的日涨跌幅限制为5%。

（三）希望之光——中植融云入主

2015年12月8日，公司股东魏连速与中植融云（北京）投资有限公司签署了《股份转让协议》及《表决权委托书》。魏连速将其持有的6 526 472股公司股份（占总股本的3.49%）协议转让给其自身100%持股的张家港保税区丰瑞嘉华投资管理有限公司（简称“丰瑞嘉华”），再将该企业的100%股权转让给中植融云。2016年1月14日，公司收到魏连速通知其已办理完成将丰瑞嘉华的100%股权转让给中植融云的工商变更登记手续。根据《表决权委托书》，魏连速已将剩余的19 579 418股公司股份（占总股本的10.48%）对应的表决权委托给中植融云行使，并在中国证券登记结算有限责任公司深圳分公司办理完成质押登记手续。至此中植融云在公司拥有的表决权比例达到13.97%，已成为公司拥有单一表决权的最大股东（表1－7）。

表1－7　2016年年度宇顺电子十大股东

股东名称	持股数（万股）	持股比例（%）
中植融云（北京）投资有限公司	1 572.83	8.42
林萌	1 380.40	7.39
张家港保税区丰瑞嘉华投资管理有限公司	652.65	3.49
魏连速	524.11	2.81
李梅兰	295.80	1.58
陈文健	288.00	1.54
翁仁源	273.80	1.47
李洁	191.97	1.03
林车	164.33	0.88
高春雷	123.00	0.66

截至2016年3月31日，中植融云直接持有公司15 728 328股股份（占公司总股本8.42%），其一致行动人张家港保税区丰瑞嘉华投资管理有限公司直接持有公司6 526 472股股份（占公司总股本3.49%），中植产投资有限公司（简称“中植产投”）直接持有公司7 428 360股股份（占公司总股本3.98%），除此之外，公司股东魏连速将其持有的公司股份5 241 090股（占公司总股本2.81%）的表决权全权委托给中植融云。综上，中植融云及其一致行动人在公司拥有表决权的股份数量合计为34 924 250股，占公司总股本18.69%。公司与实际控制人之间的产权及控制关系如图1－3所示。

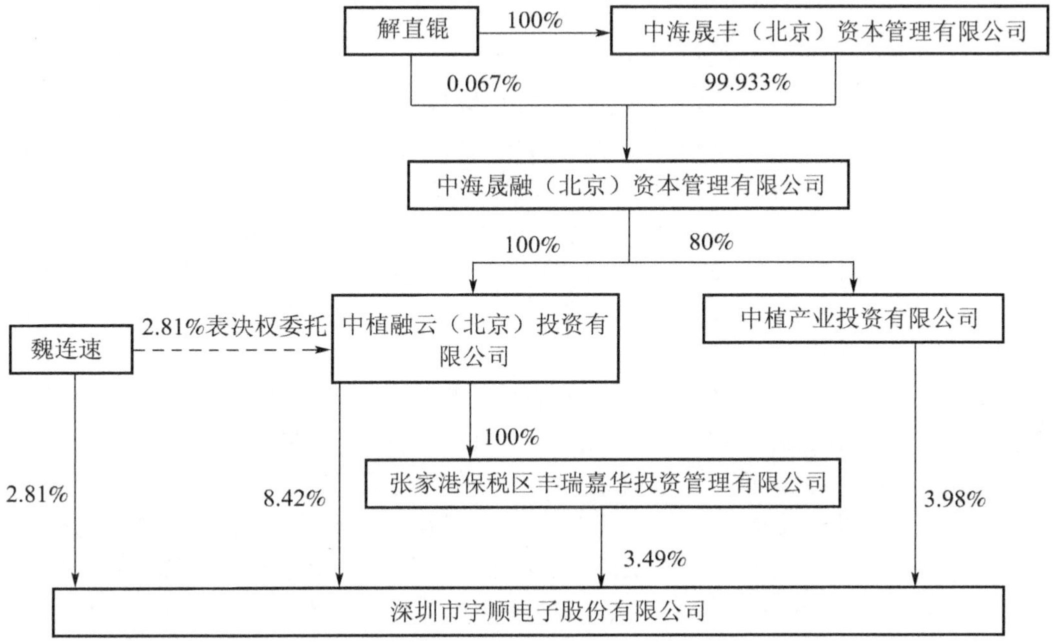

图1－3　公司与实际控制人之间的产权及控制关系的方框图

（四）重整旗鼓，扭亏为盈——花式清壳，＊ST宇顺成功“脱帽摘星”

如果标的失去了持续盈利能力，巨额的商誉减值是在所难免的，在A股市场的ST制度下，宇顺电子已经连续两年发生亏损，证券简称变为“＊ST宇顺”，如果在下一个会计年度不能够扭亏为盈，则面临退市。在这种极端情况下，宇顺电子选择出售雅视科技是可行的方案。在让扭亏无望的标的继续留在体内拖垮业绩和一次性清仓甩卖两种情况下，无疑后者更能够解决眼前的退市风险，即使出现像宇顺电子公开挂牌出售雅视科技“低卖高买”的这种情况。

在ST制度下，如果上市公司能够通过会计处理手段将亏损集中在一年，避免连续几年亏损的情况发生的话，就可以避免退市情况的发生，成功“保壳”。

上市公司高价买进标的，形成了巨额商誉的情况下，如果标的失去了持续盈利能力，那么一定不能够卖一个好的价格，从而上市公司在出售时极可能产生巨额投资亏损。虽然出售标的的时点并不能够精准地把握，但是标的进行商誉减值的时点、交易对手进行业绩补偿的信息还是能够确认的。若想要通过会计处理将亏损集中在一年，上市公司就要在确认交易对手补偿的时点后，大致预测标的出售的时间点，然后选择一个最佳的商誉减值。如此，上市公司就能够最大限度地降低出售标的而产生的负面影响。

1. 巨额商誉减值

2015 年宇顺电子发生巨额亏损 10.93 亿元，其中亏损的主要原因是计提了雅视科技的商誉减值损失 6.10 亿元。当年雅视科技贡献的净利润数为 -0.53 亿元。当年商誉减值准备计提完成后，雅视科技的全部商誉减值准备与收购时形成的商誉 8.60 亿元相等。商誉减值虽然使得宇顺电子在 2015 年产生了巨额亏损，但也为 2016 年扭亏为盈打下了基础。

2. 关联交易，出售雅视科技

宇顺电子面临退市风险，为了不被雅视科技的巨额亏损所拖垮，宇顺电子只能将雅视科技公开挂牌转让。然而，宇顺电子公开挂牌转让雅视科技的结果却不如人意。2016 年 9 月，根据宇顺电子董事会决议公开挂牌转让雅视科技 100% 股权，但先后四次无人问津。最终，2016 年 12 月 2 日，深圳市华朗光电有限公司出价 1.70 亿元收购了雅视科技 100% 股权。宇顺电子以 1.7 亿元的价格将雅视科技 100% 股权转让给了华朗光电（华朗光电与宇顺电子并无关联关系，但是其资金来源全部是由其关联方清云投资的借款，因此形成关联交易）。

中植融云最终以 1.7 亿元的代价使得宇顺电子摆脱了雅视科技的拖累。其售价 1.7 亿元与宇顺电子当初的收购价格 14.50 亿元相差了 12.8 亿元，但最终上市公司的投资收益仅仅亏损了 8 445.6 万元。由于在出售雅视科技前宇顺电子已对其计提了巨额的商誉减值损失，根据公式“投资收益 = 出售价格 - 标的可辨认净资产 - 商誉 + 标的其他综合收益”，商誉减值已经全部计提完毕，因此投资收益是 1.70 亿元出售价格与净资产之间的差额，使得最终宇顺电子的投资收益仅仅亏损 8 445.6 万元。宇顺电子公开挂牌转让雅视科技过程如表 1 - 8 所示。

表 1 - 8　宇顺电子公开挂牌转让雅视科技过程一览表

时　　间	事　　件
2016 年 8 月 30 日—9 月 5 日	公司将雅视科技以逾 2.35 亿元的挂牌价格在深圳市产权交易所公开挂牌转让
2016 年 9 月 5 日	公司召开了第三届董事会第四十六次会议，审议通过了《关于调整深圳市雅视科技有限公司 100% 股权挂牌价格的议案》
2016 年 9 月 6 日—9 月 12 日	公司第二次挂牌转让雅视科技，挂牌价格为 1.88 亿元
2016 年 9 月 12 日	公司召开了第三届董事会第四十七次会议，审议通过了《关于再次调整深圳市雅视科技有限公司 100% 股权挂牌价格的议案》
2016 年 9 月 14 日—22 日	公司第三次挂牌转让雅视科技，挂牌价格为 1.5 亿元
2016 年 9 月 22 日	公司召开了第三届董事会第四十九次会议，审议通过了《关于第三次调整深圳市雅视科技有限公司 100% 股权挂牌价格的议案》

续上表

时　　间	事　　件
2016年9月23日—9月29日	公司第四次挂牌转让雅视科技，挂牌价格为1.2亿元
2016年10月10日	公司召开了第三届董事会第五十次会议，审议通过了《关于不再延长深圳市雅视科技有限公司100%股权转让挂牌期限的议案》
2016年10月27日	公司与华朗光电签署了《深圳市宇顺电子股份有限公司与深圳市华朗光电有限公司关于深圳市雅视科技有限公司股权转让的框架协议》，雅视科技100%股权交易价格区间为1.6亿～1.8亿元
2016年11月8日	公司召开了第三届董事会第五十三次会议，审议通过了《关于重新公开挂牌转让深圳市雅视科技有限公司100%股权的议案》，挂牌价定为1.7亿元，保证金1700万元
2016年12月2日	公司与交易对方华朗光电签署附生效条件的《股权转让协议》
2016年12月2日	公司召开了第三届董事会第五十五次会议，审议通过本次重组报告书（草案）及相关议案

3. 交易对手支付现金补偿

虽然之前林萌及其一致行动人拖延了业绩承诺协议的履行时间，且不断申请更改业绩承诺协议，但最终在2016年林萌向宇顺电子支付现金补偿3.28亿元，并同时支付违约金2457.30万元，合计4.25亿元。上市公司收到业绩补偿金一般可以采用两种会计处理方式，一种是计入资本公积，另一种是计入非经常性损益，而宇顺电子将其计入非经常性损益。这使得当年宇顺电子的财务报表中实现的归母净利润为0.30亿元，扣非后归母净利润为-3.53亿元，2016年宇顺电子实现扭亏为盈（表1-9），摆脱了退市风险。

表1-9　宇顺电子2014—2016年经营业绩情况表

单位：亿元

项　　目	2014年	2015年	2016年
营业收入	27.50	33.80	13.01
归母净利润	-3.27	-10.98	0.30
扣非后归母净利润	-3.39	-10.93	-3.53
其中：雅视科技净利润数	0.73	-0.53	-1.43
其中：雅视科技商誉减值	2.50	6.10	0.00

四、结果评价

2017年宇顺电子成功"脱帽摘星"，摆脱了退市风险警示，并停牌筹划资产重组。在中植融云入主宇顺电子后所进行的一系列"清壳"手段中，大致可以看出，中植融云很可能已经预料到在2016年交易对手林萌会进行现金补偿，从而宇顺电子会收到一笔可观的收入，如果2015年未进行巨额的商誉减值准备的计提，且出售雅视科技的价格较低的情况下，那么2016年的投资亏损很可能会将收到的业绩补偿金填平，从而就会导致连续3年的亏损，因此中植融云选择抓住一年中仅有一次的商誉减值的机会，使雅视科技剩余的商誉在2015年一次性全部计提商誉减值准备，将亏损全部集中在2015年，是使宇顺电子扭亏为盈的关键所在，是一次成功的选择。

五、参考资料

[1] 罗喜英，阳倩：《业绩承诺能否为上市公司高溢价并购买单？——基于＊ST宇顺并购雅视科技的案例分析》，2017年。

[2] 王志球：《宇顺电子资产重组悬疑：雅视科技成长性不确定》，2013年。

[3] 并购汪：《200亿借壳！"中植系"花式清壳迎丰收，宇顺电子"保壳术"分析》，《商誉黑洞后传！宇顺电子："中植系"花式清壳；吉艾科技：精准出售，"业绩平滑"之秘籍!》，2017年（https：//mp. weixin. qq. com/s/QfvKCWW0YIK2KfxuCYmnXA；https：//mp. weixin. qq. com/s/64ZdH5Cu7D_ Al0yvtOseqA）。

[4] 饶守春：《雅视科技再遭五度挂牌转让 ＊ST宇顺此前已确定接盘方》，2016年（网易财经 http：//money. 163. com/16/1108/22/C5COCNFC002580S6. html）。

[5] 代秀辉：《宇顺电子收购雅视科技的"罪与罚"》，2016年（新浪财经 http：//finance. sina. com. cn/roll/2016－06－15/doc－ifxszkzy5288063. shtml）。

[6] 海书铭：《上市公司高溢价并购问题探析》，2016年。

[7] 崔永梅，张英：《企业合并商誉及其减值的价值相关性研究》，2014年。

[8] 李季：《上市公司并购中业绩补偿的会计处理》，2017年。

六、问题探讨

1. 什么是商誉？简述商誉的确认、初始计量及后续计量。
2. 结合案例说明出售亏损标的时商誉会给上市公司带来怎样的影响？
3. 宇顺电子并购雅视科技所产生的经济后果有哪些？并分析其原因。
4. 怎样评价中植融云进行的"清壳"行动？
5. 谈谈你所了解的A股市场所特有的ST制度。

[案例说明书]

一、案例要解决的关键问题

本案例主要适用于财务会计的商誉及商誉减值相关知识点教学。随着并购狂潮告一段落，并购后遗症正在不断涌现，此前市场上很少有人讨论处理并购后遗症的相关问题，但大家都清楚标的失去持续盈利能力，是商誉减值的主要原因。因此，本案例的教学目的是通过该商誉减值案例的讨论和学习，使学员认识并掌握以下主要内容：商誉的确认、初始计量及后续计量；出售亏损标的时商誉会给上市公司带来的影响；宇顺电子并购雅视科技所产生的经济后果及其原因；评价中植融云进行的“清壳”行动；A股市场特有的ST制度。

二、案例讨论的准备工作

学生在参加讨论之前，应该掌握理论背景、行业背景及制度背景等知识并综合运用，制度背景如下：

1998年4月22日，沪深交易所宣布，将对财务状况或其他状况出现异常的上市公司股票交易进行特别处理，这类股票称为ST股，该制度就叫作ST制度。ST在股票上是指境内上市公司连续两年亏损，被进行特别处理的股票。ST股是指境内上市公司经营连续三年亏损，被进行退市风险警示的股票。ST制度针对的对象是出现财务状况或其他状况异常的上市公司。其中异常主要指两种情况：一是上市公司经审计的两个会计年度的净利润均为负值，二是上市公司最近一个会计年度经审计的每股净资产低于股票面值。

ST类股票想要摘掉“＊ST”帽子，必须完全符合以下条件：①并非连续两年年报亏损（包括对以前年报进行的追溯调整）；②最近一个会计年度的股东权益为正值，即每股净资产为正值（新规定不再要求每股净资产必须超过1元）；③最新年报表明公司主营业务正常运营，扣除非经常性损益后的净利润为正值，因此不能只看每股收益数据，还要看扣除非经常性损益后的每股收益；④最近一个会计年度的财务报告没有被会计师事务所出具无法表示意见或否定意见的审计报告；⑤没有重大会计差错和虚假陈述，未在证监会责令整改期限内；⑥没有重大事件导致公司生产经营受严重影响的情况、主要银行账号未被冻结、没有被解散或破产等交易所认定的情形。若想一步到位摘掉“＊ST”帽子，恢复10%的涨跌交易制度，在硬指标上必须是年报的每股收益、扣除非经常性损益后的每股收益以及每股净资产三项指标同时为正值，才有提出摘帽的资格，交易所有权根据各家公司的具体情况来决定是否批准。

虽然随着我国并购市场的不断发展，我国证监会一直不断完善规范并购制度，但是控制上市公司并购溢价、保障业绩承诺协议制定后履行、更改业绩承诺的规范条件并没有得到明确的规定。

三、教学组织方式

（一）问题清单及提问顺序、资料发放顺序

本案例讨论题目依次为：

（1）什么是商誉？简述商誉的确认、初始计量及后续计量。

（2）结合案例说明出售亏损标的时商誉会给上市公司带来怎样的影响？

（3）宇顺电子并购雅视科技所产生的经济后果有哪些？并分析其原因。

（4）怎样评价中植融云进行的“清壳”行动？

（5）谈谈你所了解的A股市场所特有的ST制度。

（二）课时分配

（1）课前自行阅读资料：约3小时；

（2）小组讨论并提交分析报告提纲：约2小时；

（3）课堂小组代表发言、进一步讨论：约1小时；

（4）课堂讨论总结：约0.5小时。

（三）讨论方式

本案例可以采用个人或小组式进行讨论，选代表进行发言，当学员就某一问题有争议时进一步深入讨论。

（四）课堂讨论总结

课堂讨论总结力争精炼简洁，切中重点，对于重点问题和新颖观点要加以强调，对焦点问题和有争议的问题要深入思考和讨论，将案例与理论知识相结合，巩固学生的基础知识，拓展思路。总结要点要集中在以下几个方面：

（1）并购前上市公司需要考虑的相关因素及风险；

（2）盲目并购会给上市造成的经济后果及启示；

（3）商誉减值在宇顺电子扭亏为盈过程中起到的关键作用；

（4）制度上，业绩承诺协议还有哪些方面有待完善。

案例 2

从青岛金王逆天净利看分步实现企业合并的会计处理*

---

* 1. 本案例由广东工业大学管理学院的张卓、杨映冰、郑丽娜、刘启予、沙兴军、陈伟晓等共同撰写，作者拥有著作权中的署名权、修改权、改编权。

2. 将本案例授权予广东工业大学产教融合 MPAcc 教学智库实验平台使用，广东工业大学产教融合 MPAcc 教学智库实验平台享有复制权、修改权、发表权、发行权、信息网络传播权、改编权、汇编权和翻译权。

3. 由于企业保密的要求，在本案例中对有关名称、数据等做了必要的掩饰性处理。

4. 本案例只供课堂讨论之用，并无意暗示或说明某种管理行为是否有效。

[案例封面]

专业领域： 财务会计

适用课程：《高级财务会计理论与实务》

选用课程：《高级财务会计理论与实务》《财务报表分析》

编写目的： 本案例是关于企业通过多次交易分步实现非同一控制下的企业合并。在多样的并购方式背景下，企业合并的会计处理问题也日益突出，本案例旨在引导学员学习企业通过多次交易分步实现非同一控制下的企业合并在个别财务报表和合并财务报表进行的相关会计处理。同时，使学生掌握企业合并中长期股权投资权益法和成本法的转换和合并财务报表中特殊交易的会计处理。通过对本案例进行分析，针对会计处理中产生的巨额投资收益进行讨论，加深学生对企业通过多次交易分步实现非同一控制下的企业合并的认识和思考。

知 识 点： 分步合并中的会计处理；分步合并报表的编制；调整分录

关 键 词： 分步合并；长期股权投资

中文摘要： 2017 年青岛金王应用化学股份有限公司（以下简称“青岛金王”）采用股份支付以及现金支付的方式取得杭州悠可化妆品有限公司（以下简称“杭州悠可”）剩余 63% 的股权。此次交易构成了企业通过多次交易分步实现非同一控制下的企业合并。分步实现企业合并是企业合并中的一种特殊的形式。本案例旨在通过分析青岛金王收购杭州悠可这起交易，对企业通过多次交易分步实现非同一控制下的企业合并在个别财务报表和合并财务报表进行的会计处理方法以及对该处理方法下而产生的投资收益进行说明和探讨。

[案例正文]

2013 年 12 月 13 日，青岛金王应用化学股份有限公司（以下简称“青岛金王”）通过现金支付方式首次取得杭州悠可化妆品有限公司（以下简称“杭州悠可”）37% 股权，青岛金王快速切入化妆品垂直电商领域，并获得与杭州悠可全面业务合作，迈开了化妆品行业全产业链整合的步伐，一步一步实现了对工厂、品牌、线上线下渠道的全产业布局。

2016 年 9 月 24 日，青岛金王发布公告宣布并购对象为化妆品线上运营商——杭州悠可化妆品有限公司剩余 63% 的股权。交易完成后杭州悠可成为青岛金王的全资子公司。

值得注意的是：在本次交易前，青岛金王已持有杭州悠可 37% 的股权，此次交易属于多次交易分步实现的企业合并。该企业合并在会计处理上具有其特殊性以及在该会计处理方法下青岛金王产生的惊天净利引发我们诸多思考。

一、案例起源

2017 年 8 月青岛金王发布了 2017 年半年度财务报告，报告中数据显示青岛金王在 2017 年上半年净利润出现了爆炸性的增长。在 2017 年半年报中，其归属于上市公司净利润达到 30 659 万元，2016 年同期数据仅为 5 179 万元，同比增长了 491.95%。青岛金王在 2017 年毛利润为 33 274.89 万元，2016 年同期数据为 16 301.17 万元，同比增长 104.13%。可见其净利润暴增并非完全来源于企业核心业务的增长。其盈利能力从何而来，是否具有可持续性。青岛金王 2016—2017 年半年报部分财务数据如表 2 - 1 所示。

表 2 - 1　青岛金王 2016—2017 年半年报部分财务数据

时　间	2017.06.30	2016.06.30	同比增长
营业收入	200 025.51 万元	106 394.13 万元	88.00%
营业成本	166 750.61 万元	90 092.97 万元	85.09%
毛利润	33 274.89 万元	16 301.17 万元	104.13%
投资收益	23 584.52 万元	1 484.14 万元	1 489.10%
营业利润	34 097.86 万元	6 735.37 万元	406.25%
利润总额	34 659.68 万元	7 145.26 万元	385.07%
净利润	31 991.59 万元	5 947.05 万元	437.94%
取得投资收益收到的现金	17.69 万元	925.47 万元	-98.09%

青岛金王 2017 年上半年投资收益为 23 584.52 万元，2016 年同期数据为 1 484.14 万元，同比增长 1 489.10%，其应为净利润暴增的幕后推手。但报表中披露其 2017 年取得投资收益收到的现金不升反降，可见投资收益的快速增长并无现金流的支撑，巨额投资收益从何而来？据青岛金王年报显示投资收益比上年同期增长 1 489.10%。主要原因为杭州悠可纳入合并报表范围公允价值变动产生的投资收益计入当期所致。

二、交易双方概况

（一）青岛金王

青岛金王前身为青岛金海工艺制品有限公司（简称“金海工艺”）。金海工艺是1997年3月3日成立的经青岛市人民政府批准设立的外商独资企业，1998年10月20日组织形式变更为中外合资经营企业。2001年4月10日经批准，金海工艺以整体变更方式转制为外商投资股份有限公司，并更名为青岛金王应用化学股份有限公司。经中国证券监督管理委员会证监发行字［2006］132号文批准，公司于2006年12月4日开始向社会公众发行人民币普通股3 400万股，并于2006年12月15日在深圳证券交易所上市交易。

青岛金王素有“蜡烛大王”之称，是亚洲唯一的蜡烛上市公司，全球第三家蜡烛上市公司，也是全球排行前三位的蜡烛企业。国内蜡烛市场经过多年发展，已经较为成熟，总体市场销售额不会出现跳跃式的高速增长。但是，出于文化、宗教和日常生活需要等原因，蜡烛及相关制品已经成为国外消费群体生活的必需品，相关消费习惯和消费模式受宏观经济波动的影响相对较小。这使得蜡烛行业的外销市场对蜡烛及相关制品的需求存在一定的刚性。中国蜡烛企业出口快速增长，使得欧洲蜡烛生产企业惨淡经营，步履维艰。因此欧盟从2009年起，开始对我国进口的蜡烛征收最高60%的反倾销税，重创兴盛一时的国内蜡烛行业，使蜡烛出口企业减少到不足二十家。一轮反倾销的打击，就导致了中国蜡烛出口行业如“断崖”般的运行轨迹。身为亚洲地区唯一一家蜡烛上市公司，青岛金王蜡烛业已经触及天花板，增长空间已经极为有限。

青岛金王的主营业务分为化妆品业务、新材料蜡烛及工艺制品业务和油品贸易业务三大板块。其中，化妆品业务、新材料蜡烛及工艺制品业务是公司的核心业务发展板块。自2013年以来上市公司通过参股、收购等方式整合优势资源，加速向化妆品领域拓展，确定了围绕化妆品研发、生产、线上线下营销渠道、品牌运营的整体产业规划和布局，逐步形成完整的化妆品全产业链。

（二）杭州悠可

2012年7月5日，马可孛罗与杭州网妆决定出资设立杭州悠可化妆品有限公司（以下简称杭州悠可），注册资本1 600万港元。杭州网妆占注册资本60%，马可孛罗占注册资本40%。2012年7月24日，杭州悠可核准设立。

杭州悠可化妆品有限公司是国内专注于化妆品垂直领域的电子商务企业。业务涵盖化妆品领域的B2B和B2C，为多家国际化妆品品牌商提供多平台、多渠道、全链路的电子商务一站式服务。其经营业务主要是通过线上品牌代运营和线上分销两种模式完成。目前杭州悠可已建立起以代运营天猫官方旗舰店、品牌官网为主，向主流电商平台等线上经销商分销为辅的经营模式。目前杭州悠可服务的国际知名品牌包括雅诗兰黛旗下倩碧和雅诗兰黛欧舒丹；欧莱雅旗下药妆薇姿、理肤泉和修丽可；法国品牌娇韵诗；韩国品牌菲诗小铺、谜尚等20多个品牌。

2013年12月青岛金王以增资及受让股权的方式取得了杭州悠可37%的股权，杭州悠可承诺2014—2017年的盈利分别不低于1 500万元、3 000万元、6 000万元以及10 000万元，后来杭州悠可都超额完成2014—2017年业绩承诺，说明杭州悠可有良好的增长业绩。

杭州悠可背后团队作战经验丰富，经过两年多的经营，公司合作品牌数量、合作的线上购物平台数量都有大幅提升，盈利能力显著增强。行业方面化妆品销售领域线上渠道渗透率逐步提升，终端客户的消费习惯已经养成，中高端化妆品电商发展前景广阔。

三、交易动机

2013年以来，青岛金王通过设立化妆品业务管理中心，参股广州栋方、杭州悠可，收购上海月沣、广州韩亚，形成了较为明晰的化妆品业务组织结构。本次收购杭州悠可63%股权，有利于进一步完善化妆品产业布局和组织结构。青岛金王的化妆品产业布局和组织结构如图2－1所示。

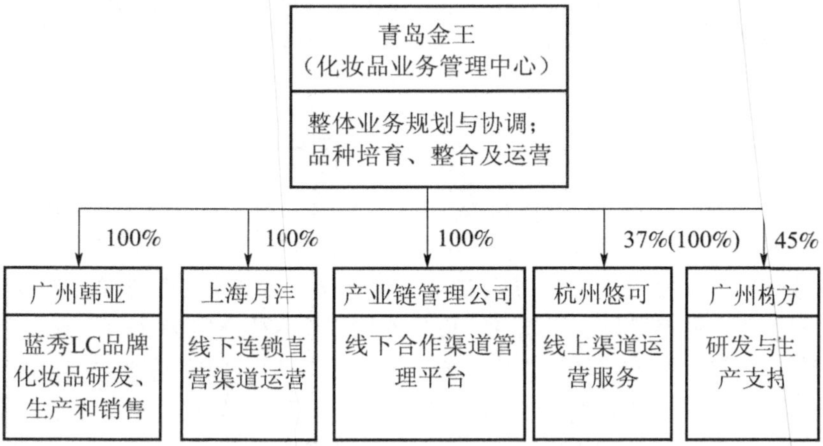

图2－1　青岛金王在化妆品领域的组织结构图

杭州悠可系专注于化妆品垂直领域的电子商务企业，为多家国际化妆品品牌商提供多平台、多渠道、全链路的电子商务一站式服务。目前杭州悠可已建立起以代运营天猫官方旗舰店、品牌官网为主，向主流电商平台等线上经销商分销为辅的经营模式，服务内容涵盖旗舰店及官网建设、整合营销、店铺运营、客户服务、商业分析、仓储物流和供应链管理等。本次收购杭州悠可63%股权后，杭州悠可将成为上市公司全资子公司，进一步加强了公司化妆品线上营销能力。

通过2013年以来的持续发展，公司目前已初步形成了涵盖品牌、研发、生产和线上线下渠道的完整化妆品产业链。本次交易完成后，杭州悠可将成为上市公司全资子公司，在巩固线上营销优势的同时，可与上市公司母公司，各化妆品控股、参股子公司在品牌宣传、销售渠道共享、研发、生产支持等多环节进一步实现协同效应与规模效应，从而带动公司在化妆品行业整体竞争力的提升，增强公司的整体盈利和抗风险能力。

本次交易完成后，标的公司杭州悠可将成为上市公司全资子公司。杭州悠可目前已形成一定的化妆品线上营销规模和良好的盈利能力。2015年度，杭州悠可实现营业收入73 609.93万元、净利润3 719.81万元。2016年度、2017年度及2018年度，预计杭州悠可的净利润将分别不低于6 700万元、10 000万元和12 300万元。

本次交易完成后，公司的化妆品线上营销规模和行业竞争力将得到提升；杭州悠可纳入公司合并报表范围，公司化妆品业务收入和利润规模将实现快速增长，公司全体股东将分享化妆品电商产业增长带来的收益。

四、案例进程

（一）初次合并（收购杭州悠可37%的股份）

2013年12月，青岛金王出资1.28亿元对杭州悠可进行增资，持有杭州悠可31.34%的股权。随后以2 320.6万元人民币的价格收购马可孛罗持有的杭州悠可5.66%的股份，两次出资后，青岛金王共计出资1.517亿元取得了杭州悠可37%的股权。此次收购杭州悠可，青岛金王的第一控股股东金王运输几乎质押了其所持有的青岛金王的股权，筹得了3.5亿元流动现金贷款。增资前北京北方亚事资产评估有限责任公司对杭州悠可采用收益法进行评估，经评估，杭州悠可的评估值为2.843 642亿元。增资后杭州悠可的估值为4.1亿元。

（二）二次合并（收购杭州悠可剩余63%的股份）

2017年5月22日，青岛金王通过发行股份和支付现金相结合的方式购买杭州悠可63%剩余的股权，交易价格合计为68 014.68万元，其中32 817.415 8万元的对价以现金方式支付，其余对价以发行股份的方式支付。青岛金王采用非公开发行方式发行股份，发行对象为杭州悠飞、马可孛罗，共计15 303 158股，交易价格为23.00元/每股，面值为1.00元/每股，股份对价合计为35 197.2 642万元，同时本次交易中青岛金王准备采用询价方式向不超过十名符合条件的特定对象非公开发行股份募集配套资金34 417.42万元，金额不超过购买资产交易价格的100%。募集配套资金将用于支付本次交易中的现金对价、相关税费和中介机构费用。本次募集配套资金涉及的发行股份价格不低于23.25元/股，共计发行不超过14 803 189股。但由于市场原因无法发行股份，青岛金王以全资子公司杭州悠可37%的股权，向青岛银行香港花园支行提供质押并申请借款人民币19 600万元，在配套募集资金价款到位前，支付现金对价的部分价款。

并购完成后，杭州悠可100%股权的估值已经由原来的4.1亿元变为10.8亿元。具体支付对价情况如表2-2所示。

表2-2　本次交易方案情况

序号	交易对方	持有标的公司股份比例（%）	交易对价（万元）	股份对价		现金对价（万元）
				对价（万元）	股份（股）	
1	杭州悠飞	34.2709	36 998.798 4	22 804.838 4	9 915 147	14 193.96
2	马可孛罗	23.2363	25 085.865 2	12 392.425 8	5 388 011	12 693.439 4
3	杭州悠聚	5.4928	5 930.016 4	—	—	5 930.016 4
合计		63.00	68 014.68	35 197.264 2	15 303 158	32 817.415 8

在两次交易的过程中，初次合并结束后，杭州悠可的估价为4.1亿元，第二次合并完成后，杭州悠可的估价为10.8亿元，整整翻了两倍多。对此青岛金王在11月4日发布的公告中是作如下解释的。

1. 悠可处于高速发展期

2013年12月上市公司收购杭州悠可时，杭州悠可尚处于发展整合的初步阶段，合作品牌数量较少，盈利能力也未完全显现。本次收购时，杭州悠可业务规模、合作品牌数量、合作的线上购物平台数量均大幅提升。目前杭州悠可服务的主要品牌包括雅诗兰黛旗下倩碧和雅诗兰黛欧舒丹；欧莱雅旗下药妆薇姿、理肤泉和修丽可；法国品牌娇韵诗；韩国品牌菲诗小铺、谜尚等国际中高档品牌。杭州悠可系近几年来专注于化妆品垂直领域的电子商务企业，为多家国际化妆品品牌商提供多平台、多渠道、全链路的电子商务一站式服务。杭州悠可的综合实力增强，又有品牌加持，气质提升，所以就更值钱了。

2. 杭州悠可盈利能力增强

2013年1—11月，标的公司经审计的营业收入和净利润分别为24 490.69万元和1 196.74万元；2015年度，其经审计的营业收入和净利润分别为73 609.93万元和3 719.81万元，盈利能力显著增强。

3. 前景未明先试探，时机成熟收囊中

2013年底公司收购时，国内化妆品线上销售渠道发展仍不完善，终端客户的消费习惯尚未养成，商场专柜等线下渠道仍然占据中高档化妆品销售的主流地位。基于上述考虑，上市公司当时采取参股杭州悠可的方式对线上渠道进行试探性布局。经过两年多的经营，杭州悠可已经成为国内化妆品电商运营领域的领先者之一。杭州悠可与雅诗兰黛、娇韵诗、欧莱雅、韩国LG集团等多家国际大型化妆品企业及其授权方结成稳定合作关系，为多个国际知名品牌提供品牌代运营及线上分销服务；杭州悠可深耕化妆品线上渠道，已建立起以代运营天猫品牌旗舰店、品牌官网为主，向主流电商平台等经销商分销为辅的经营模式，在线上渠道领域优势明显；杭州悠可领先的IT技术为实现大规模业务拓展，整体营销策略的落地，营销、运营、客服等方面的全方位创新提供了可靠保障。杭州悠可已成为具有良好盈利能力的优质企业，受到了上市公司及市场的认可。行业方面，化妆品销售领域线上渠道渗透率逐步提高，终端客户的消费习惯已经养成，中高端化妆品电商发展前景广阔。

五、会计处理

（一）2013年12月长期股权投资的初始计量

《企业会计准则第2号——长期股权投资》第六条规定除企业合并形成的长期股权投资以外，其他方式取得的长期股权投资，应当按照下列规定确定其初始投资成本：①以支付现金取得的长期股权投资，应当按照实际支付的购买价款作为初始投资成本。初始投资成本包括与取得长期股权投资直接相关的费用、税金及其他必要支出。②以发行权益性证券取得的长期股权投资，应当按照发行权益性证券的公允价值作为初始投资成本。与发行权益性证券直接相关的费用，应当按照《企业会计准则第37号——金融工具列报》的有关规定确定。③通过非货币性资产交换取得的长期股权投资，其初始投资成本应当按照

《企业会计准则第 7 号——非货币性资产交换》的有关规定确定。④通过债务重组取得的长期股权投资，其初始投资成本应当按照《企业会计准则第 12 号——债务重组》的有关规定确定。

2013 年年报中显示青岛金王对杭州悠可施加重大影响，将其认定为联营企业。根据《关于对外投资的议案》同意青岛金王通过认缴杭州悠可新增注册资本以及收购杭州悠可现有部分股权的形式，合计投资人民币 15 170 万元取得对于杭州悠可长期股权投资，按照实际支付的购买价款作为长期股权投资的初始成本，会计处理如下（单位：万元）：

借：长期股权投资——投资成本　　15 170

　贷：银行存款　　15 170

（二）2014—2016 年长期股权投资后续计量

《企业会计准则第 2 号——长期股权投资》第九条规定投资方对联营企业和合营企业的长期股权投资，应当按照本准则第十条至第十三条规定，采用权益法核算。

《企业会计准则第 2 号——长期股权投资》第十条规定长期股权投资的初始投资成本大于投资时应享有被投资单位可辨认净资产公允价值份额的，不调整长期股权投资的初始投资成本；长期股权投资的初始投资成本小于投资时应享有被投资单位可辨认净资产公允价值份额的，其差额应当计入当期损益，同时调整长期股权投资的成本。被投资单位可辨认净资产的公允价值，应当比照《企业会计准则第 20 号——企业合并》的有关规定确定。

《企业会计准则第 2 号——长期股权投资》第十一条规定投资方取得长期股权投资后，应当按照应享有或应分担的被投资单位实现的净损益和其他综合收益的份额，分别确认投资收益和其他综合收益，同时调整长期股权投资的账面价值；投资方按照被投资单位宣告分派的利润或现金股利计算应享有的部分，相应减少长期股权投资的账面价值；投资方对于被投资单位除净损益、其他综合收益和利润分配以外所有者权益的其他变动，应当调整长期股权投资的账面价值并计入所有者权益。投资方在确认应享有被投资单位净损益的份额时，应当以取得投资时被投资单位可辨认净资产的公允价值为基础，对被投资单位的净利润进行调整后确认。被投资单位采用的会计政策及会计期间与投资方不一致的，应当按照投资方的会计政策及会计期间对被投资单位的财务报表进行调整，并据以确认投资收益和其他综合收益等。

2014 年，据报表披露信息，杭州悠可实现净利润 1 572. 90 万元，青岛金王按照长期股权投资权益法确认投资收益 581. 97 万元，会计处理如下（单位：万元）：

借：长期股权投资——损益调整　　581. 97

　贷：投资收益　　581. 97

2015 年，杭州悠可实现净利润 3 580. 35 万元，青岛金王按照长期股权投资权益法确认投资收益 1 324. 73 万元，会计处理如下（单位：万元）：

借：长期股权投资——损益调整　　1 324. 73

　贷：投资收益　　1 324. 73

2016 年，杭州悠可实现净利润 7 045. 43 万元，青岛金王按照长期股权投资权益法确认投资收益 2 606. 81 万元，会计处理如下（单位：万元）：

借：长期股权投资——损益调整　　2 606.81

　贷：投资收益　　2 606.81

2016 年，杭州悠可其他权益变动本期增加额共计 75.62 万元，青岛金王应当调增长期股权投资的账面价值 27.98 万元，并确认资本公积——其他资本公积，会计处理如下（单位：万元）：

借：长期股权投资——其他权益变动　　27.98

　贷：资本公积——其他资本公积　　27.98

2016 年，杭州悠可宣告发放现金股利或利润 2 500.00 万元，调减长期股权投资账面价值 925 万元，并确认应收股利，会计处理如下（单位：万元）：

借：应收股利　　925

　贷：长期股权投资—损益调整　　925

（三）2017 年 5 月　追加投资实现分步合并

《企业会计准则第 2 号——长期股权投资》第十四条规定投资方因追加投资等原因能够对非同一控制下的被投资单位实施控制的，在编制个别财务报表时，应当按照原持有的股权投资账面价值加上新增投资成本之和，作为改按成本法核算的初始投资成本。购买日之前持有的股权投资因采用权益法核算而确认的其他综合收益，应当在处置该项投资时采用与被投资单位直接处置相关资产或负债相同的基础进行会计处理。购买日之前持有的股权投资按照《企业会计准则第 22 号——金融工具确认和计量》的有关规定进行会计处理的，原计入其他综合收益的累计公允价值变动应当在改按成本法核算时转入当期损益。在编制合并财务报表时，应当按照《企业会计准则第 33 号——合并财务报表》的有关规定进行会计处理。

2017 年 5 月，根据会计准则，在编制个别财务报表时，应当按照原持有杭州悠可的长期股权投资账面价值 18 786.49 万元加上新增投资成本 68 912.86 万元的合计数作为改按成本法核算的初始投资成本，购买日之前持有的杭州悠可的长期股权投资因采用权益法核算而确认的其他综合收益，应当在处置该项投资时采用与被投资单位直接处置相关资产或负债相同的基础进行会计处理。会计处理如下（单位：万元）：

借：长期股权投资——杭州悠可　　87 699.35

　贷：长期股权投资——投资成本　　15 170

　　　　　　　　——损益调整　　3 588.51

　　　　　　　　——其他权益变动　　27.98

　　股本　　1 530.32

　　资本公积——资本溢价　　33 667.95

　　库存现金　　33 714.59

借：资本公积——其他资本公积　　27.98

　贷：投资收益　　27.98

《企业会计准则第 33 号——合并财务报表》第七条规定合并财务报表的合并范围应当以控制为基础予以确定。控制，是指投资方拥有对被投资方的权力，通过参与被投资方的相关活动而享有可变回报，并且有能力运用对被投资方的权力影响其回报金额。本准则所称相关活动，是指对被投资方的回报产生重大影响的活动。被投资方的相关活动应当根据具体情况进行判断，通常包括商品或劳务的销售和购买、金融资产的管理、资产的购买和处置、研究与开发活动以及融资活动等。所以杭州悠可应纳入青岛金王合并报表的编制范围。

《企业会计准则第 33 号——合并财务报表》第四十八条规定企业因追加投资等原因能够对非同一控制下的被投资方实施控制的，在合并财务报表中，对于购买日之前持有的被购买方的股权，应当按照该股权在购买日的公允价值进行重新计量，公允价值与其账面价值的差额计入当期投资收益；购买日之前持有的被购买方的股权涉及权益法核算下的其他综合收益的，与其相关的其他综合收益等应当转为购买日所属当期收益。购买方应当在附注中披露其在购买日之前持有的被购买方的股权在购买日的公允价值、按照公允价值重新计量产生的相关利得或损失的金额。

2017 年 5 月青岛金王采用股份支付以及现金支付的方式取得杭州悠可剩余 63% 的股权。此次交易构成了企业通过多次交易分步实现非同一控制下的企业合并。交易完成后杭州悠可成为青岛金王的全资子公司。对于购买日之前持有的杭州悠可 37% 的股权，对其购买日的公允价值进行重新计量，37% 股权的公允价值为 40 813. 13 万元，其账面价值为 18 786. 49 万元，其差额 22 026. 64 万元计入当期投资收益，会计处理如下（单位：万元）：

借：长期股权投资——投资成本　　　　22 026. 64

　贷：投资收益　　　　　　　　　　　　22 026. 64

根据准则规定，青岛金王原先持有的 37% 股权在购买日需要对其公允价值进行重新计量，其公允价值与其账面价值的差额 22 026. 64 万元计入投资收益，投资收益作为净利润的组成部分。因此在该会计处理下，当期净利润出现暴增。

青岛金王持有长期股权投资（杭州悠可）账面价值为 87 699. 35 万元。加上调整分录中调增的 22 026. 64 万元，共计 109 725. 99 万元。杭州悠可可辨认净资产公允价值共计 29 254. 99万元，将青岛金王持有的杭州悠可长期股权投资与杭州悠可所有者权益中归属于青岛金王的权益抵消，两者差额为 80 471. 02 万元，计入合并商誉。其抵销分录如下：（单位：万元）

借：可辨认净资产公允价值　　　　29 254. 99

　　商誉　　　　　　　　　　　　80 471. 00

　贷：长期股权投资——杭州悠可　　　　109 725. 99

六、结果评价

在上述会计处理下产生 22 026. 64 万元的巨额投资收益会对青岛金王的盈利能力分析造成什么影响？从近三年青岛金王披露的半年报中相关财务指标信息，青岛金王近三年半年度报告部分盈利能力指标如表 2 – 3 所示。

表 2-3　青岛金王近三年半年度报告部分盈利能力指标

时　间	2017. 06. 30	2016. 06. 30	2015. 06. 30
总资产报酬率（%）	8. 35	2. 20	2. 64
净利润率（%）	15. 33	4. 87	7. 34
基本每股收益（元/股）	0. 813	0. 1586	0. 112

从反映盈利能力的三个主要指标的变化趋势可以看出，在 2017 年半年度报中同比上年都有成倍数的增长。如果按照指标增长的一般规律来分析，总资产报酬率的大幅增长，体现了青岛金王利用资产来获取净利润的能力增强，净利润率的大幅度增长，体现了青岛金王并购后的经营产品在市场上更具有竞争力，青岛金王通过扩大销售获得报酬的能力极强，而基本每股收益这个与投资者息息相关的指标，也在 2017 年同比上年呈近 6 倍增长，说明管理层的经营业绩同比上年有了较大的突破，青岛金王的股利分配来源越充足，资产增值能力就越强。但是事实上，这几个财务指标都因为仅仅存在于账面上，不以现金流做支撑的投资收益，所以这样的基本面，股民是否增持青岛金王股票呢？青岛金王二次合并杭州悠可股价走势图如图 2-2 所示。

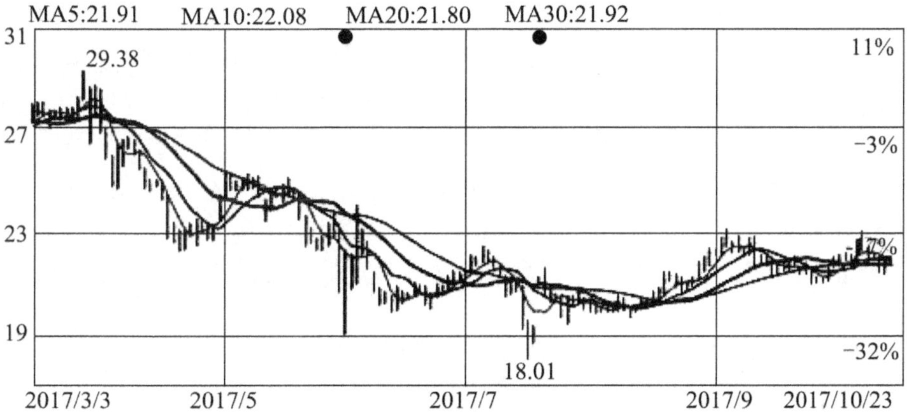

图 2-2　青岛金王二次合并杭州悠可股价走势图

青岛金王停牌前一天的股价收盘价为 28. 19 元/股，3 月 23 日复牌当天收盘价为 28. 62 元/股，在 3 月 24 日，股票涨至 28. 73 元/股，为青岛金王完成收购至今股票最高价。此后，青岛金王股价呈下跌趋势，最低跌至 18. 01 元/每股。目前，青岛金王股价为 21. 76 元/每股，股民并没有因为青岛金王的基本面便增持青岛金王的股票。

七、参考资料

［1］青岛金王：《发行股份及支付现金购买资产并募集配套资金报告书（修订稿）》，巨潮资讯网，2017 年 05 月 03 日公布。

［2］青岛金王：《2017 年半年度财务报告》，巨潮资讯网，2017 年 08 月 24 日公布。

［3］青岛金王：《关于公司以子公司股权质押进行贷款的公告》，巨潮资讯网，2017

年 09 月 22 日公布。

[4] 青岛金王:《关于回复深圳证券交易所 2017 年半年报问询函的公告》，巨潮资讯网，2017 年 10 月 21 日公布。

[5] 青岛金王:《2014 年年度报告》，巨潮资讯网，2015 年 04 月 25 日公布。

[6] 青岛金王:《2015 年年度报告》，巨潮资讯网，2016 年 05 月 04 日公布。

[7] 青岛金王:《2016 年年度报告》，巨潮资讯网，2017 年 04 月 28 日公布。

[8] 青岛金王:《对外投资进展公告》，巨潮资讯网，2014 年 03 月 29 日公布。

[9] 财政部:《企业会计准则第 2 号——长期股权投资》，财政部 2014 版。

[10] 财政部:《企业会计准则第 33 号——合并财务报表》，财政部 2014 版。

[11] 财政部:《企业会计准则第 22 号——金融工具确认和计量》，财政部 2014 版。

[12] 上海国家会计学院:《企业并购与重组》，经济科学出版社，2011 年版。

八、问题探讨

（1）长期股权投资后续计量中成本法核算范围？权益法核算范围？

（2）青岛金王对杭州悠可的长期股权投资在 2014—2016 年应分别采用什么方法进行后续计量？并说明原因。

（3）通过多次交易分步取得股权最终形成企业合并的会计处理原则是什么？

（4）企业编制合并报表的范围是什么？青岛金王与杭州悠可编制合并报表的时点是什么？

（5）按照会计准则解释，第一次交易到第二次交易之间产生的增值，可以记为利润，请你对此进行评价。

（6）价值投资的首要要素，是“现金流为王”，那么没有现金流支撑的利润，你是否会认可？

[案例说明书]

一、教学目的与用途

本案例主要适用于高级财务会计理论与实务和财务报表分析相关专题课程。

本案例是关于企业通过多次交易分步实现非同一控制下的企业合并。在多样的并购方式背景下，企业合并的会计处理问题也日益突出，本案例旨在引导学员学习企业通过多次交易分步实现非同一控制下的企业合并在个别财务报表和合并财务报表进行的相关会计处理。通过对本案例进行分析，针对会计处理中产生的巨额投资收益进行讨论，加深学生对企业通过多次交易分步实现非同一控制下的企业合并的认识和思考。

二、案例讨论的准备工作

为了更好地实现本案例的教学的目的与用途，学生应该在案例讨论之前，通过预发材料了解下面相关的背景知识。

（一）理论背景

企业并购理论；合并财务报表中特殊交易的会计处理；多次交易分步实现非同一控制下的企业合并在个别财务报表和合并财务报表进行的相关会计处理等相关背景知识。

（二）交易概况

本次交易的主体为青岛金王应用化学股份有限公司（以下简称青岛金王）和杭州悠飞品牌管理合伙企业（普通合伙）、马可孛罗电子商务有限公司、杭州悠聚品牌管理合伙企业（普通合伙）。本次交易标的为杭州悠可化妆品有限公司（以下简称杭州悠可）63%股权（截至2017年4月28日，公司已持有杭州悠可37%股权，交易完成后，公司持有杭州悠可100%股权）。青岛金王有“蜡烛大王”之称，于2006年12月15日在深圳证券交易所上市交易，是亚洲唯一的蜡烛上市公司，全球第三家蜡烛上市公司，也是全球排行前三位的蜡烛企业。主营业务分为化妆品业务、新材料蜡烛及工艺制品业务和油品贸易业务三大板块。交易标的企业是杭州悠可，是专注于化妆品垂直领域的电子商务企业，深耕海外中高端化妆品合作，并建立起以代运营天猫官方旗舰店、品牌官网为主，向主流电商平台等线上经销商分销为辅的经营模式，全方位布局线上销售渠道。

2013年12月青岛金王以增资及受让股权的方式取得了杭州悠可37%的股权。杭州悠可2014—2017年以盈利分别不低于1 500万元、3 000万元、6 000万元以及10 000万元的优秀业绩超额完成对赌的业绩承诺。经过两年多的经营，杭州悠可合作品牌数量、合作的线上购物平台数量都有大幅提升，盈利能力显著增强。2016年7月22日青岛金王因为重大资产重组而停牌，9月24日发布公告宣布收购对象为化妆品线上运营商——杭州悠可化妆品有限公司剩余63%的股权。本次交易于2017年05月完成，至此杭州悠可100%股权归公司归青岛金王持有，成为青岛金王的全资子公司。分步合并过程中，37%股权的价值差额多达2亿多元，被计入了投资收益，最终增加了2亿多元的利润。

本次交易的时间进度表如表2－4所示。

表2－4　青岛金王合并杭州悠可的时间进程

时　间	事　　件
2013年8月	青岛金王并购重组失利，有收购下一家化妆品公司的意愿
2013年9月26日	青岛金王发布公告称，拟投资不超过1.5亿元，通过受让杭州悠可化妆品有限公司现有股权对杭州悠可增资的方式持有杭州悠可不超过40%的股权
2013年12月	青岛金王共计出资1.517亿元取得了杭州悠可37%的股权，进行业绩对赌，杭州悠可承诺2014—2017年的盈利分别不低于1 500万元、3 000万元、6 000万元以及10 000万元
2014年03月11日	杭州悠可将出售给青岛金王的股票进行工商变更登记
2014—2016年	根据青岛金王公布的年报显示，杭州悠可在2014年、2015年的净利润分别为1 573万元、3 580万元，超过预期，说明杭州悠可有良好的增长业绩
2016年7月22日	青岛金王因为重大资产重组而停牌，没有对外披露收购的对象
2016年9月24日	青岛金王发布公告，宣布收购对象为化妆品线上运营商——杭州悠可化妆品有限公司剩余63%的股权，收购结果将于10月21日前公布
2016年10月20日	董事会审议通过本次发行股份及支付现金购买杭州悠可63%的股权
2016年10月20日	截至评估基准日2016年5月31日，杭州悠可净资产账面价值为1.92亿元，杭州悠可100%股权的评估值为10.8亿元，评估增值率为461.44%，青岛金王与杭州悠可的控股股东签署了《购买资产协议》，根据《购买资产协议》的约定，在上述评估值的基础上，经过交易各方友好协商，杭州悠可63%股权的交易价格为6.8亿元
2016年10月20日	青岛金王与杭州悠飞、马可孛罗，张子恒、黄冰欢、何志勇、吴进财、林炳春签署了《盈利预测补偿协议》
2016年10月20日	青岛金王召开第六届董事会第八次临时会议，审议通过了发行股份及支付现金购买资产并募集配套资金报告书（草案）等议案。其中3.28亿元的对价以现金方式支付，其余对价以23元/股的价格发行股份支付，上市公司购买资产发行的股份数量为15 303 158股，同时，公司拟向不超过十名符合条件的特定对象以不低于23.25元/股的价格非公开发行股票，募集配套资金3.44亿元，对应发行股份的数量不超过14 803 189股
2016年11月7日	青岛金王召开2016年第四次临时股东大会，审议通过了发行股份及支付现金购买资产并募集配套资金报告书（草案）等议案
2017年3月16日	青岛金王公司股票停牌
2017年3月22日	青岛金王6.8014亿收购杭州悠可63%股权的交易，经中国证券监督委员会上市公司并购重组审核委员会2017年第14次会议审核通过
2017年3月23日	青岛金王公司股票于3月23日复牌

续上表

时　间	事　　件
2017年5月18日	交易对方将持有的杭州悠可63%的股权过户至上市公司名下，并在杭州市工商行政管理局办理完毕相关工商变更登记手续，至此，青岛金王已持有杭州悠可100%股权

三、教学组织方式

（一）问题清单及提问顺序、资料发放顺序

本案例讨论题目依次为：

（1）长期股权投资后续计量中成本法核算的范围是什么？权益法核算的范围是什么？

（2）青岛金王对杭州悠可的长期股权投资在2014—2016年应分别采用什么方法进行后续计量并说明原因。

（3）通过多次交易分步取得股权最终形成企业合并的会计处理原则是什么？

（4）企业编制合并报表的范围是什么？青岛金王与杭州悠可编制合并报表的时点是什么？

（5）按照会计准则解释，第一次交易到第二次交易之间产生的增值，可以记为利润，请你对此进行评价。

（6）价值投资的首要要素，是“现金流为王”，那么没有现金流支撑的利润，你是否会认可？

（二）课时分配

（1）课前自行阅读资料：约3小时；

（2）小组讨论并提交分析报告提纲：约2小时；

（3）课堂小组代表发言，进一步讨论：约1小时；

（4）课堂讨论总结：约0.5小时。

（三）讨论方式

本案例可以采用小组形式进行讨论。

（四）课堂讨论总结

课堂讨论总结的关键是：归纳发言者的主要观点；重申其重点及亮点；提醒大家对焦点问题或有争议观点进行进一步思考；建议大家对案例素材进行扩展研究和深入分析。

案例 3

反向购买法还是权益交易法？——从顺丰借壳鼎泰新材看借壳上市的会计处理*

---

* 1. 本案例由广东工业大学管理学院的张卓、傅一窈、周雯君等共同撰写，作者拥有著作权中的署名权、修改权、改编权。
  2. 将本案例授权予广东工业大学产教融合 MPAcc 教学智库实验平台使用，广东工业大学产教融合 MPAcc 教学智库实验平台享有复制权、修改权、发表权、发行权、信息网络传播权、改编权、汇编权和翻译权。
  3. 由于企业保密的要求，在本案例对有关名称、数据等做了必要的掩饰性处理。
  4. 本案例只供课堂讨论之用，并无意暗示或说明某种管理行为是否有效。

[案例封面]

专业领域： 财务会计

适用课程：《高级财务会计》

选用课程：《财务管理理论与实务》《资本运营》

编写目的： 本案例旨在引导学员学习并理解借壳上市过程及其相关会计处理方法的选择与使用。根据本案例，学员可以学习识别借壳上市与企业合并的联系与区别、净壳与非净壳的区别等相关知识。其次，学员可以通过本案例对我国快递业未来发展趋势有更详细的认知与思考。

知 识 点： 借壳上市的种类；借壳上市的会计处理方法

关 键 词： 借壳上市；权益交易法；反向购买法

中文摘要： 2017 年 2 月 23 日，顺丰速运（以下简称顺丰）借壳马鞍山鼎泰稀土新材料股份有限公司（以下简称鼎泰新材）（002352）正式在深圳证券交易所敲钟，且鼎泰新材将于同年 2 月 24 日正式更名，证券简称由“鼎泰新材”变更为“顺丰控股”。顺丰这次选择借壳鼎泰新材上市来代替 IPO，其相关会计处理值得学员理解与思考。本案例在素材选择、分析思路与题目设计上侧重于引导学员进一步关注借壳上市中“壳”的不同和会计处理方法不同给企业带来的不同影响。

[案例正文]

一、背景简介

(一) 公司历史沿革及发展现状

1. 顺丰速运

顺丰速运(集团)有限公司成立于 1993 年,总部设在深圳,目前员工近 12 万人,主要经营国内、国际快递及相关业务。长期以来,顺丰专注于满足市场需求,不断拓宽服务区域,顺丰速运已在国内(包括港、澳、台地区)建立了庞大的信息采集、市场开发、物流配送、快件收派等业务机构,逐步搭建起立足华南,拱连华东、华北,拓展华中的战略网络格局,为广大客户提供快速、准确、安全、经济、优质的专业快递物流服务。

顺丰速运的发展历程主要包括以下几个阶段:

20 世纪 90 年代初,"前店后厂"模式在深港之间形成。当时,王卫与几个伙伴合作成立了专送快件的公司,并于 1993 年 3 月 26 日,在广东顺德注册成立了顺丰公司。公司成立之初,顺丰的业务以一种不规范的形态起步。除了顺德到香港的陆路口岸,番禺到香港和澳门的快船也是王卫当时倚重的业务路线。这个市场没有什么门槛,政策监管缺失,初期的竞争者有很多,但王卫很快从混乱的局面中抽丝剥茧,把业务导入正轨。量大之后,王卫建立起正常的通关途径。而政策的开放和完善,也给了他机会。把零散的"挟带"生意集合起来,包装成统一快件,系统化的快递运作模式逐渐成形。可以说,顺丰的深港货运,成就了王卫的第一桶金。

1996 年,随着客户数量的不断增长和国内经济的蓬勃发展,顺丰将网点进一步扩大到广东省以外的城市。顺丰的快递是深港货运的"自然延伸",最初的产品基本是深港件,需求增长很快。顺丰以顺德为起点,将网络的触角延伸至广东省以外,通过向长三角地区复制业务模式,进而扩张到华中、西南、华北。在顺德之外,顺丰新建的快递网点多数采用合作和代理的方式。每建一个点,就注册个新公司。这种形式和加盟类似,分公司归当地加盟商所有,互相连成一个网络。

2002 年成立总部之前,顺丰在全国总共有 180 多个网点,虽然华东和华北市场进入不深,但名声已经在外。而在 20 世纪 90 年代末,国内快递业务在顺丰总体收入中的比例也增加到近 40%。

2002 年底到 2003 年上半年,顺丰的大本营广东成为 SARS 肆虐的重灾区。幸运的是,对于快递行业来说,SARS 更像是一个机遇。因为很多人选择了足不出户,快件的投递量反而有所增加。2003 年初,借航空运价大跌之际,顺丰顺势与扬子江快运签下合同,成为国内第一家使用全货运专机的民营速递企业。除了专机以外,顺丰与多家航空公司签订协议,利用国内 230 多条航线的专用腹舱,负责快件在全国各个城市之间的运送。凭借革命性的服务,2003 年之后,顺丰的货量增长迅速。每年以 50% 左右速度增长的货运量形成的规模优势,抵销了包机增加的成本。这种良性循环,又进一步巩固了顺丰在速度方面的优势。王卫在把顺丰推向全国的第一步棋局中,取得了速胜。

现在,顺丰在全国拥有 38 家直属分公司、3 个分拨中心、近 100 个中转场、2 500 多个基层营业网点,覆盖了除西藏、青海之外的 31 个省、近 250 个大中城市以及 1 300 多个市或城镇。此外，顺丰在中国香港、中国澳门、中国台湾以及韩国、新加坡都设立网点，或者开通收派业务。同时，还为食品和医药领域的客户提供冷链运输服务。信息流方面，顺丰提供的快递服务不但已经实现全业务流程跟踪查询和管控、投递路线动态优化、运力预警、车辆运输异常警告等功能，还利用大数据分析等技术，协助客户提供信息类增值服务。

在顺丰自我提升的同时，国家对物流产业有了政策上的大力支持。2009 年 2 月，国务院正式将物流业纳入国家十大产业振兴规划。2009 年 4 月，新邮政法颁布后，民营快递企业获得了合法的法律地位。2011 年，国务院先后发布推动物流业发展的配套措施，被称为物流业“国八条”和“国九条”。2014 年 10 月 4 日，国务院发布《物流业发展中长期规划（2014—2020 年）》，明确了要完善法规制度和规范市场秩序，也积极鼓励物流企业通过参股控股、兼并重组、协作联盟等方式做大做强。这些政策和文件表明，国家已经逐步明确对于物流产业的定位，更加关注物流产业，市场和投资人也纷纷看好物流行业。

顺丰将经营理念定位于“成就客户，推动经济，发展民族速递业”，积极探索客户需求，不断推出新的服务项目，为客户的产品提供快速、安全的流通渠道，帮助客户更快、更好地对市场作出反应：推出新的产品和调整策略，缩短贸易周期，降低经营成本，促进客户竞争力的提高。顺丰速运全部采用自建、自营的方式建立自己的速运网络，特别是集团总部成立以来，更致力于加强公司的基础建设：统一全国各个网点的经营理念，大力推行工作流程的标准化，提高设备和系统的科技含量，提升员工的业务服务技能和素质，努力为客户提供更优质的服务，不遗余力地塑造“顺丰”这一民族速运品牌。

从目前快递市场的竞争格局看，外资快递企业（如：Fedex、UPS 等）在国际快递市场处于主导地位，虽然顺丰控股已经开拓了很多海外市场，但仍与其有着很大差距。进入资本市场可以提高企业的国际知名度，把企业做大做强，做得更国际化，是顺丰控股的强烈渴求。

2. *鼎泰新材*

鼎泰新材全称为马鞍山鼎泰稀土新材料股份有限公司，位于风景秀丽的国家园林卫生城市安徽马鞍山市当涂经济开发区，是由刘冀鲁等 11 名自然人和马鞍山市鼎泰金属制品公司工会以货币资金出资方式于 2003 年 5 月 13 日发起设立的。经 2007 年 10 月 18 日股东大会和 2007 年 10 月 22 日创立大会审议批准，由该公司原股东作为发起人，将该公司正式变更为马鞍山鼎泰稀土新材料股份有限公司，注册资本为人民币 5 000 万元。截至 2010 年 6 月 30 日，公司总资产为 8.78 亿元，净资产 7.19 亿元，2009 年销售总额近 4.14 亿元。公司专注于金属材料保护表面防腐技术的研发及应用，是稀土合金镀层防腐新材料领域的创新者和领导者，自主研发并生产出国内首创的具有自主知识产权的新一代高耐腐蚀性稀土锌铝合金镀层产品，开辟了国内稀土合金防腐镀层新材料应用的新领域，是全国细分行业龙头企业。公司主持承担了 1 项国家“863”计划研究课题，主持制定了 2 项行业标准，参与制定了 4 项国家标准；承担了 1 项国家重点行业结构调整国债项目和 1 项国家重点火炬计划项目，是安徽省高新技术企业、马鞍山市地方重点骨干企业。

公司是从事钢丝、钢绞线生产的专业厂家，主营产品为首创开发研制的新一代防腐镀层产品——“鼎泰”牌稀土锌铝合金及稀土多元合金镀层钢丝、钢绞线系列产品及热镀锌钢丝、钢绞线产品，获“安徽省名牌产品”称号，现广泛用于电力、电讯、电气化铁路等建设项目。

鼎泰新材虽暂时没有退市风险，但是由于我国制造业面临着经济转型、国内经济下行、国内制造业去库存压力等不利影响，近年来鼎泰新材的主营业务发展缓慢，净利润呈现下滑趋势，股价处于低迷状态，从而无法实施配股或增发股份进行融资，难以长期可持续发展。2012—2015 年主要财务数据如表 3 - 1 所示。

表 3 - 1　鼎泰新材 2012—2015 年主要财务数据

项　目	2012 年	2013 年	2014 年	2015 年
营业收入（万元）	83 341.98	72 199.47	81 264.59	66 846.55
利润总额（万元）	5 604.64	4 712.31	2 791.49	2 927.67
归属母公司股东的净利润（万元）	4 778.52	4 028.10	2 412.44	2 513.06
每股收益（元/股）	0.61	0.52	0.31	0.22

（二）我国借壳上市制度

借壳上市是指一间私人公司通过把资产注入一间市值较低的已上市公司（壳），得到该公司一定程度的控股权，利用其上市公司地位，使母公司的资产得以上市。通常该壳公司会被改名。换句话说，也就是将上市的公司通过收购、资产置换等方式取得已上市公司的控股权，这家公司就可以以上市公司增发股票的方式进行融资，从而实现上市的目的。

近几年来，由于我国企业改革的深化、产业结构的调整、国内外竞争的加剧等方面的原因，越来越多的企业迫切希望通过上市来获取资本市场，为上市公司提供巨大的融资以及资产并购重组等方面的各种便利。然而在上市资源只能满足少数企业的条件下，并不是所有的企业都能采用直接发行股票的方式（IPO）上市，许多企业尤其是中小型企业都被证券市场拒之门外。因此有很多的非上市公司为了筹措资金、促进自身发展，选择了借壳上市（RTO）的方式。这种方式也成为当前证券市场公司上市的重要途径之一。它不仅打通了资本市场的筹资通道，优化了我国资本市场资源的配置，也有利于加速我国现代企业制度的确立，深化我国经济体制改革，促进我国金融与资本市场的健康发展。

与一般企业相比，上市公司最大的优势是能在证券市场上大规模筹集资金，以此促进公司规模的快速增长。因此，上市公司的上市资格已成为一种“稀有资源”，所谓“壳”就是指上市公司的上市资格。由于有些上市公司机制转换不彻底，不善于经营管理，其业绩表现不尽如人意，丧失了在证券市场进一步筹集资金的能力。要充分利用上市公司的这个“壳”资源，就必须对其进行资产重组，买壳上市和借壳上市就是更充分地利用上市资源的两种资产重组形式。

借壳上市作为资本市场发展的必然产物，使非上市公司可以通过一定途径获得对上市公司的控股权，再通过将优质资产注入上市公司的方式达到大规模募集资金，并在资本市场上实现股票交易的目的。其规模的扩大和合理的利用，可以提高企业的个体经济效益和上市公司的总体质量，改善企业的经营机制和法人治理结构，推进资本结构优化，进而推进所有制结构优化、产业结构优化和企业组织结构优化，大幅度提高资本的营运效率和促进企业快速扩张，给资本市场带来无限的活力。

（三）相关会计政策背景

2008 年，财政部发布《企业会计准则讲解 2008——企业合并》，对借壳上市的会计处理做出了原则性规定。对反向购买进行了定义，并就反向购买的企业合并成本、购买后每股收益的计算、财务报表的编制问题、少数股东权益的列示等问题进行了讨论。

2008，财政部又发布了《关于做好执行企业会计准则企业 2008 年年报工作的通知》（财会函［2008］60 号），企业购买上市公司，被购买的上市公司不构成业务的，购买企业应按照权益性交易的原则进行处理，不得确认商誉或确认计入当期损益。

2009 年，财政部发布《关于非上市公司购买上市公司股权实现间接上市会计处理的复函》（财会便［2009］17 号），对“业务”进行了定义：“业务是指企业内部某些生产经营活动或资产负债的组合，该组合具有投入、加工处理过程和产出能力，能够独立计算其成本费用或所产生的收入等，可以为投资者提供股利、更低的成本或其他经济利益等形式的回报。有关资产或资产、负债的组合具备了投入和加工处理过程两个要素即可认为构成一项业务。”非上市公司以所持有的对子公司投资等资产为对价取得上市公司的控制权，构成反向购买的，上市公司编制合并财务报表时应当区别以下情况处理：

（1）交易发生时，上市公司未持有任何资产负债或仅持有现金、交易性金融资产等不构成业务的资产或负债的，上市公司在编制合并财务报表时，应当按照《财政部关于做好执行会计准则企业 2008 年年报工作的通知》（财会函［2008］60 号）的规定执行。

（2）交易发生时，上市公司保留的资产、负债构成业务的，应当按照《企业会计准则第 20 号——企业合并》及相关讲解的规定执行，即对于形成非同一控制下企业合并的，企业合并成本与取得的上市公司可辨认净资产公允价值份额的差额应当确认为商誉或计入当期损益。

二、案例概况

（一）交易方案

1. 重大资产置换

鼎泰新材以截至拟置出资产评估基准日全部资产及负债与顺丰控股全体股东持有的顺丰控股 100% 股权的等值部分进行置换。根据江苏银信出具的“苏银信评报字［2016］第 056 号”评估报告书，以 2015 年 12 月 31 日为基准日，选用资产基础法评估结果作为最终评估结论，本次交易的拟置出资产评估值为 81 153.03 万元。考虑 2015 年度现金分红 1 634.45万元的影响，根据《重大资产置换及发行股份购买资产协议》，经交易各方友好协商，以拟置出资产评估值为基础并扣减上述已实施的现金股利分配，本次交易拟置出资产最终作价 79 600.00 万元。

根据坤元评估出具的“坤元评报［2016］239 号”评估报告书，以 2015 年 12 月 31 日为基准日，选用收益法评估结果作为最终评估结论，本次交易的拟购买资产顺丰控股 100% 股权的评估值为 4 483 000.00 元，评估增值 3 035 842.50 万元，增值率为 209.78%。2016 年 5 月 3 日，顺丰控股召开股东大会，决议以现金分红 150 000.00 万元。根据《重大资产置换及发行股份购买资产协议》，经交易各方友好协商，以拟购买资产评估值为基础并扣减上述拟实施的现金股利分配，本次交易顺丰控股100%股权的最终作价为4 330 000.00万元。

2. 发行股份购买资产

经交易各方协商一致，本次交易中拟置出资产最终作价79 600.00万元，拟购买资产最终作价4 330 000.00万元，两者差额为4 250 400.00万元。购买资产与置出资产的差额部分由公司以发行股份的方式自顺丰控股全体股东处购买。

本次发行股份购买资产的定价基准日为公司第三届董事会第十三次会议决议公告日，本次发行股份购买资产的股份发行价格为21.66元/股，不低于定价基准日前60个交易日股票均价的90%。

前述交易均价的计算公式为：定价基准日前60个交易日上市公司股票交易均价 = 定价基准日前60个交易日上市公司股票交易总额/定价基准日前60个交易日上市公司股票交易总量。

2016年5月17日，公司召开2015年年度股东大会，审议通过《关于2015年度利润分配预案的议案》，公司向2016年5月25日深交所收市后中登公司登记在册的全体股东每10股派发现金红利140元（含税），现金分红总额为1 634.45万元，同时以资本公积向全体股东每10股转增10股。经除权、除息调整后，本次购买资产的股份发行价格为10.76元/股。据此计算，公司向顺丰控股全体股东发行股份的数量为3 950 185 873股。

定价基准日至发行日期间，若公司发生除《关于2015年度利润分配预案的议案》项下利润分配及资本公积转增股本之外的其他派发股利、送红股、转增股本或配股等除息、除权行为，本次发行价格亦将做出调整，发行股数也随之进行调整。

3. 募集配套资金

为提高本次重组绩效，增强重组完成后上市公司的盈利能力和可持续发展能力，上市公司拟采用询价发行方式向不超过10名符合条件的特定对象非公开发行股份募集配套资金，总金额不超过800 000万元。本次募集配套资金扣除中介费及相关税费后将用于标的公司航材购置及飞行支持项目、冷运车辆与温控设备采购项目、信息服务平台建设及下一代物流信息化技术研发项目、中转场建设项目。本次非公开发行股份募集配套资金总额不超过拟购买资产交易价格的100%，该资金未用于补充流动资金。

本次配套融资发行股份的定价基准日为公司第三届董事会第十三次会议决议公告日，发行价格不低于定价基准日前20个交易日公司股票交易均价的90%即不低于22.19元/股，经除权除息调整后发行价格为不低于11.03元/股。根据募集配套资金上限和发行底价计算，本次交易募集配套资金所发行股份数量不超过725 294 650股。

前述交易均价的计算公式为：定价基准日前20个交易日上市公司股票交易均价 = 定价基准日前20个交易日上市公司股票交易总额/定价基准日前20个交易日上市公司股票交易总量。

定价基准日至发行日期间，若公司发生除《关于2015年度利润分配预案的议案》项下利润分配及资本公积转增股本之外的其他派发股利、送红股、转增股本或配股等除息、除权行为，本次发行价格亦将做出调整，发行股数也随之进行调整。

收购完成后，上市公司现有资产、负债、业务和人员等将被剥离，顺丰控股100%股权将整体注入上市公司。鼎泰新材的主营业务将从产销稀土合金镀层钢丝等金属制品转变为快递物流综合服务。明德控股将持有鼎泰新材 270 192.71 万股，占其发行后总股本的比例为 64.58%，成为其控股股东。顺丰创始人王卫将成为公司新的实际控制人。具体的交易结构图如图 3－1 所示，不考虑配套募集资金发行股份的影响，借壳之后股权结构如图 3－2 所示。

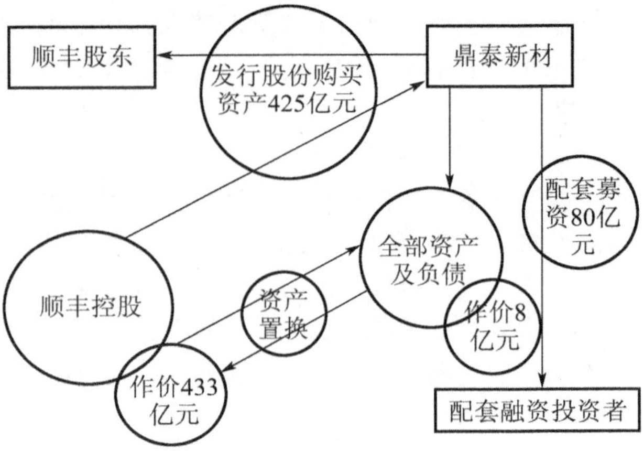

图 3－1　交易结构图

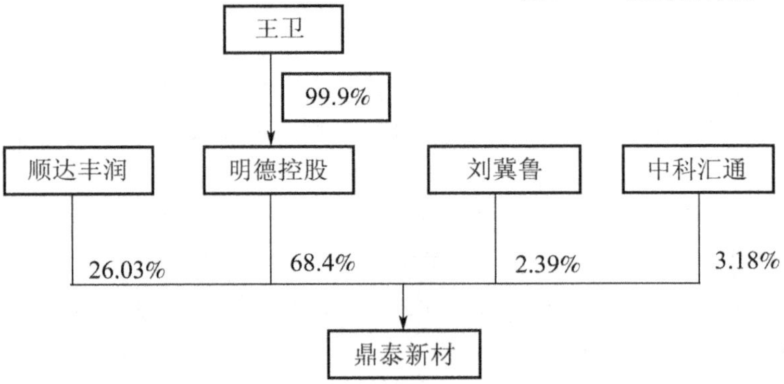

图 3－2　借壳后股权结构

（二）借壳上市进程

顺丰借壳鼎泰新材上市进程图如表 3－2 所示。

表 3－2　顺丰借壳鼎泰新材上市进程图

时　间	事　　件
2016 年 5 月 23 日	鼎泰新材发布《重大资产置换及发行股份购买资产并募集配套资金 2016 年 5 月 23 日关联交易预案》，正式对外公布其交易对象为顺丰速运，顺丰借壳上市序幕拉开
2016 年 5 月 25 日	鼎泰新材收到深圳证券交易所司管理部下发的《关于对马鞍山鼎泰稀土新材料股份有限公司的重组问询函》（［2016］第 49 号）（以下简称“问询函”），深交所对顺丰本次重大重组的预估值等问题要求上市公司进行解释
2016 年 6 月 30 日	上市公司召开 2016 年第一次临时股东大会，审议本次重大资产重组情况。股东大会决议公告显示，本次股东大会通过了《关于公司符合上市公司重大资产重组条件的议案》

续上表

时　间	事　　件
2016年7月26日	鼎泰新材发布公告称，为保证重大资产重组顺利实施，对顺丰控股借壳上市方案进行调整，顺丰控股将剥离其直接或间接持有的价值约7.96亿人民币的全部金融资产后上市
2016年8月12日	鼎泰新材收到中国证券监督管理委员会（以下简称“中国证监会”）出具的《中国证监会行政许可项目审查一次反馈意见通知书》（161724号），证监会要求上市公司在30个工作日内对反馈意见进行回复
2016年9月27日	鼎泰新材又公布了一份修改版的顺丰控股借壳交易方案。方案显示计划置入鼎泰新材的顺丰控股，将向控股股东明德控股转让其持有的深圳中顺易金融服务有限公司31.8%股权及深圳市物流产业共赢基金股份有限公司10%股权
2016年9月29日	鼎泰新材发布公告称，上市公司已经接到通知，中国证监会上市公司并购重组审核委员会将于近日召开工作会议，审核公司重大资产重组事项。这意味着顺丰借壳上市的重组方案即将上会，顺丰能否成功上市，就看审核结果
2016年10月11日	顺丰借壳方案获得有条件通过，用时141天

三、本次交易对上市公司的业绩评价

（一）对上市公司业务的影响

本次交易前，上市公司主营业务为稀土合金镀层钢丝、钢绞线和PC钢绞线等金属制品的生产和销售。近年来，我国经济已经由高速增长转向中高速增长，不仅表现为经济增速的放缓，更表现为增长动力的转换、经济结构的再平衡，我国整体经济面临着复杂的系统转型，也意味着我国经济正在向形态更高级、分工更复杂、结构更合理的阶段演化，经济发展进入新常态。我国制造业也面临着经济转型、整体出口下降、国内经济下行压力持续增加、国内制造业去库存压力增大等不利影响。受国内经济大环境的影响，近年来，鼎泰新材的主营业务发展缓慢。2013年度、2014年度和2015年度，公司主营业务收入分别为72 199.47万元、81 264.59万元和66 846.55万元，归属于母公司所有者的净利润分别为4 028.10万元、2 412.44万元和2 513.06万元。

本次交易后，上市公司将转型进入快递物流行业，快递物流行业是国家重点发展的行业，相关监管机构多次出台各项政策鼓励该行业发展。2015年10月，国务院审议通过了《关于促进快递业发展的若干意见》，鼓励各类资本依法进入快递领域，支持快递企业兼并重组、上市融资，整合中小企业，优化资源配置，旨在到2020年，基本建成普惠城乡、技术先进、服务优质、安全高效、绿色节能的快递服务体系，形成覆盖全国、联通国际的服务网络。在各项政策的支持下，上市公司转型进入快递物流行业，业务前景明朗。

（二）对上市公司主要财务指标的影响

鼎泰新材2015—2016年部分财务指标如表3－3和表3－4所示，可以看出，本次交易将显著提升上市公司的经营规模，交易完成后，上市公司总体盈利能力将显著提高，归属于母公司股东的净利润将明显增加，每股收益显著提升，不存在因并购重组交易而导致即期每股收益摊薄的情况。

表3－3　鼎泰新材2016上半年财务指标

财务指标	2016年1—6月		
	实际数	备考数	变动幅度
资产总额	86 415.62万元	3 709 528.18万元	4 192.66%
归属于母公司股东所有者权益	70 264.40万元	1 786 968.11万元	2 443.21%
营业收入	31 663.75万元	2 608 706.00万元	8 138.78%
利润总额	1 291.14万元	239 137.91万元	18 421.45%
归属于母公司股东净利润	1 098.63万元	175 262.58万元	15 852.83%
每股收益	0.05元/股	0.42元/股	740.00%

表3－4　鼎泰新材2015年财务指标

财务指标	2015年度		
	实际数	备考数	变动幅度
资产总额	88 541.15万元	3 471 657.33万元	3 820.95%
归属于母公司股东所有者权益	70 800.22万元	1 369 573.62万元	1 834.42%
营业收入	66 846.55万元	4 810 115.48万元	7 095.76%
利润总额	2 927.67万元	169 050.50万元	5 674.24%
归属于母公司股东净利润	2 513.06万元	110 143.08万元	4 282.83%
每股收益	0.11元/股	0.26元/股	144.61%

四、参考资料

[1] Ayers B C, Lefanowicz C E, Robinson J R. The Financial Statement Effects of Eliminating the Pooling of Interests Methods of Acquisition [J]. Accounting Horizons, 2000, 3.

[2] Stephen A. The Rise of "Economic Consequences" [J]. Journal of Accountancy, 1978.

[3] 马鞍山鼎泰稀土新材料股份有限公司重大资产置换及发行股份购买资产并募集配套资金暨关联方交易报告（修订稿）摘要 [EB].

[4] 国际会计准则委员会．国际会计准则2000 [M]．财政部会计准则委员会组织翻译．北京：中国财政经济出版社，2000.

[5] 张鹏飞．借壳上市的会计处理方法研究 [D]．西安：西北大学，2012.
[6] 操寰．借壳上市相关问题研究 [D]．北京：财政部财政科学研究所，2011.
[7] 何丽．反向购买会计处理原则与财务报告目标实现研究 [D]．北京：财政部财政科学研究所，2011.
[8] 刘奕卓．东北证券借壳上市问题研究 [D]．长春：吉林财经大学，2010.
[9] 王伟大．合并报表的合并理论研究 [D]．泰安：山东农业大学，2010.
[10] 周艳．企业合并的若干会计问题研究 [D]．天津：天津财经大学，2009.
[11] 姜迎军．借壳上市中企业合并会计方法的选择 [D]．上海：复旦大学，2009.
[12] 高荒燃．关于合并报表几个实务问题的探讨 [D]．厦门：厦门大学，2007.

五、问题讨论

(1) 如何判断本案例的借壳上市的类型？
(2) 我国对借壳上市的会计处理方法是如何规定的？
(3) 本案例应采用的会计处理方法是什么？
(4) 评价顺丰借壳鼎泰新材上市的经济后果是什么？
(5) 借壳上市的最新规定是什么？并简要评价。

[案例说明书]

一、本案例要解决的关键问题

本案例要实现的教学目标：引导学生透过顺丰借壳鼎泰新材上市的发展历程，理解与掌握企业借壳上市后会计处理的相关理论与实务规范，有以下三项主要内容：

（1）上市企业所借“壳”的概念和“净壳”与“非净壳”的区别。

（2）会计处理方法的选择，即“权益交易法”与“反向购买法”的选择。

（3）借壳上市中合并报表的编制。

二、案例讨论的准备工作

为了有效实现本案例目标，学院应该具备下列相关知识背景：

（一）理论背景

借壳上市与企业合并的区别；借壳上市中“净壳”与“非净壳”概念的区分与选择；“权益交易法”与“反向购买法”的区别；借壳上市中合并报表应注意的问题。

（二）制度背景

（1）我国财政部对“业务”的界定。

（2）我国关于借壳上市的新规定。

2016年9月8日，证监会发布《关于修改〈上市公司重大资产重组管理办法〉的决定》，归纳比较借壳上市新旧规则，如表3-5所示。

本次主要修改内容包括：一是完善重组上市认定标准。参照成熟市场经验，细化关于上市公司“控制权变更”的认定标准，完善关于购买资产规模的判断指标，明确累计首次原则的期限为60个月。需说明的是，60个月期限不适用于创业板上市公司重组，也不适用于购买的资产属于金融、创业投资等特定行业的情况，这两类情况仍须按原口径累计。二是完善配套监管措施，抑制投机“炒壳”。取消重组上市的配套融资，提高对重组方的实力要求，延长相关股东的股份锁定期，遏制短期投机和概念炒作。三是按照全面监管的原则，强化上市公司和中介机构责任，加大问责力度。

此次修订的重点是针对市场借壳上市行为。证监会本次修改完善了交易规模的判断指标。对于所购买资产的规模，从原有的资产总额单项指标调整为资产总额、资产净额、营业收入、净利润、股份等五个指标，只要其中任一达到100%，就认定符合交易规模要件；除量化指标外，还增设了主营业务根本变化的特殊指标。证监会第二个修订内容旨在进一步遏制重组上市的套利空间。具体有：为遏制收购人及其关联人在重组上市的同时获取高额融资牟利，提高对重组方的实力要求，修改后的《重组办法》取消了重组上市的配套融资。证监会第三个修订内容是，增加对规避重组上市的追责条款。为防范新类型的规避手法，本次《重组办法》修改，着重细化了对规避重组上市审核的追责要求。

表 3－5　借壳上市新旧规则对比

序号	修改要点概括	修改前		修改后	
1	拓宽借壳上市认定指标	资产总额		量化指标	资产总额、资产净额、营业收入、净利润、股份
				特殊指标	主营业务
				兜底条款	中国证监会认定的其他情形
2	进一步明确"控制权变更"判断标准	实际控制人发生变更		从"股本比例""董事会构成""管理层控制"三个维度完善认定标准	
3	确定"首次累积原则"的累计时限	永久		60 个月	
4	取消借壳上市的配套融资	借壳上市同时可以配套融资		借壳上市同时不得配套融资	
5	延长新老股东股份锁定期	原控股股东	无	原控股股东	36 个月
		新控股股东	36 个月	新控股股东	36 个月
		其他新股东	12 个月	其他新股东	24 个月
6	强化对违法或失信壳公司的约束	无		上市公司及其控股股东、实际控制人不得存在有关违法或失信行为。	
7	细化对规避借壳上市审核的追责要求	无		证监会对新类型的规避手段有权视交易情况采取责令上市公司披露信息、暂停交易、警告、罚款、市场禁入、移送司法机关等追责措施。	
8	主动终止重组冷淡期缩短	公告之日起三个月		公告之日起一个月	

三、教学组织方式

（一）问题清单及提问顺序、资料发放顺序

本案例讨论题目依次为：

（1）如何判断本案例的借壳上市的类型？

（2）我国对借壳上市的会计处理方法是如何规定的？

（3）本案例应采用的会计处理方法是什么？

（4）评价顺丰借壳鼎泰新材上市的经济后果是什么？

（5）借壳上市的最新规定是什么？并简要评价。

（二）课时分配

（1）课外自行阅读资料：约 2 小时；

（2）小组讨论并提交分析报告提纲：约 3 小时；

（3）课堂小组代表发言：约 2 小时；

（4）课堂讨论总结：约 0.5 小时。

（三）讨论方式

采用小组讨论方式。

（四）课堂讨论总结

课堂讨论总结的关键是：对发言者的主要观点进行归纳；引导大家对焦点问题进行深入的思考；建议大家对案例素材进行更深一步的研究和分析。

案例 4

巧妙搭桥筑银亿股份收购比利时邦奇之路*

* 1. 本案例由广东工业大学管理学院的张卓、林俊孜、廖紫薇、龙秋如等共同撰写，作者拥有著作权中的署名权、修改权、改编权。

2. 将本案例授权予广东工业大学产教融合 MPAcc 教学智库实验平台使用，广东工业大学产教融合 MPAcc 教学智库实验平台享有复制权、修改权、发表权、发行权、信息网络传播权、改编权、汇编权和翻译权。

3. 由于企业保密的要求，在本案例对有关名称、数据等做了必要的掩饰性处理。

4. 本案例只供课堂讨论之用，并无意暗示或说明某种管理行为是否有效。

[案例封面]

专业领域： 财务会计

适用课程：《财务会计理论与实务》

选用课程：《高级财务会计》《资本运营》

编写目的： 本案例立足于企业跨境并购方式的多样性，以跨境并购中搭建多层收购主体为视角，为学生分析企业跨境并购中同一控制下和非同一控制下控股合并会计处理异同，让学生学会在多种情况下进行实务分析与运用，加深对会计处理知识点的掌握与思考。

知 识 点： 同一控制下和非同一控制下的控股合并商誉的处理

关 键 词： 跨境并购；企业合并；商誉

案例摘要： 在跨境并购发展日益复杂的背景下，选取中国企业搭建多层次子公司进行跨境并购的案例，剖析中国企业如何架构多层次主体进行跨境并购安排，并对跨境并购过程中企业控股合并的会计处理方式进行详细分析。通过对于案例的研究，深化会计处理的理论与实务应用，深入认识跨境并购方式，总结中国企业在跨境并购中的宝贵经验。

[案例正文]

中国在跨境并购市场的迅速发展举世瞩目，特别是2016年跨境并购更是呈井喷状态，仅2016年一年宣布的交易金额已超过2000亿美元。近年来，国内企业出海并购快速放量，包括上市公司在内的大批实力雄厚的公司，纷纷到海外寻找标的，借此实现产业、技术升级，或实现多元化布局。动辄10多亿美元并购方案的频频出现，使得国家发改委、商务部、人民银行、外汇局四部门负责人公开表示，在支持国内有能力、有条件的企业开展真实合规的对外投资活动的同时，将加强对非理性对外投资的监管，并且建议有关企业要审慎决策。

然而，就在2017年9月第52次并购重组委会议，银亿股份发行股份购买资产事项获得无条件通过。在此次交易中，银亿股份采用非公开发行股份的方式，作价79.81亿元购买东方亿圣100%股权，并将通过东方亿圣持有全球领先的汽车自动变速器制造商比利时邦奇股份。主营业务为房地产的银亿股份通过收购比利时邦奇，将进一步深化高端汽车制造业和房地产的“双主业”战略布局。

在跨境并购的监管风暴期，从2017年5月31日上市公司公告董事会预案到9月5日会议通过，仅仅3个多月的时间，银亿集团仍然能够完成80亿体量的跨境并购和100%发行股份支付的高技术难度操作。

2016年，银亿股份控股股东银亿集团通过搭建多层次收购主体，由其下属全资子公司宁波圣洲搭建海外平台，完成了对比利时邦奇的“过桥收购”。此次交易将比利时邦奇装进银亿股份，是跨境并购能够顺利进行的关键节点。

一、背景

（一）房地产行业显疲态，大型房企寻转机

随着房地产行业的快速发展和房价、土地价格不断上涨，以及由此引发金融杠杆风险和企业发展风险不断加剧，整个行业经历高峰后正逐步回归理性和常态，房地产行业销售增长已经出现疲态，区域性房地产经济发展开始放缓，进入发展的瓶颈期。同时，住建部、发改委、人民银行等管理层纷纷下发涉房业务检查工作方案，对非法融资、洗钱、首付贷等行为进行打击。2017年4月7日，银监会也发布《关于提升银行业服务实体经济效果的指导意见》，严禁资金违规流入房地产市场，严厉打击“首付贷”等行为。受到“史上最严”的房地产调控政策的影响，房地产面临着融资收紧、成本增高、管理趋严的多重压力，房地产行业进入了深度调整阶段，国内房地产市场开始趋于稳定，“去房地产化”成为国内各大房企面临的转型命题，富有前瞻思维的大型房企早已经大刀阔斧地挺进新领域，进行多元化业务探索，如万达的转型战略是从重资产向轻资产转型，从地产企业变成金融集团；恒大集团与15家知名品牌家居企业建立合作联盟，进军家居行业。

（二）汽车行业迎发展新契机

在《中国制造2025》中，我国力求在10年内迈入制造强国行列，全面提升我国制造业发展质量和水平。汽车产业作为成为建设制造强国的重要支撑，将会迎来一个快速发展

的时期。《汽车产业中长期发展规划》中指出，未来一个时期内，我国汽车市场将保持平稳增长，加之差异化、多元化的消费需求，将为中国品牌汽车发展提供巨大空间。宁波银亿集团有限公司（以下简称“银亿集团”）总部所在城市宁波，是全国首个“中国制造2025”试点示范城市，在资金、税收等方面能获得大力扶持，有利于银亿整合优势资源，进军汽车制造业。汽车制造业是一个庞大的社会经济系统工程，不同于普通产品，汽车产品是一个高度综合的最终产品，需要组织专业化协作的社会化大生产，需要相关工业产品与之配套。我国汽车制造行业经过50年的发展，取得了一定的成绩，已经具备了较好的产业基础，汽车总产量已跃居世界第4位，但是我国的汽车制造业与世界汽车工业先进国家相比还有很大差距，仍存在巨大的发展空间。

（三）跨境并购

1. 我国跨境并购的发展趋势

随着时代的不断发展，“物竞天择，适者生存”的规则让跨境并购现象日益普遍，跨境并购的发展主要体现在：非发达经济体比例逐年上升；并购领域逐渐向发达国家转移；主权财富基金跨境逐年成长。

从1982年开始，我国的跨境并购已经发展了三十余年，虽然并非一帆风顺，但从整体上看，交易额和成交量都一直在稳步提升。随着中国经济的发展，资本优势逐渐提升，特别是在中国加入WTO之后，国内企业特别是民营企业逐渐加入到跨境并购的队伍中来，跨境并购的规模快速提升，并且增长数目逐年增加，每一年都有新的超越。有公开数据统计显示，仅2016年一年宣布的交易金额已超过2千亿美元，共413笔，同比增长68%，涉猎的行业和领域进一步扩大。

为何近年来我国跨境并购发展如此迅速？民生银行在“首届跨境投资并购峰会”对此做了阐释，同时，还指出了跨境整合的核心和趋势。

北美和欧洲等全球主要发达经济体显现衰退迹象，这为我国企业通过跨境并购实现转型提供了机遇。虽然欧美经济处于疲软状态，但技术实力等传统优势仍在，我国企业可以通过并购来实现产业与资源的“双整合”。

中国的经济结构调整和产业转型升级既是压力也是契机。随着中国与全球经济接轨的逐步深入，中国的产业和经济结构正在不断调整，诸如能源、钢铁、光伏、造船等原本“过得不错”的产业受到冲击。为生存和发展，谋求整合转型已成为我国企业的当务之急。

目前的政策利好助力中国企业跨境整合。在整体改革的大背景下，当前政策暖风频吹：行政审批、外汇管理、资本市场改革等方面提供了日益优化的政策环境。除2017年4月10日出台的对外投资项目审批备案暂行办法外，为推进资本市场改革，证监会出台了一系列政策，2017年8月15日，中国证监会发文表示将通过大力推进并购重组市场化改革，支持供给侧结构性改革和实体经济发展，为我国企业跨境并购提供了政策上的绿色通道。

2. 跨境并购的主流方法

跨境并购的交易架构可简单划分为直接投资架构和间接投资架构。直接投资架构是由上市公司在境外设立SPV（Special Purpose Vehicle，简称SPV）。在证券行业，SPV指特殊目的的载体也称为特殊目的机构（公司），直接收购境外资产。间接投资架构是先由大股东或并购基金收购境外资产，并通过发行股份购买资产或非公开发行募集资金的方式注入上市公司。

相对于直接投资架构，间接投资架构是指投资者在境外投资时，通过其他国家或地区设立的中间控股公司间接持有投资地公司的投资模式。间接投资架构模式拥有规避严格法律管制、享受税收优惠、隔离风险等优势，海外投资时多选择使用间接投资架构，在实践中，需要根据实际情况对股权架构进行规划和设计。

3. 跨境并购的交易架构设计

出于多方面以及信息披露等因素的考虑，跨境并购的交易方往往会设计很复杂的跨境交易架构，其可以简单概括为三个层级，包括最上面的投资层、中间控股层以及下面的实体经营层。

投资层，主要是最终投资人或受益人，但并非只有这一层，基于股东背景保护、遗产继承等因素可能也会构建一些离岸公司或离岸信托计划以及基金公司等。

中间控股层主要作为投资者和下面实体经营层之间的协调机构，根据实际需要也可能为多层架构，其设计需要考量很多因素。

而实体经营层可以由境外的中间控股公司直接持有，也可以通过在标的国当地设立本地控股公司持有该实体经营层企业股权。

二、收购方概况

（一）银亿集团

1. 公司简介

银亿集团由熊续强创立于 1994 年，是一家以房地产开发、工业制造、国内外贸易和现代服务业为主的综合性跨国集团。2016 年，集团实现销售收入 652 亿元，总资产 800 多亿元。2017 年，银亿集团列中国 500 强 229 位，中国民营企业 500 强 52 位，中国服务业 500 强 91 位。

银亿集团经过 20 多年的发展，从一个项目公司发展为中国 500 强企业，取得了辉煌的业绩。随着国际经济形势的变化和中国经济进入新常态，银亿集团加快产业转型升级，在做强做大房地产、资源类工业等基础上，大举向国际高端制造业进军，以适应新格局。银亿集团股权结构如图 4 – 1 所示。

2. 并购经验

银亿集团是跨境并购的资深玩家。2016 年，银亿集团已经成功收购美国气体发生器制造商 ARC 公司、日本传感器制造商艾礼富公司等两家境外公司。

2016 年 3 月 1 日，银亿股份与西藏银亿签署了发行股份购买资产协议，2016 年 9 月 29 日，银亿股份与西藏银亿签署了发行股份购买资产协议之补充协议及盈利预测补偿协议，约定银亿股份以发行股份购买资产的方式受让西藏银亿所持有的宁波昊圣 100% 的股权，并通过宁波昊圣间接持有其核心经营资产 ARC 集团。宁波昊圣 100% 股权交易价格为 284 516.14 万元，全部采用发行股份的方式支付。同年，银亿集团也用相似的手法成功收购日本传感器制造商艾礼富公司。

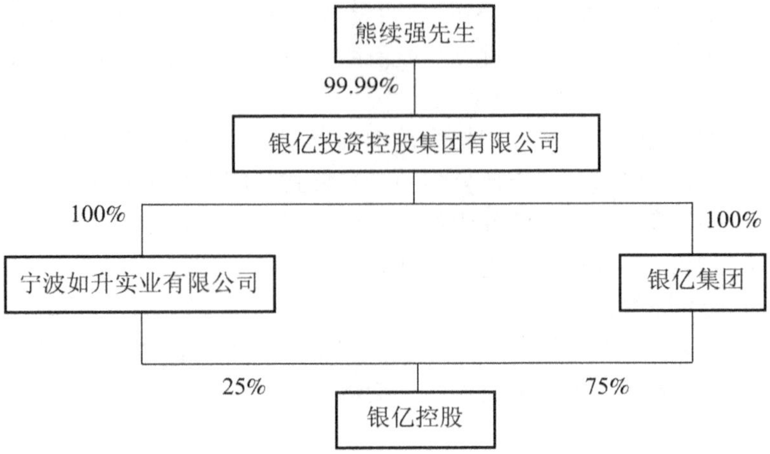

图 4－1　银亿集团股权结构

在当前跨境并购的监管风暴期，无论是从交易规模、交易设计上讲，还是从整个运作周期、运作效率上讲，银亿集团这两次跨境收购都是教科书般的操作，为银亿集团并购比利时邦奇奠定坚实的基础。

（二）银亿股份

1．公司简介

银亿集团旗下的宁波银亿房地产开发有限公司（以下简称“银亿股份”）是国家一级资质的专业房地产开发企业。银亿股份主营业务涵盖房地产开发、经营；商品房销售（凭资质证经营）；物业管理；装饰装修；房屋租赁；园林绿化（凭资质证经营）；建筑材料及装潢材料的批发、零售；项目投资；兴办实业（具体项目、实业另行申报）。

银亿股份拥有国家一级房地产开发资质，经营业务以商品住宅的开发与销售为主，公司产品主要定位于城市居民的刚需住房和改善型住房，具有二十余年的房地产开发经验。公司住宅地产的开发区域以宁波为核心，并已布局上海、南京、沈阳、南昌等多个一、二线城市。

2016 年，在继续做好房地产主业的同时，银亿股份根据董事会年初提出的“房地产业与高端制造业”总体战略部署，积极推进公司转型升级，瞄准了汽车市场，并通过收购全球第二大独立气体发生器生产商美国 ARC 集团正式进入高端制造领域，目前已初步实现“房地产业与高端制造业”双轮驱动的业务格局，形成了新的产业和新的利润增长点，房地产开发与高端制造强强联合、相辅相成，提升了公司盈利能力和整体竞争力。2016 年度，公司实现营业收入 80.57 亿元，营业利润 11.61 亿元，利润总额 12.02 亿元，归属于银亿股份股东的净利润 5.14 亿元，折合每股收益 0.20 元。

2017 年，银亿股份公司转型升级的关键是稳固与发展，将紧紧围绕产业结构和转型升级这一主线，通过资本运作推动产业发展，在抓好房地产业的基础上，全力布局高端制造业，实现“双轮驱动”战略部署，深化改革，勇于创新，强化管控，全面提升企业综合竞争力，将银亿股份打造成一家主业突出、产融结合、跨界联动的综合跨国集团，使公司步入更加稳固的快速发展轨道。在高端制造业方面，目标之一是通过资本市场并购重组继续延伸汽车核心零部件产业链，进一步强化“房地产业与高端制造业”双轮驱动的发展格局。银亿股份各控股公司持股比例如表4－1所示，银亿股份关系如图4－2所示。

表4－1　银亿股份各控股公司持股比例

股东名称	持股数量（股）	持股比例（%）
宁波银亿控股有限公司	945 072 354	31.19
熊基凯	750 000 000	24.52
西藏银亿投资管理有限公司	481 414 795	15.74
鲁国华	117 000 000	3.83
孔永林	114 000 000	3.73
蒋伟平	99 000 000	3.24
周株军	88 228 770	2.88
姚佳洪	54 000 000	1.77
其他股东	400 714 546	13.10
合计	3 058 430 395	100.00

2. 发展战略

（1）注入汽车零部件行业优质资产，强化多元化战略布局

2017年1月，银亿股份完成了对汽车安全气囊气体发生器制造相关资产的收购，初步构建起汽车高端制造产业平台，向实现“房地产业与高端制造业”双轮驱动的战略格局迈出了重要的一步。通过本次重组，银亿股份将布局汽车动力总成系统核心零部件变速器的生产、销售业务领域，并继续进行行业和产业链整合、加快全球化的业务拓展，继续进军高端制造行业。

目前在汽车行业重心向中国等发展中国家转移、自动变速器逐渐加快对手动变速器的替代步伐、我国汽车关键零部件自主生产能力和创新能力亟须提升的背景下，布局汽车高端制造领域有利于银亿股份进一步扩展发展空间，成为未来全球汽车领域的技术领先者，提升公司业务未来的成长性和发展潜力。

本次交易后，公司将拥有全球汽车变速器制造行业的优质资产、成熟的项目运营团队和商业运作模式，在深耕房地产主业、搭建汽车高端制造产业平台的基础上，进一步巩固和扩展了双主业战略格局，在公司业务规模、业务均衡发展和股东回报等方面均能得到有效提升。

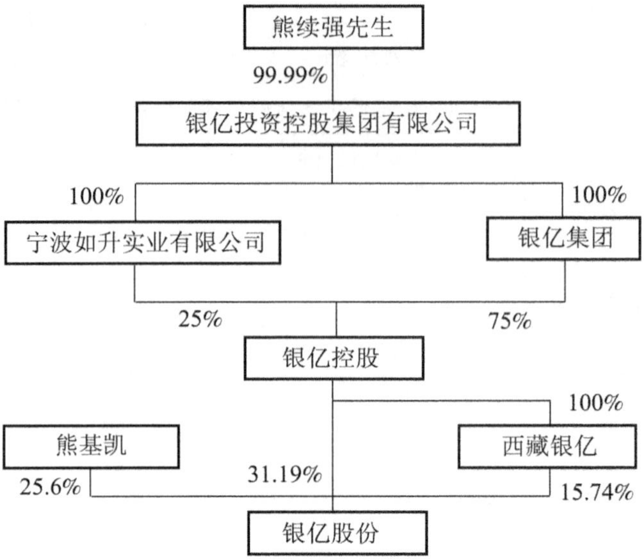

图 4－2 银亿股份关系

（2）提升银亿股份的盈利水平和竞争实力

本次拟购买资产为东方亿圣 100% 股权，其间接持有的邦奇集团是全球领先的独立生产汽车自动变速器的跨国公司，专业研发、设计、生产和销售汽车动力总成系统核心零部件之一的汽车变速器，其产品主要包括无级变速器及目前正处于研发阶段的双离合变速器、混合动力总成系统和纯电动动力总成系统。邦奇集团的自动变速器产品广泛应用于中国、东南亚等新兴市场各大品牌厂商的多款车型，市场前景广阔。目前房地产开发业务受政策及市场环境变化等因素影响，盈利能力弱化，银亿股份亟需积极寻求转型之路，切实以商业模式和业务格局的创新发掘经济增长新动力。本次交易有利于促进公司转型升级、提升整体竞争力，加强对业务风险和市场风险的防御能力，有效提升资产规模、持续盈利能力，实现公司持续健康发展。

三、收购过程

在本次收购过程中，银亿股份为完成对比利时邦奇的顺利收购，实际在交易安排中分了两个阶段。在第一阶段，由银亿股份的控股股东银亿集团出资，主导其下属全资子公司东方亿圣，搭建境外主体香港亿圣，完成对比利时邦奇的跨境并购。在第二阶段，由银亿股份向同一控制下的宁波圣洲发行非公开股票，购买其持有的东方亿圣 100% 股权，交易完成后，银亿股份将通过东方亿圣间接持有比利时邦奇 100% 股权。

（一）香港亿圣收购比利时邦奇

1. 收购主体——香港亿圣

银亿集团控股全资子公司东方亿圣为本次交易设立特殊目的公司——香港亿圣。香港亿圣是根据香港法律于2016年3月7日在香港依法设立、有效存续的私人股份有限公司，其股权结构如图4－3所示。

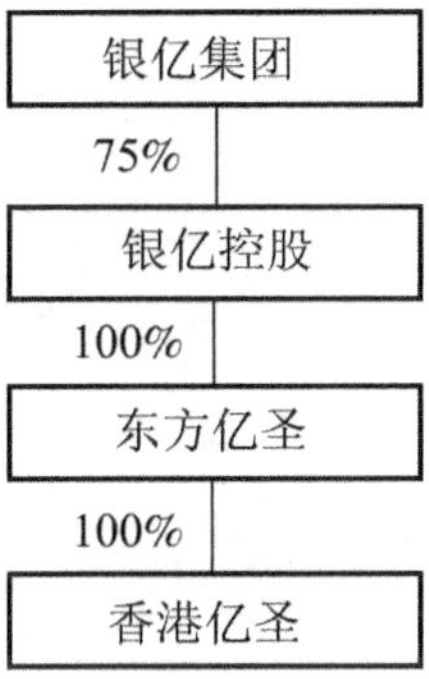

图4－3　香港亿圣股权机构图

2. 被收购主体——比利时邦奇

（1）公司概况

比利时邦奇作为本次交易的被收购主体（包括其下属的比利时邦奇其他公司），是一家专注于研发、生产和销售汽车变速器的汽车自动变速器独立制造商，其主要产品为无级变速器。同时，致力于研发双离合变速器、混合动力总成系统和纯电动动力总成系统。其生产的无级变速器在汽车变速器领域具有全球领先的技术优势。在目前的CVT变速箱全球产业格局中，邦奇位列日本Jetco、德国博世之后，是世界第三大的CVT变速箱供应商。比利时邦奇的股权结构如表4－2所示，公司结构如图4－4所示：

表4－2　比利时邦奇的股权结构

序号	股东名称	股本（股）	出资比例（%）
1	Limburgse Reconversie Maatschappij	4 920 097	26. 5111
2	GIMV XL Partners Comm. VA	3 501 656	18. 8681
3	GIMV NV	2 142 374	11. 5438
4	Capricorn Cleantech Fund NV	1 652 801	8. 9058
5	Participatiemaatschappij Vlaanderen NV	330 560	1. 7812
6	Advisebeheer GIMV XL NV	306 053	1. 6491
7	Cornelis Van Otterloo	102 639	0. 5531
8	Bart Cyriel Alfons Delaere	17 025	0. 0917
9	Hung Che-Chung	17 828	0. 0961
10	Golden Shine Investment Ltd	5 567 586	30. 0000
合　计		18 558 619	100. 0000

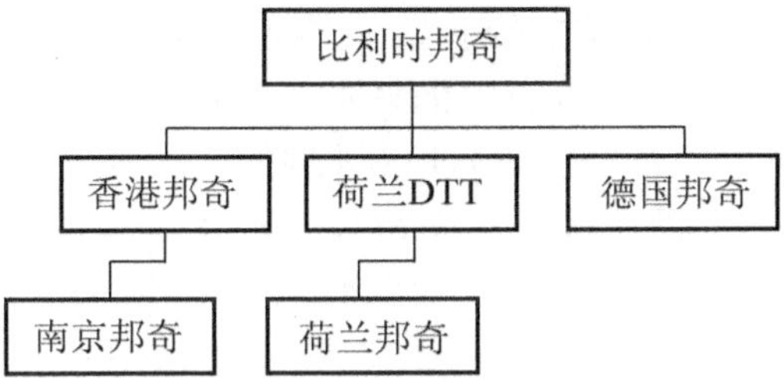

图4－4　比利时邦奇的公司结构

（2）简要财务数据

报告期内，比利时邦奇简要财务数据如表4－3所示。

表 4－3　报告期内比利时邦奇简要财务数据

单位：万元

项　目	2017 年 3 月 31 日	2016 年 12 月 31 日	2015 年 12 月 31 日
资产合计	250 108. 05	216 394. 39	118 282. 69
负债合计	116 950. 01	104 758. 43	47 822. 32
所有者权益	133 158. 04	111 635. 96	70 460. 37
项　目	2017 年 1—3 月	2016 年度	2015 年度
营业收入	74 001. 84	194 420. 90	136 984. 29
营业利润	27 327. 00	51 436. 81	29 535. 08
利润总额	27 374. 06	52 471. 29	29 979. 39
净利润	20 433. 50	35 964. 93	25 223. 39

（3）发展战略

由于欧洲市场对 CVT 的需求量极小，邦奇目前的市场占有率近乎为零。在日本，因为有其本土品牌 Jetco 的关系，邦奇自然也无缘日本市场。在发展中国家，尤其是中国，CVT 变速箱的需求大，中国汽车市场成为邦奇动力最重要的利润贡献点。

比利时邦奇发出全球竞价出售其全部股权的非约束性报价邀请函，并最终确定中国银亿集团及其关联方为最终买方，正是印证其稳固发展中国家市场，提高竞争力，扩大生产规模，寻求进一步突破的发展战略，希望中国能成为比利时邦奇新生的土壤。

3. 收购过程

（1）收到邀请：竞价成功

2015 年 11 月 26 日，银亿集团收到全球竞价出售比利时邦奇全部股权的非约束性报价邀请函。2015 年 11 月 30 日，银亿集团递交非约束性报价。2016 年 1 月 15 日，银亿集团递交约束性报价。比利时邦奇最终确定银亿集团及其关联方为最终买方。

（2）层层搭建：确认收购主体

2016 年 2 月，银亿控股出资设立东方亿圣作为比利时邦奇的收购主体。2016 年 3 月，东方亿圣作为收购主体、银亿集团作为其担保方与比利时邦奇约定，由东方亿圣收购比利时邦奇 100% 的股份及 100% 的收益权凭证。

2016 年 3 月 17 日，初次协议中的收购主体东方亿圣设立香港亿圣为全资子公司。2016 年 7 月 15 日，为优化交易结构，银亿集团、东方亿圣及其子公司香港亿圣与比利时邦奇的全体股东及收益权凭证的持有人就前述收购协议签署了替代协议，同意由香港亿圣替代东方亿圣作为收购主体履行相关收购协议。确认收购主体后的股权结构如图 4－5 所示。

（3）插曲：境内子公司东方亿圣和宁波圣洲的控股合并

2016 年 8 月，银亿控股将其持有的东方亿圣 100% 股权转让给其全资子公司宁波圣洲。控股合并后的股权结构如图 4－6 所示。

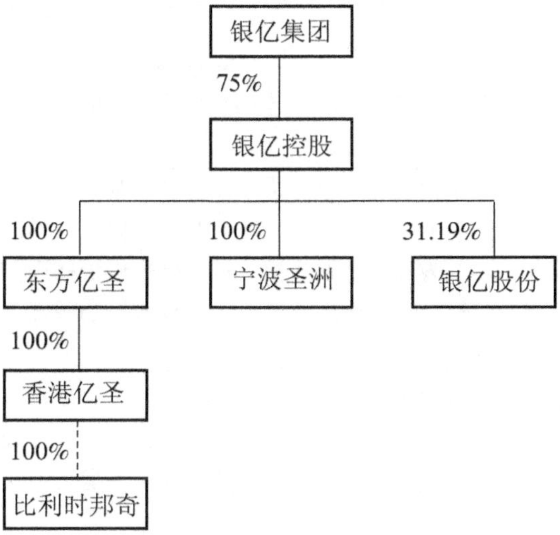

图 4-5　确认收购主体后的股权结构

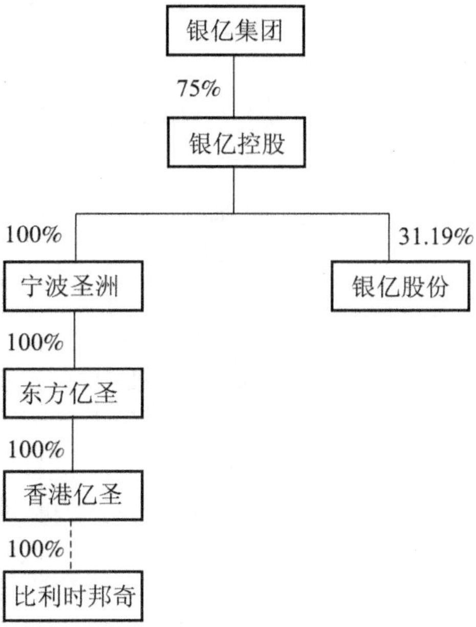

图 4-6　控股合并后的股权结构

（4）尘埃落定：成功收购比利时邦奇

2016 年 8 月，依照东方亿圣、香港亿圣与比利时邦奇的股东及收益权凭证持有人签订的关于收购比利时邦奇资产的股份和收益权凭证收购协议及其替代协议，最终确认并支付的交易对价为 948 236 228.70 欧元，按照实际支付时的汇率折算人民币金额为 710 979.29 万元。2016 年 8 月 31 日支付完毕，完成了收购的交割手续。成功收购后的股权结构如图 4-7 所示。

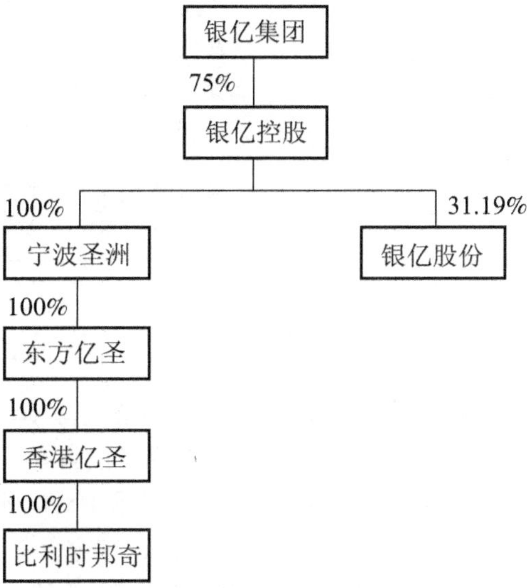

图 4-7　成功收购后的股权结构

（二）银亿股份收购东方亿圣 100% 股权

本次交易方案包括发行股份购买资产和募集配套资金两部分。

1. 时间历程

从 2017 年 5 月 31 日，银亿控股同意宁波圣洲将其持有的东方亿圣转让给银亿股份，到 2017 年 10 月下旬，银亿股份完成了对东方亿圣 100% 股权的收购。有关进程如表 4-4 所示。

表 4-4 银亿股份收购东方亿圣进程一览表

时　　间	事　　件
2017 年 5 月 31 日	宁波圣洲唯一股东银亿控股做出决定，同意宁波圣洲将其持有的东方亿圣 100% 股权转让给银亿股份
2017 年 6 月 16 日	银亿股份召开 2017 年第五次临时股东大会审议通过本次重大资产重组方案等相关议案
2017 年 8 月 18 日	银亿股份召开第六届董事会第五十五次临时会议，审议并通过了关于修改公司本次发行股份购买资产的发行股份价格调整方案等相关议案。宁波圣洲的股东银亿控股做出股东决定同意修改本次发行股份购买资产的发行股份价格调整方案，调整后的发行价格为 8.65 元/股，即为银亿股份本次发行股份购买资产的发行价格
2017 年 8 月 30 日	商务部反垄断局做出《不实施进一步审查通知》（商反垄初审函［2017］第 229 号），表示对上市公司收购宁波圣洲股权案不实施进一步审查，从即日起可以实施集中，该案涉及经营者集中反垄断审查之外的其他事项，依据相关法律办理
2017 年 9 月 6 日	本次发行股份购买资产并募集配套资金暨关联交易事项的申请获得中国证监会上市公司并购重组审核委员会审核通过
2017 年 10 月 18 日	中国证监会做出《关于核准银亿房地产股份有限公司向宁波圣洲投资有限公司发行股份购买资产并募集配套资金的批复》（证监许可［2017］1840 号），核准上市公司向宁波圣洲发行 922 611 132 股股份购买相关资产，同时非公开发行股份募集配套资金不超过 40 000.00 万元
2017 年 10 月 23 日	根据宁波市北仑区市场监督管理局核发的《变更登记情况》表，东方亿圣已经该局核准股东变更事宜，变更后东方亿圣的唯一控股股东为银亿股份

2. 发行股份购买资产

（1）交易评估及作价情况

根据中企华评估出具的《银亿房地产股份有限公司拟发行股份购买宁波东方亿圣投资有限公司 100% 股权项目评估报告》（中企华评报字（2017）第 1067 号），中企华评估采用收益法和市场法对东方亿圣 100% 股权进行评估，并以收益法评估值作为最终评估结果。截至 2016 年 12 月 31 日，东方亿圣经审计的账面净资产为 718 965.90 万元，收益法和市场法评估后评估值分别为 798 058.63 万元和 904 909.86 万元，评估值较账面净资产值的增值率分别为 11.00% 和 25.86%。以收益法评估值为依据，经交易双方协商确定东方亿圣 100% 股权的交易价格为 798 058.63 万元。

（2）发行股份价格

本次交易标的资产东方亿圣 100% 股权交易价格为 798 058.63 万元，全部采用发行股份的方式支付。本次发行股份购买资产所发行股票种类为境内上市的人民币普通股（A 股），每股面值为人民币 1.00 元。

本次交易中，公司发行股份购买资产的股票发行定价基准日为公司第六届董事会第五十四次临时会议决议公告日（2017 年 6 月 1 日）。本次交易的市场参考价为定价基准日前 20 个交易日公司股票交易均价，即为 9.63 元/股。本次股票发行价格为不低于市场参考价的 90%，经交易双方协商，本次发行股份购买资产的发行股份价格为 8.67 元/股。

2017 年 4 月 13 日经银亿股份 2016 年年度股东大会审议通过，银亿股份 2016 年度权益分派方案为：以公司现有总股本 3 058 430 395 股为基数，向全体股东每 10 股派 0.21 元人民币现金（含税）。截至本报告书签署日，上述利润分配方案已全部实施完成。根据该权益分派方案及中国证监会、深交所的有关规定，对本次发行股份购买资产的股份发行价格进行了一次除权除息处理。调整后的发行价格为调整前的发行价格减去 2016 年度每股派送现金红利，即 8.65 元/股。

本次向交易对方宁波圣洲发行股份数量为 922 611 132 股，共发行股票 798 058.63 万元。

3. 发行股份募集配套资金

为提高本次重组绩效，增强重组完成后上市公司的盈利能力和可持续发展能力，上市公司拟向熊基凯、宁波维泰、宁波久特和宁波乾亨发行股份募集配套资金不超过 40 000 万元，用于满足募集资金投资项目需求。

本次发行股份募集配套资金发行的股票种类为境内上市的人民币普通股（A 股），每股面值为人民币 1.00 元，发行股份采用非公开发行的方式，在中国证监会核准后 12 个月内择机实施。发行对象以现金方式认购本次配套融资发行的股份。具体认购情况如表 4－5 所示。

表 4－5　配套融资发行对象认购情况

序号	配套资金认购方	认缴配套资金金额（万元）	发行价格（元/股）	发行数量（股）
1	熊基凯	19 255.00	8.52	22 599 765
2	宁波维泰	8 250.00	8.52	9 683 098
3	宁波久特	6 870.00	8.52	8 063 380
4	宁波乾亨	5 625.00	8.52	6 602 112
合计		40 000.00	—	46 948 355

4. 股权结构变化

（1）交易前股权结构图（如图 4－8 所示）

（2）交易后股权结构图（如图 4－9 所示）

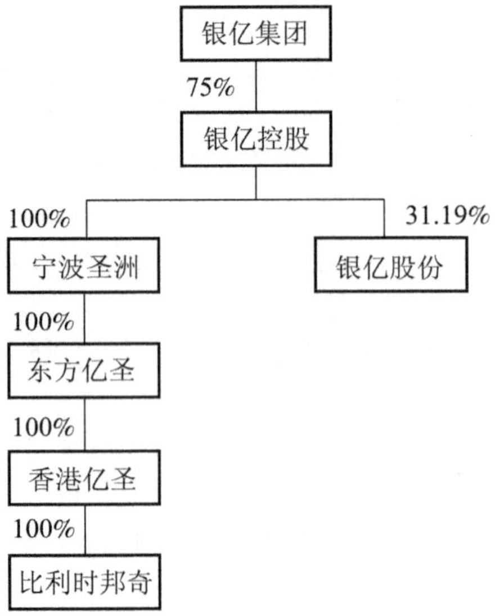

图 4-8　交易前股权结构图

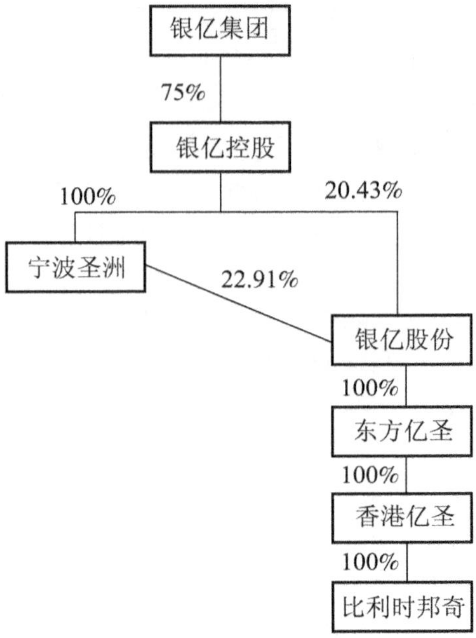

图 4-9　交易完成后股权结构图

四、绩效评价

（一）银亿股份

1. 提升公司经营规模和持续盈利能力

东方亿圣成为银亿股份的全资子公司后，银亿股份将通过东方亿圣间接拥有比利时邦奇的优质资产、成熟的项目运营团队和商业运作模式，使得资产、所有者权益、营业收入、营业利润等均获得较大幅度的增长，持续盈利能力得到进一步提升。根据银亿股份历史财务报告以及备考审阅报告，2016 年 12 月 31 日和 2017 年 3 月 31 日的经营规模对比情况如表 4-6 所示，盈利能力对比情况如表 4-7 所示。

表 4-6　经营规模对比情况

单位：万元

项　目	2017 年 3 月 31 日			
	收购前（未经审计）	收购后（备考数）	变动值	变动比率
资产总额	2 999 586. 23	1 206 704. 13	1 206 704. 13	40. 23%
负债总额	2 066 271. 06	2 534 560. 80	468 289. 74	22. 66%
归属于母公司所有者权益合计	859 174. 39	1 593 230. 51	734 056. 12	85. 44%

续上表

项　目	2016年12月31日			
	收购前（经审计）	收购后（备考数）	变动值	变动比率
资产总额	2 518 779.54	3 663 723.07	1 144 943.53	45.46%
负债总额	1 861 859.59	2 287 837.21	425 977.62	22.88%
归属于母公司所有者权益合计	567 348.68	1 286 314.59	718 965.90	126.72%

表4-7　盈利能力对比情况

单位：万元

项　目	2017年1—3月			
	收购前（未经审计）	收购后（备考数）	变动值	变动比率
营业收入	98 429.66	227 326.15	128 896.49	130.95%
营业利润	5 966.96	24 228.62	18 261.66	306.05%
利润总额	9 063.53	27 372.37	18 308.84	202.01%
净利润	7 668.50	21 260.52	13 592.02	177.24%
归属于母公司所有者的净利润	5 155.31	18 747.33	13 592.02	263.65%
项　目	2016年12月31日			
	收购前（经审计）	收购后（备考数）	变动值	变动比率
营业收入	805 741.88	1 172 194.31	366 452.43	45.48%
营业利润	116 057.65	175 640.18	59 582.53	51.34%
利润总额	120 219.42	180 893.39	60 673.97	50.47%
净利润	71 448.23	113 064.02	41 615.79	58.25%
归属于母公司所有者的净利润	51 388.43	93 004.23	41 615.79	80.98%

2. 巨大的未来发展潜力

通过本次收购，银亿股份将有机会布局汽车核心零部件变速器的生产、销售业务领域，巩固“房地产业与高端制造业”双轮驱动的战略格局，业务结构更为多元化。

目前，汽车行业重心向中国等发展中国家逐步转移，自动变速器加快对手动变速器的替代步伐，我国汽车关键零部件自主生产能力和创新能力亟需提升，银亿股份布局汽车高端制造领域，有利于提升公司业务未来的成长性，进一步扩展发展空间。同时，借助比利时邦奇的品牌知名度、丰富管理经验等优势，银亿股份将继续推进相关产业的业务整合，提升公司国际化运营能力和品牌影响力，并进而提升公司的综合盈利能力。根据经审阅的银亿股份收购东方亿圣的备考财务数据，本次收购前后上市公司银亿股份按业务构成的营业收入如表 4－8 所示，银亿股份 2016 年度按业务构成的营业收入如图 4－10 所示，银亿股份 2017 年 1—3 月按业务构成的营业收入如图 4－11 所示。

表 4－8　按业务构成的营业收入

单位：万元

项　目	2017 年 1—3 月		
	收购前	收购后	占比
营业收入	98 429. 66	227 326. 15	100. 00%
其中：房地产业务	57 473. 97	57 473. 97	25. 28%
汽车安全气囊气体发生器业务	40 955. 69	40 955. 69	18. 02%
汽车变速器业务	—	128 896. 49	56. 70%
项　目	2016 年度		
	收购前	收购后	占比
营业收入	805 741. 88	1 172 194. 31	100. 00%
其中：房地产业务	805 741. 88	805 741. 88	68. 74%
汽车变速器业务	—	366 452. 43	31. 26%

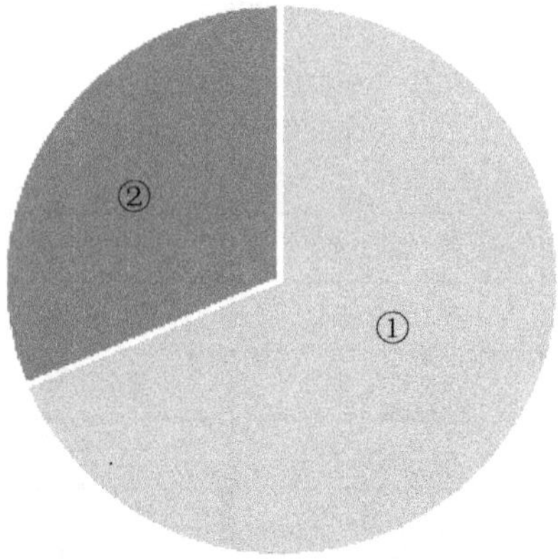

①房地产业务；②汽车变速器业务

图 4－10　银亿股份 2016 年度按业务构成的营业收入

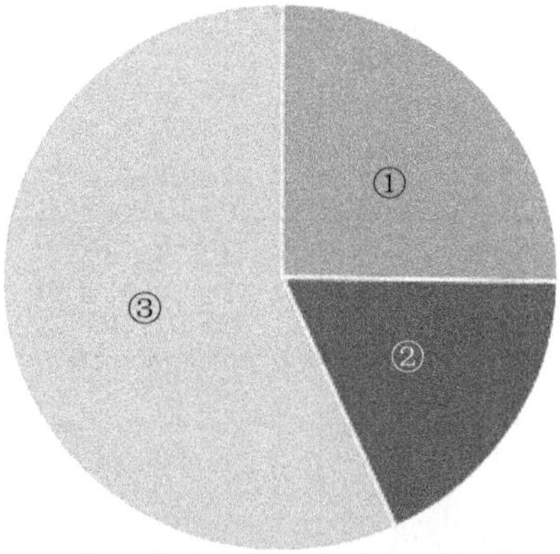

①房地产业务；②汽车安全气囊气体发生器业务；③汽车变速器业务

图 4－11　银亿股份 2017 年 1～3 月按业务构成的营业收入

（二）东方亿圣

东方亿圣的主营业务为汽车自动变速器的研发、生产和销售。2015 年度和 2016 年度东方亿圣的营业收入分别为 226 724.48 万元、366 452.43 万元，2016 年度营业收入较 2015 年度增长了 139 727.95 万元，增幅为 61.63%，主要是中国乘用车市场的快速成长、自主品牌整车厂对比利时邦奇自动变速器产品的旺盛需求所推动，随着比利时邦奇产能和产量规模持续扩大，主营业务收入不断攀升。东方亿圣 2015—2017 年度主营业务收入如表 4－9 所示。

表 4－9　东方亿圣 2015—2017 年度主营业务收入

单位：万元

项目	2017 年 1—3 月		2016 年度		2015 年度	
	金额	比例	金额	比例	金额	比例
主营业务收入	126 363.04	98.03%	356 637.74	97.32%	220 739.95	97.36%
其他业务收入	2 533.45	1.97%	9 814.68	2.68%	5 984.53	2.64%
合计	128 896.49	100.00%	366 452.43	100.00%	226 724.48	100.00%

（三）比利时邦奇

在 2017 年上半年，比利时邦奇已实现 33 329.65 万欧元的收入，折合人民币约244 622.966 万元，实现净利润 4 267.04 万欧元，折合人民币约 31 573.96 万元。与 2015 年、2016 年半年度相比，营业收入增长了 151.64%、106.44%，净利润增长了 150.35%、75.58%。比利时邦奇 2015 年、2016 年以及 2017 年半年度营业收入、净利润如图 4－12 所示。

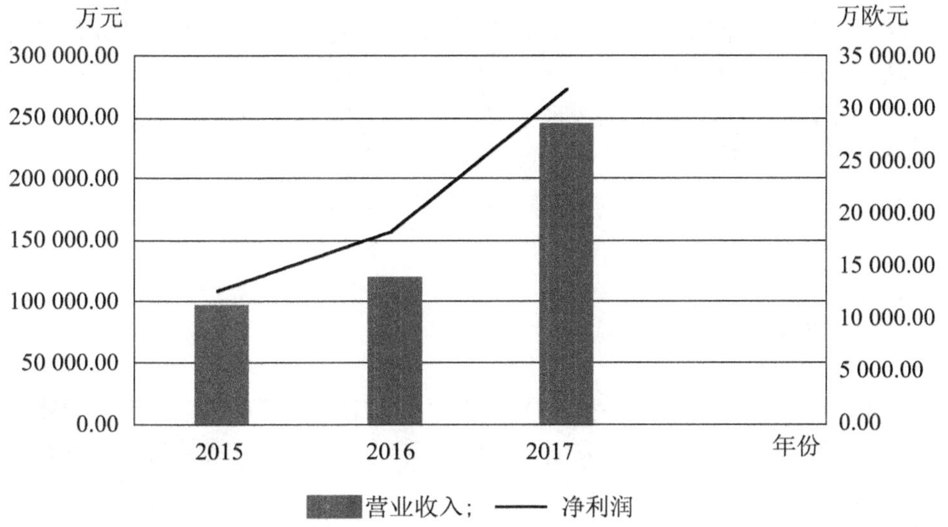

图 4－12　比利时邦奇 2015 年、2016 年以及 2017 年半年度营业收入、净利润

2017 年 1—6 月比利时邦奇无级变速器产品实际销售 28.87 万台，2017 年全年预测销量为 66.50 万台，2017 年上半年实际销量占全年预计销量的 43%。同时，一般第三、四季度为国内汽车销售的旺季，对应的变速器的销售量会高于其他季度的销售量，每年 11 月份和 12 月份是比利时邦奇产品结算和回款的旺季，2017 年上半年实际销量占 2017 年全年预测销

量的比例与2015年、2016年同期占比水平相当，已基本实现了中期销售目标，可总体判断2017年预测全年销量具有较强的可实现性，预计2017年营业收入会达到77 675.77万欧元。比利时邦奇2015年、2016年以及2017年半年度与全年对比如表4－10所示。

表4－10　比利时邦奇2015年、2016年以及2017年半年度与全年对比

项目	2017年1—6月	2017年全年预测	上半年销量与全年销量比		
			2017年同期	2016年同期	2015年同期
销量（万台）	28.87	66.50	43%	41%	47%

在比利时邦奇的营业收入构成中，主营业务收入主要为无级变速器产品（如VT2、VT3）的销售收入，占营业收入的比例稳定在97%以上，VT2和VT3是比利时邦奇目前生产的CVT系统产品，目前主要供货多家自主品牌厂商，均处于供不应求的状态，2015年和2016年产品销售分别实现了94%和58%的高速增长，产品结构逐渐由VT2向VT3迈进。根据企业的研发进度和生产计划，预计在2018年会有VT5、Hybrid（混合动力）等类型的产品逐渐投入生产，进入市场。VT5、DCT、混合动力和电动等变速器上述产品部分将作为比利时邦奇未来重点发展的方向，并成为其主要收入增长点。

五、参考资料

［1］石本仁：《高级财务会计》，中国人民大学出版社2015年版。

［2］耿建新、戴德明：《高级财务会计学》，中国人民大学出版社2016年版。

［3］摩根士丹利华鑫证券、天风证券股份有限公司：《银亿房地产股份有限公司发行股份购买资产并募集配套资金暨关联交易报告书》，2017年10月。

［4］摩根士丹利华鑫证券、天风证券股份有限公司：《关于公司发行股份购买资产并募集配套资金暨关联交易之独立财务顾问报告》，2017年5月。

［5］刘荻："浅论我国民营企业海外并购的内外部条件及对策"，《经营管理者》2010年第1期。

六、讨论问题

本案例中，银亿股份通过巧妙搭桥成功跨境并购比利时邦奇，其中涉及的相关行业背景、跨境并购主要方式、企业合并方法等知识，需要学生在研究案例过程中逐渐掌握，并能对以下问题进行深入了解与思考：

1. 此案例中涉及的企业合并类型有哪些？
2. 此案例中涉及的合并所采用的会计处理方法是什么？
3. 如何对购买法与权益结合法进行对比评价？
4. 银亿股份选择"搭建三层交易主体"的意义是什么？
5. 企业未来在进行跨境并购时应当考虑哪些因素？
6. 银亿集团在跨境并购中能够带给同行业企业哪些启发？

[案例说明书]

一、本案例要解决的关键问题

本案例是一篇有关公司通过搭建多层收购主体实现跨境并购的案例，在案例分析中着重呈现企业跨境并购的过程，通过案例让学生知道跨境并购的方法及其意义，掌握准则中关于企业合并的基本规范和技术要点，并通过案例进行实务运用与分析，在运用与分析的过程中加深对准则的理解。

（1）辨析“同一控制”的企业合并与“非同一控制”的企业合并的异同。掌握两种情况下企业合并的会计处理，准确运用“权益结合法”和“购买法”进行会计核算，懂得两种不同的会计处理方法对企业的财务影响，进一步引导学生发现当前准则有待改进的地方。

（2）了解跨境并购的常用方法及其意义。了解企业通过搭建多层收购主体实现跨境并购的方法和搭建多层收购主体的动因。

二、案例讨论准备工具

为了有效地实现本案例的目标，学生应该具备下列相关知识：

（一）理论背景

企业合并理论；“同一控制”和“非同一控制”下企业合并的会计处理；“购买法”和“权益结合法”的会计处理；跨境并购的方法。

（二）制度背景

国家会计准则；跨境并购相关法律法规。

三、教学组织方式

（一）问题清单及提问顺序、资料发放顺序

本案例讨论的题目依次为：

（1）此案例中涉及的企业合并类型有哪些？

（2）此案例中涉及的合并所采用的会计处理方法是什么？

（3）如何对购买法与权益结合法进行对比评价？

（4）银亿股份选择“搭建三层交易主体”的意义是什么？

（5）企业未来在进行跨境并购时应当考虑哪些因素？

（6）银亿集团在跨境并购中能够带给同行业企业哪些启发？

（二）讨论方式

本案例可以采用小组式的讨论。

（三）课时分配

（1）提前发放资料，提出思考题，请学生在课前完成阅读和小组研讨（预计 4 小时）。

（2）课堂计划（预计 1.5 小时）

①梳理案例：由任课老师简单梳理案例内容，明确思考问题。（5 分钟）

②分组讨论：学生间进行交流，形成发言提纲。（20 分钟）

③小组发言：组长发言，其他成员补充。黑板板书上简要写明每个小组的观点，以利于后面的分析评价以及归纳总结。（40 分钟）

④小组展示：分组展示小组的讨论成果。（15 分钟）

⑤案例总结：教师就讨论情况进行点评，并就案例提出延伸问题引导大家。

⑥进行课后探究。（10 分钟）

（3）课堂讨论总结

课堂讨论总结的关键是：归纳各小组发言者的主要观点；重申其重点及亮点，对于有争议的观点带领同学一起分析；对于大家没有看到的角度提醒进一步思考。最后，提出需要大家对案例素材扩展研究和深入分析的方面以备下次课回顾。

案例 5

一波才动万波随：青岛海尔投资青岛银行的两次会计核算变更*

* 1. 本案例由广东工业大学管理学院的张卓、李晓君、罗佳瑜等共同撰写，作者拥有著作权中的署名权、修改权、改编权。
  2. 将本案例授权予广东工业大学产教融合 MPAcc 教学智库实验平台使用，广东工业大学产教融合 MPAcc 教学智库实验平台享有复制权、修改权、发表权、发行权、信息网络传播权、改编权、汇编权和翻译权。
  3. 由于企业保密的要求，在本案例中对有关名称、数据等做了必要的掩饰性处理。
  4. 本案例只供课堂讨论之用，并无意暗示或说明某种管理行为是否有效。

[案例封面]

专业领域： 财务会计、财务分析
适用课程：《财务会计理论与实务》
选用课程：《财务报表分析》
编写目的： 本案例旨在通过青岛海尔对青岛银行的股权投资的会计处理，引导学员深度思考财务会计中长期股权投资持有期间的会计处理、长期股权投资成本法转换为可供出售金融资产核算以及可供出售金融资产转换为长期股权投资权益法核算的相关理论。
知 识 点： 金融资产转换和重分类；会计政策变更；长期股权投资；可供出售金融资产
关 键 词： 会计政策变更；成本法；权益法；可供出售金融资产
中文摘要： 2011 年至 2014 年，青岛海尔将持有的青岛银行股份列入长期股权投资，并以成本法确认损益；2014 年 10 月 30 日，因会计准则的修订和实施，青岛海尔发布公告称：将公司持有的不具有控制、共同控制或重大影响且在活跃市场中没有报价、公允价值不可计量的长期股权投资重分类调整至可供出售资产会计科目，并进行追溯调整，将原计入长期股权投资的青岛银行股份转换为可供出售金融资产核算；2015 年 12 月 3 日，青岛银行上市，青岛海尔占其发行后总股本的 9.47%；2016 年 4 月 28 日，青岛海尔又发布公告称：公司对青岛银行的经营决策具有重大影响，决定根据《企业会计准则第 2 号——长期股权投资》的相关规定，将青岛银行的会计核算方法由可供出售金融资产变更为长期股权投资，并以权益法确认损益。2017 年，青岛海尔继续将持有的青岛银行股权作为长期股权投资，并以权益法进行核算。2011 年至 2017 年间青岛海尔投资青岛银行股份的会计核算方法发生了两次变更，该项股权投资的会计核算变化引发我们的诸多思考。

[案例正文]

一、背景

(一) 公司简介

1. 青岛海尔

青岛海尔股份有限公司(以下简称“青岛海尔”)的前身是成立于1984年的青岛电冰箱总厂。经中国人民银行青岛市分行1989年12月16日批准募股,1989年3月24日,在对原青岛电冰箱总厂改组的基础上,以定向募集资金1.5亿元的方式设立股份有限公司。1993年3月和9月,经青岛市股份制试点工作领导小组批准,由定向募集公司转为社会募集公司,并增发社会公众股5000万股,于1993年11月在上海证券交易所上市交易,股票简称:青岛海尔,股票代码:600690。

青岛海尔主要从事电器和电子产品(冰箱/冷柜、洗衣机、空调、热水器、厨电、小家电、U-home智能家居产品)、机械产品、通信设备及相关配件制造;家用电器及电子产品技术咨询服务;进出口业务(按外经贸部核准范围经营);批发零售;国内商业(国家禁止商品除外);矿泉水制造、饮食、旅游服务(限分支机构经营),为消费者提供智能家电成套解决方案;渠道综合服务业务提供物流、家电及其他产品分销业务。

根据世界权威市场调查机构欧睿国际(Euromonitor)2016年全球大型家用电器品牌零售量数据:海尔大型家用电器2016年品牌零售量占全球市场的10.3%,第八次蝉联全球第一;同时,冰箱、洗衣机、酒柜、冷柜继续蝉联全球第一。

2017年上半年国内宏观经济运行平稳,人民币汇率趋稳增强市场信心。成本方面,大宗原材料价格居高不下,挤压行业盈利空间。需求方面白电行业国内市场呈现增长态势,但各子行业出现分化:①空调行业受高温天气、房地产、农村渗透率提升等因素拉动快速增长。根据中怡康数据,上半年空调零售量、零售额分别增长26.3%、31.9%;②冰箱行业需求不足:零售量、零售额分别增长1.7%、4.8%;③洗衣机增长平稳:零售量、零售额分别增长8.2%、10.3%。厨卫市场国内增长稳健:热水器行业零售额增长8.0%,厨电行业零售额增长14.9%。受益于全球经济复苏,中国家电出口上升明显:根据产业在线数据,上半年冰箱、空调、洗衣机外销销售分别增长17.2%、13.2%、14.4%。

国内白电市场步入以更新换代需求为主的发展阶段,品牌、品质、设计、技术成为影响消费决策的主要因素,消费者愿意为“好产品”支付溢价。消费升级势不可挡,大容量、健康化、智能化、艺术化产品日益受到青睐,产品均价稳步上扬;智能产品渗透率提升,根据中怡康预测,2017年智能白电渗透率将超过20%。

市场呈现强者愈强的格局:长期专注于研发创新、不断引领潮流的龙头企业,依托在长期竞争中积淀的综合优势,将持续收益国内消费升级与市场集中度提升。

2017年上半年青岛海尔实现收入775.76亿元,增长59.01%,其中海外收入350.83亿元,占比45%,同比增长150.43%,其中自有品牌占比近100%。原有海外业务(不含GEA)实现收入125.8亿元,增长明显,增幅19.7%:其中南亚区收入增长47%、欧洲区收入增长29%;全球家电业务自有品牌收入占比近100%;实现归母净利润44.27亿元，增长33.54%。高端品牌卡萨帝收入增长46%。市场份额全线提升：①冰箱、洗衣机、热水器等优势产业持续扩大领先优势，1—6月国内零售额份额分别提升3.12%、2.04%、1.63%，份额提升值均居于各行业第一；②家用空调、抽油烟机、灶具等重点增长业务，零售额份额分别提升0.42%、0.7%、0.76%。青岛海尔在智能空调细分领域份额33.5%，位居行业第一。

截至2017年6月30日，青岛海尔公司股东及实际控制人情况如表5-1所示。

表5-1 青岛海尔公司股东及实际控制人情况

截止时间	股东名称	持股数量（股）	持股比例（%）	股份性质
20170630	1. 海尔电器国际股份有限公司	1 258 684 824	20.640	流通A股
	2. 海尔集团公司	1 072 610 764	17.590	流通A股
	3. KKR HOME INVESTMENT S. A R. L.	605 985 988	9.940	流通受限股份
	4. 香港中央结算有限公司	403 226 905	6.610	流通A股
	5. 中国证券金融股份有限公司	225 816 727	3.700	流通A股
	6. 青岛海尔创业投资咨询有限公司	172 252 560	2.820	流通A股
	7. 全国社保基金——零四组合	100 588 871	1.650	流通A股
	8. GIC PRIVATE LIMITED	77 301 335	1.270	流通A股
	9. 中央汇金资产管理有限责任公司	69 539 900	1.140	流通A股
	10. 中国工商银行股份有限公司——南方消费活力灵活配置混合型发起式证券投资基金	36 986 401	0.610	流通A股

2. 青岛银行

青岛银行股份有限公司（原名青岛城市合作银行、青岛市商业银行，2008年4月28日更名为青岛银行股份有限公司，以下简称“青岛银行”）是于1996年11月经中国人民银行总行批准，以青岛市辖区内原21家城市信用社为基础组建的股份制商业银行。青岛银行的注册资本为255 598万元，注册地为山东省青岛市南区香港中路68号，总行设在青岛，并于2015年12月3日在香港联合交易所主板挂牌上市（股票代码：3866. HK），为山东省首家主板上市银行。截至2017年6月30日，青岛银行资产总额2 819.76亿元，比上年末增长39.88亿元，增幅1.43%。青岛银行在中国银行业协会发布的2016年度商业银行稳健发展能力“陀螺”评价体系综合排名中位居第五名，入围英国《银行家》杂志“2017世界银行1000强”，排名位居第372位，连续四年入围世界银行前500位。

青岛银行的经营范围包括：吸收公众存款；发放短期、中期和长期贷款；办理国内外结算；办理票据承兑、贴现与转贴现；发行金融债券；代理发行、代理兑付、承销政府债券和金融债券；买卖政府债券、央行票据、金融债券、企业债、中期票据、短期融资券以及全国银行间市场发行流通的其他债券；从事同业拆借及同业存放业务；代理买卖外汇；结汇、售汇业务；从事银行卡业务；提供信用证服务及担保；代理收付款项、代理保险业务、代理基金及贵金属销售等其他代理业务；提供保管箱服务；理财业务；债券结算代理业务、中央国库现金管理商业银行定期存款业务；及经国家有关主管机构批准的其他业务。

截至2017年6月30日，青岛银行股东及实际控制人情况如表5－2所示。

表5－2　青岛银行股东及实际控制人情况

序号	股东名称	持股数量（股）	占总股本（%）
1	意大利联合圣保罗银行	622 306 980	20.00
2	青岛国信实业有限公司	533 078 968	17.13
3	青岛海尔投资发展有限公司	409 693 339	13.17
4	青岛海尔空调电子有限公司	218 692 010	7.03
5	山东三利源经贸有限公司	152 170 000	4.89
6	青岛海尔股份有限公司	139 663 690	4.49
7	青岛海仁投资有限责任公司	133 910 000	4.30
8	洛希尔金融集团控股公司	98 830 000	3.18
9	青岛即发集团股份有限公司	90 936 164	2.92
10	上海嘉诚投资管理有限公司	77 276 328	2.48

说明：①上述股东中，青岛海尔投资发展有限公司、青岛海尔空调电子有限公司、青岛海尔股份有限公司同属海尔集团。其余股东之间青岛银行未知其关联关系。

②海尔集团公司透过其控制或间接控制的公司持有青岛银行812 214 572股股份的权益。

③该812 214 572股股份中，青岛海尔投资发展有限公司直接持有409 693 339股股份及透过其控制的公司及一致行动人分别持有5 633 715股及396 887 518股股份的权益。

④青岛海尔股份有限公司直接持有139 663 690股股份及透过其控制的公司持有244 689 795股股份的权益。

截至2016年12月31日，青岛银行董事、监事在股东单位或关联单位的任职情况如表5－3所示。

3. 青岛海尔投资青岛银行的背景分析

2010—2013年青岛银行持续稳定而迅速的发展，有良好的经营趋势，净利润年复合增长率超过30%；为满足企业持续经营的目标和《商业银行资本管理办法（试行）》对商业银行资本充足水平的要求，青岛银行拟通过增发股份募集不超过20亿元资金的方式

表 5-3　青岛银行董事、监事在股东单位或关联单位的任职情况

姓　名	任职单位名称	职　务	任　期
周云杰	海尔集团	轮值总裁、董事局副主席	2013 年 5 月至 2016 年 12 月
		总裁、董事局副主席	2016 年 12 月至今
Rosario STRANO	意大利联合圣保罗银行	集团人力资源总监	2015 年 8 月至今
王建辉	青岛国信发展（集团）有限责任公司	董事长	2013 年 4 月至今
谭丽霞	海尔集团	高级副总裁、首席财务官	2010 年 6 月至 2016 年 2 月
		执行副总裁、首席财务官	2016 年 2 月至今
Marco MUSSITA	合众人寿保险股份有限公司	董事	2008 年 5 月至今
蔡志坚	尚乘集团	董事长、总裁兼董事总经理	2016 年 1 月至今
孙国梁	青岛华通国有资本运营（集团）有限责任公司	党委委员、董事、副总经理	2015 年 9 月至今

说明：青岛海尔在青岛银行中所占董事局席位两名，分别为：周云杰、谭丽霞。

补充核心资本。同时，又因为青岛海尔与青岛银行在供应链金融、家电消费信贷服务等方面存在诸多协同机会，在对其持续经营能力、损益及资产状况无不良影响的基础上，青岛海尔及其控股子公司青岛海尔模具有限公司、青岛海尔机器人有限公司、青岛海尔空调器有限总公司、青岛海尔特种电冰柜有限公司拟以现金认购青岛银行 142 779 200. 97 股股份，认购股份金额 514 005 123. 49 元。该关联交易符合青岛海尔的发展战略目标，并有利于提高资金使用效率与回报率。

（二）相关会计准则

1. 股权投资重分类的变化

2006 年颁布 2007 年 1 月 1 日起开始执行的《企业会计准则第 2 号——长期股权投资》规定长期股权投资包括：①投资企业能够对被投资单位实施控制的权益性投资，既对子公司投资；②投资企业与其他合营对被投资单位实施共同控制的权益性投资，即对合营企业投资；③投资企业对被投资单位具有重大影响的权益性投资，即对联营企业投资；④投资企业持有的对被投资单位不具有共同控制或重大影响，并且在活跃市场中没有报价，公允价值不能可靠计量的权益性投资。

2014 年 3 月 13 日财政部印发对《企业会计准则第 2 号——长期股权投资》进行修订的通知，修订后的准则至 2014 年 7 月 1 日起开始实行，修订后的准则中长期股权投资包括：①投资企业能够对被投资单位实施控制的权益性投资，即对子公司投资；②投资企业与其他合营方一同对被投资单位实施共同控制的权益性投资，即对合营企业投资；③投资企业对被投资单位具有重大影响的权益性投资，即对联营企业投资。

修订后的准则主要是对投资企业持有的对被投资单位不具有共同控制或重大影响，并且在活跃市场中没有报价，公允价值不能可靠计量的权益性投资作了重分类，将其列入可供出售金融资产。其中第三章第七条规定投资方能够对被投资单位实施控制的长期股权投资应当采用成本法核算；第九条规定投资方对联营企业和合营企业的长期股权投资应当采用权益法核算。

2. 长期股权投资的初始计量

2014 年修订的《企业会计准则第 2 号——长期股权投资》第二章第六条规定：除企业合并外其他方式取得的长期股权投资，应当按照下列规定确定其初始投资成本：①以支付现金取得的长期股权投资，应当按照实际支付的购买价款作为初始投资成本。初始投资成本包括与取得长期股权投资直接相关的费用、税金及其他必要支出。②以发行权益性证券取得的长期股权投资，应当按照发行权益性证券的公允价值作为初始投资成本。与发行权益行证券直接相关的费用，应当按照《企业会计准则第 37 号——金融工具列报》的有关规定确定。③通过非货币性资产交换取得的长期股权投资，其初始投资成本应当按照《企业会计准则第 7 号——非货币性资产交换》的有关规定确定。④通过债务重组取得的长期股权投资，其初始投资成本应当按照《企业会计准则第 12 号——债务重组》的有关规定确定。

3. 长期股权投资的后续计量

2006 年颁布 2007 年 1 月 1 日起开始执行的《企业会计准则第 2 号——长期股权投资》中规定以下两种情况采用成本法进行后续计量：①投资企业能够对被投资单位实施控制的权益性投资，既对子公司投资；②投资企业持有的对被投资单位不具有共同控制或重大影响，并且在活跃市场中没有报价，公允价值不能可靠计量的权益性投资。随后在 2014 年修订的准则中规定长期股权投资成本法适用于企业持有的、能够对被投资单位实施控制的长期股权投资。成本法核算的长期股权投资核算方法如下：①初始投资或追加投资时，按照初始投资或者追加投资时的成本增加长期股权投资的账面价值。②除取得投资时实际支付的价款或对价中包含的已宣告但尚未发放的现金股利或利润外，投资企业应当按照享有被投资单位宣告发放的现金股利或利润确认投资收益，不管有关利润分配是属于对取得投资前还是取得投资后被投资单位实现净利润的分配。

《企业会计准则第 2 号——长期股权投资》中规定投资企业持有的对合营企业投资及联营企业投资，应当采用权益法核算。投资方对联营企业的权益性投资，其中一部分通过风险投资机构、共同基金、信托公司或包括投连基金在内的类似主体间接持有的，无论以上主体是否对这部分投资具有重大影响，投资方都可以按照《企业会计准则第 22 号——金融工具的确认和计量》的有关规定，对间接持有的部分投资选择以公允价值计量且其变动计入当期损益，并对其余部分采用权益法核算。权益法下在持有期间内，根据被投资单位所有者权益的变动，投资企业按应享有或应分担被投资企业所有者权益的份额调整其投资账面价值。

4. 长期股权投资核算方法的转换

《企业会计准则第 2 号——长期股权投资》投资方因追加投资等原因能够对被投资单位施加重大影响或实施共同控制但不构成控制的，应当按照《企业会计准则第 22 号——金融工具确认和计量》确定的原持有的股权投资的公允价值加上新增投资成本之和，作为改按权益法核算的初始投资成本。原持有的股权投资分类为可供出售金融资产的，其公允价值与账面价值之间的差额，以及原计入其他综合收益的累计公允价值变动应当转入改按权益法核算的当期损益。

5. 会计政策变更条件

会计政策变更是指企业对相同的交易或事项由原来采用的会计政策改用另一会计政策的行为。企业应当按照会计准则和会计制度规定的原则和方法进行会计确认、计量和报告。依据可比性的会计信息质量要求，各期采用的会计原则和方法应当保持一致性，不得任意变更。

在我国，按现行会计准则的规定，企业只有在符合下述两个条件之一的情况下，才可以变更会计政策：①法律或会计准则等行政法规、规章要求变更。由于实施了新的会计准则或会计制度，或修订了原有的会计准则或会计制度，要求变更会计政策。②变更会计政策能够使所提供的企业财务状况、经营成果和现金流量信息更为可靠、更为相关。由于经济环境、客观情况的改变，企业依据原来的会计政策所提供的会计信息，已不能恰当地反映企业的财务状况、经营成果和现金流量等情况。在这种情况下，企业应该改变原会计政策，按变更后的新会计政策进行核算，以便提供更为可靠、相关的会计信息。

二、案例概况

（一）投资情况概况

2014 年以前，青岛海尔持有 8.71% 的青岛银行股份，对青岛银行不具有控制、共同控制或重大影响，根据修订前的会计准则规定，青岛海尔将该投资列入长期股权投资，并以成本法确认损益；2014 年 10 月 30 日，青岛海尔发布公告称：将公司持有的不具有控制、共同控制或重大影响且其在活跃市场中没有报价、公允价值不可计量的长期股权投资重分类调整至可供出售资产会计科目，并进行追溯调整，将原计入长期股权投资的青岛银行股份转换为可供出售金融资产核算；2015 年 12 月 3 日，青岛银行在港交所上市，青岛海尔及其控股子公司合计持有 384 344 485 股青岛银行股份，占其发行后总股本的 9.47%；为支持自身发展，2016 年 3 月 28 日，青岛海尔与青岛海尔投资发展有限公司、青岛海尔保险代理有限公司及青岛海尔工装研制有限公司（以下合称“委托方”）共同签署《股东表决权委托协议》。根据协议约定，委托方将其合计持有的 427 870 087 股青岛银行股份所对应的股东表决权委托青岛海尔代为行使，青岛海尔依其意愿行使前述股份的表决权。基于上述情况，青岛海尔合计持有 812 214 572 股青岛银行股份所对应的股东表决权，占青岛银行发行后总股本的 20.01%。因此，同年 4 月 28 日，青岛海尔发布公告称：公司对青岛银行的经营决策具有重大影响，决定根据《企业会计准则第 2 号——长期股权投资》的相关规定，将青岛银行的会计核算方法由可供出售金融资产变更为长期股权投资，并以权益法进行后续计量。2017 年，青岛海尔继续将持有的青岛银行的股份作为长期股权投资，并以权益法进行核算。

（二）会计核算

1.2011 年至2013 年的会计核算——成本法

2011 年1 月14 日，青岛海尔发布了《关于认购青岛银行股份有限公司增资暨关联交易公告》，该《公告》称，公司及公司控股子公司共计持有青岛银行8.71%的股份。为提高资本充足率，增强可持续发展能力，青岛银行拟通过增发股份募集不超过20 亿元资金，公司及公司控股子公司按照现有持股比例以现金认购青岛银行股份有限公司增资不超过1.742 亿元。

2012 年3 月29 日，青岛海尔公布了其2011 年年报，年报显示：长期股权投资较期初增加47.79%，主要原因之一是对青岛银行增资，持有数量为241 565 283 股，占青岛银行注册资本9.45%，继续将其作为以成本法核算的长期股权投资，增资额作为初始投资成本计入“长期股权投资”账户，期末未计提减值准备。截至2011 年12 月31 日，青岛海尔对青岛银行的初始投资额为376 303 736.35元，期初账面价值为187 283 838.85 元，本期权益增加额为189 019 897.50元，期末账面价值为376 303 736.35 元。

2013 年3 月19 日，青岛海尔公布了其2012 年年报，年报显示：截至2012 年12 月31 日，青岛海尔持有青岛银行的股权未发生变动，仍作为长期股权投资，并以成本法核算；青岛海尔对青岛银行的初始投资额为376 303 736.35 元，期初账面价值为376 303 736.35 元，报告期损益金额为34 585 416.05 元，期末账面价值为376 303 736.35 元。

2014 年4 月25 日，青岛海尔公布了其2013 年年报，年报显示：截至2013 年12 月31 日，青岛海尔持有青岛银行的长期股权投资成本未发生变动，初始投资额为376 303 736.35元，期初账面价值为376 303 736.35 元，报告期损益金额为34 585 416.05 元，期末账面价值为376 303 736.35 元；本期投资收益增加了16 909 570 元，占本期以成本法核算的长期股权投资收益的67.73%（本期以成本法核算的长期股权投资收益发生额为24 964 594.23 元）。

2.2014 年股权投资会计政策变更——列入可供出售金融资产

（1）关于认购青岛银行股份有限公司股份暨关联交易的公告

2014 年5 月8 日，青岛海尔发布了《关于认购青岛银行股份有限公司增资暨关联交易的公告》称，公司及公司控股子公司共计持有青岛银行9.45%的股份。2010 年至2013 年青岛银行保持快速发展，经营趋势良好，2010 年至2013 年青岛银行净利润年复合增长率超过30%；为提高资本充足率，增强可持续发展能力，满足《商业银行资本管理办法（试行）》对商业银行资本充足水平的要求，青岛银行拟通过增发股份的方式补充核心资本，青岛海尔及其控股子公司青岛海尔模具有限公司、青岛海尔机器人有限公司、青岛海尔空调器有限总公司、青岛海尔特种电冰柜有限公司拟以现金认购其142 779 200.97 股股份，认购股份金额514 005 123.49 元，占青岛银行权益12.35%。

（2）关于会计政策变更的公告

2014 年10 月30 日，青岛海尔发布了《关于会计政策变更的公告》称，根据2014 年财政部颁布修订的新的会计准则、中国证监会会计部《关于在2014 年三季度季报中做好新颁布或修订的会计准则相关财务信息披露工作的通知》以及上海证券交易所的相关规定，公司自2014 年7 月1 日执行新准则，本次会计政策变更和会计科目核算的调整不会对公司以前年度净资产和净利润等产生影响。

2014 年，财政部对《企业会计准则第 2 号——长期股权投资》做了修订，以及颁布了《企业会计准则第 39 号——公允价值计量》等具体准则，并自 2014 年 7 月 1 日起施行；中国证监会会计部也于 2014 年发布《关于在 2014 年三季度季报中做好新颁布或修订的会计准则相关财务信息披露工作的通知》，上交所于 2014 年 9 月发布《关于做好上市公司 2014 年第三季度报告披露工作的通知》。为落实上述规定，2014 年 10 月 30 日，公司召开第八届董事会第十七次会议及相关专业委员会、第八届监事会第九次会议，审议通过了《青岛海尔股份有限公司关于会计政策变更的议案》，公司将持有的不具有控制、共同控制或重大影响且其在活跃市场中没有报价、公允价值不可计量的长期股权投资重分类调整至可供出售金融资产会计科目，并进行追溯调整。青岛海尔对持有的青岛银行股份进行调整，将其长期股权投资的账面价值减少 376 303 736. 35 元，可供出售金融资产的账面价值增加 376 303 736. 35 元。

（3）年报中对投资核算方法的披露

2015 年3 月30 日，青岛海尔公布了其2014 年年报，年报显示：截至2014 年12 月31 日，青岛海尔持有青岛银行的可供出售金融资产成本发生变动且其变动额为 514 005 123. 49元，最初投资金额为 890 308 859. 84 元，持有数量为 384 344 485 股，占青岛银行股权 12. 35%，期末账面价值为 1 383 640 146 元，报告期损益为 19 325 222. 71 元。

截至 2014 年 12 月 31 日，与期初相比，可供出售金融资产增加 310. 18%，递延所得税负债增加 722. 18%，其他综合收益增加 1919. 36%，主要是本期可供出售金融资产公允价值增加所致。

按照当年初始投资额，核算成本变动，借记“可供出售金融资产”，贷记“长期股权投资”。

3. 2015 年的会计核算——可供出售金融资产

2016 年4 月28 日，青岛海尔公布了其2015 年年报，年报显示：截至2015 年12 月31 日，青岛海尔持有青岛银行的可供出售金融资产成本未发生变动，但其公允价值发生变动，变动额为 38 434 448. 50 元，借记“可供出售金融资产——公允价值变动”，贷记“其他综合收益”。

4. 2016 年可供出售金融资产转换为以权益法核算的长期股权投资

（1）关于变更对青岛银行股份有限公司会计核算方法的公告

2016 年 4 月 28 日，青岛海尔发布了《关于变更对青岛银行股份有限公司会计核算方法的公告》称，截至 2015 年 12 月 31 日，公司及控股子公司合计持有 384 344 485 股青岛银行股份，占其发行后总股本的 9. 47%。根据 2016 年 3 月 28 日签署的《股东表决权委托协议》，青岛海尔投资发展有限公司、青岛海尔保险代理有限公司及青岛海尔工装研制有限公司（以下合称“委托方”）委托公司代为行使委托方合计持有的 427 870 087 股青岛银行股份所对应的股东表决权。基于以上，公司合计可就 812 214 572 股青岛银行股份行使股东表决权，占青岛银行总股本的 20. 01%；根据《企业会计准则第 2 号——长期股权投资》的规定，投资企业对被投资单位具有共同控制或重大影响的长期股权投资，采用权益法核算。因此，青岛海尔董事会认为公司对青岛银行的经营决策具有重大影响，决定根据《企业会计准则》的相关规定，将青岛银行的会计核算方法由可供出售金融资产变更为长期股权投资、并以权益法进行后续计量，以更加合理、准确地反映公司对青岛银行股权投资的会计核算情况。

（2）年报中对投资核算方法的披露

2017年4月28日，青岛海尔公布了其2016年年报，年报显示：2016年1月1日起，青岛海尔对青岛银行的会计核算方法由可供出售金融资产变更为长期股权投资，并以权益法进行后续计量。截至2016年12月31日，与期初相比，可供出售金融资产减少45.16%，长期股权投资增加122.99%，主要是本期将持有的青岛银行股权投资的会计核算方法进行变更由可供出售金融资产重分类至长期股权投资所导致。

5. 2017年的会计核算——权益法

2017年8月25日，青岛海尔公布了其2017年半年报，半年报显示：截至2017年6月30日，青岛海尔持有青岛银行的长期股权投资成本未发生变动，直接持股比例仍为9.47%；但在权益法下，本期确认的投资收益增加了120 813 257.79元，借记“长期股权投资——损益调整”，贷记“投资收益”，本期发生额为585 960.632.76元，占其20.62%；其他综合收益减少了38 386 695.61元，借记“其他综合收益”，贷记“长期股权投资——其他综合收益”；其他权益变动增加了80 302.33元，借记“长期股权投资——其他权益变动”，贷记“资本公积——其他资本公积”；青岛银行宣告发放现金股利或利润76 868 844.93元，减少该长期股权投资的账面价值，增加应收股利账面价值，借记“应收股利”，贷记“长期股权投资——损益调整”；期末账面价值为1 675 696 771.69元。营业外收入较同期减少32.87%，主要是由于2016年同期对青岛银行股权投资会计核算方法变更，其公允价值小于按照公司持股比例计算确定的应享有青岛银行可辨认净资产公允价值份额的差额计入当期营业外收入所致。

2011—2017年青岛海尔对青岛银行会计核算变更情况如表5－4所示。

表5－4 2011—2017年青岛海尔对青岛银行会计核算变更表

年份	股权比例（%）	长期股权投资——成本法	长期股权投资——权益法	可供出售金融资产	备注
2011	9.45	√			
2012	9.45	√			
2013	9.45	√			
2014	12.35			√	
2015	12.35			√	
2016	20.01		√		
2017	20.01		√		

三、会计资料

（1）《关于认购青岛银行股份有限公司增资暨关联交易公告》

（2）《关于认购青岛银行股份有限公司增资暨关联交易的公告》
（3）《关于会计政策变更的公告》
（4）《关于变更对青岛银行股份有限公司会计核算方法的公告》
（5）《青岛海尔股份有限公司 2011 年年度报告》
（6）《青岛海尔股份有限公司 2012 年年度报告》
（7）《青岛海尔股份有限公司 2013 年年度报告》
（8）《青岛海尔股份有限公司 2014 年年度报告》
（9）《青岛海尔股份有限公司 2015 年年度报告》
（10）《青岛海尔股份有限公司 2016 年年度报告》
（11）《青岛海尔股份有限公司 2017 年半年度报告》

四、讨论题目

2011 年至 2017 年间青岛海尔投资青岛银行股份的会计核算方法发生了两次变更，该项股权投资的会计核算变化引发我们的诸多思考。结合案例，我们应重点思考如下问题：

（1）2014 年新会计准则修订后，长期股权投资的核算范围是什么？

（2）长期股权投资会计核算的成本法及权益法的适用条件？

（3）2011 年至 2013 年青岛海尔对青岛银行的长期股权投资采用成本法的核算是否合理？

（4）2016 年青岛海尔对青岛银行股权投资的持股比例应如何认定？并说明原因。

（5）会计政策变更的条件是什么？2014 年青岛海尔对青岛银行股权投资的会计政策变更是否恰当？请说明原因。

（6）2016 年青岛海尔对青岛银行的长期股权投资采用权益法的核算是否合理？

（7）成本法变更为公允价值计量以及公允价值计量变更为权益法分别对青岛海尔财务报表哪些项目和财务指标产生影响？

[案例说明书]

一、本案例要解决的关键问题

本案例要实现的教学目标是：通过本案例的讨论分析帮助学员了解财政部 2014 年新修订的《企业会计准则第 2 号——长期股权投资》及《企业会计准则第 39 号——公允价值计量》准则，掌握长期股权投资的会计核算方法，以及长期股权投资的重分类，掌握会计政策变更的会计处理，进一步提高学员理论联系实际的能力。

二、案例讨论的准备工作

为了有效实现本案例教学目标，学员应该具备下列相关知识背景：

（一）理论背景

长期股权投资成本法、权益法的基本内容及其会计核算比较；企业长期股权投资会计处理方法的选择动因；会计政策变更的会计处理：长期股权投资的重分类等基本问题。

（二）制度背景

2014 年财政部先后修订了《企业会计准则第 2 号——长期股权投资》和《企业会计准则第 39 号——公允价值计量》等准则，长期股权投资的定义等发生重大变化。

（三）行业背景

1. 白色家电行业

2017 年上半年三大白电龙头收入表现均较为抢眼，剔除并表影响后，格力、美的及海尔上半年营业收入同比分别增长 40.67%、34.00% 及 22.80%，其中二季度分别同比增长 60.96%、36.93% 及 23.05%；同时，二线品种营收端也有不俗表现，小天鹅、海信科龙上半年收入均实现 30% 以上快速增长；考虑到后续家用空调景气有望延续，预计主要白电公司营收端仍将维持较好增长。除青岛海尔因并表 GEA 使得毛利率同比有所改善之外，其余主要白电企业毛利率均不及去年同期，且若剔除 GEA 并表影响，海尔原主业毛利率也有所下滑。

2. 银行业

银行是依法成立的经营货币信贷业务的金融机构，通过存款、放款、汇兑、储蓄等业务，承担信用中介任务的信用机构。银行是金融机构之一，银行按类型分为：中央银行，商业银行，投资银行，政策性银行，世界银行。其中，商业银行是一个以盈利为目的，以多种金融负债筹集资金，多种金融资产为经营对象，具有信用创造功能的金融机构。商业银行的主要业务范围包括吸收公众、企业及机构的存款、发放贷款、票据贴现及中间业务等。

三、教学组织方式

（一）问题清单及提问顺序、资料发放顺序

本案例讨论题目依次为：

（1）2014 年会计准则修订前后，长期股权投资的核算范围有何变化？

（2）长期股权投资会计核算的成本法及权益法的适用条件？

（3）2011—2014 年青岛海尔对青岛银行的长期股权投资采用成本法的核算是否合理？

（4）2014 年青岛海尔对青岛银行的可供出售金融资产的确认是否恰当？

（5）2014 年和 2016 年青岛海尔对青岛银行股权投资重分类是否恰当？

（6）2016 年青岛海尔对青岛银行的长期股权投资采用权益法的核算是否合理？

（7）成本法变更为公允价值计量以及公允价值计量变更为权益法分别对青岛海尔财务报表哪些项目和财务指标产生影响？

（二）课时分配

（1）课后自行阅读资料：约 2 小时；

（2）小组讨论并提交分析报告提纲：约 2 小时；

（3）课堂小组代表发言、进一步讨论：约 1 小时；

（4）课堂讨论总结：约 0.5 小时。

（三）讨论方式

本案例可以采用小组式进行讨论。

（四）课堂讨论总结

课堂讨论总结的关键是：归纳发言者的主要观点；重申其重点及亮点；提醒大家对焦点问题或有争议观点进行深入思考；建议大家对案例素材进行扩展研究和深入分析。

案例 6

砥砺前行，渐入佳境：K 公司股权激励方案设计及实施效果*

* 1. 本案例由广东工业大学管理学院的邓彦、邹文怡、何冠星等共同撰写，作者拥有著作权中的署名权、修改权、改编权。

2. 将本案例授权予广东工业大学产教融合 MPAcc 教学智库实验平台使用，广东工业大学产教融合 MPAcc 教学智库实验平台享有复制权、修改权、发表权、发行权、信息网络传播权、改编权、汇编权和翻译权。

3. 由于企业保密的要求，在本案例中对有关名称、数据等做了必要的掩饰性处理。

4. 本案例只供课堂讨论之用，并无意暗示或说明某种管理行为是否有效。

[案例封面]

专业领域：财务会计

适用课程：《财务会计理论与实务》

选用课程：《财务会计理论与实务》《公司治理》

编写目的：股权激励方案设计、股权激励的会计处理、实施效果的分析都是财务会计及公司治理课程中的重点内容。股权激励公允价值确认计量的准则，成本费用计提选择的科目，实施股权激励不同阶段的会计处理，股权激励对公司经营业绩的影响，与同行业的横向对比分析，这些问题放在公司中都是实际需要认识和解决的问题，是值得我们去探讨的。本案例以 K 公司实施股权激励方案的整个过程展现，通过教师的引导教学和学生的共同讨论，帮助学生理解和掌握股权激励的会计处理、实施效果的分析等相关知识点，提高学生的逻辑思维能力。

知 识 点：在新制度下探讨股权激励的业绩指标选择；股权激励的会计处理，产生的费用对公司经营业绩的影响；股权激励对实施效果的影响分析；与同行业其他公司的对比分析。

关 键 词：股权激励；会计处理；实施效果；对比分析

中文摘要：近几年来，我国对医疗体制的改革力度不断加大，同时又出台了医改方面的政策与法规，使得我国医疗市场愈加完善，医药行业迎来了新的发展契机，该行业越来越成为社会关注的焦点。在医疗体制改革大背景下，出于公司可持续发展的需要以及保护人才的目的，并且进一步提高公司的业绩，K 公司适时地推出了股权激励计划。然而，在大众的认知里，股权激励似乎只是为了留住人才。其实不然，股权激励对整个公司的影响都是显著的，其本身的方案设计，本身计提的成本费用，对公司的治理结构、财务战略，都会产生深远的影响。如何处理这些现存的问题，如何进行评价分析，正是 K 公司披荆斩棘、砥砺前行的最好证明。

[案例正文]

2017 年 10 月 30 日，S 城已经跨入夏季的尾巴，人人都在为闷热的夏季的离去而欢呼雀跃。此时此刻，财务总监黄敏的心情也是非常舒畅的。回想起四年前的这个时候，公司股权激励计划即将出台，那时的心情是又激动又忐忑，激动的是大家期待已久的股权激励方案终于快要尘埃落定，忐忑的是不知道公司业绩能不能达到解锁条件，还有自己也要面对每年的绩效考核。然而，经历了种种艰辛和考验，四年后 K 公司的各项指标充分证明了原来实施股权激励的正确性。陪伴公司成长的，不止有劳苦功高的高管们，还有新加入的新鲜血液——一群能干的核心人员。大家为公司的未来添砖加瓦，努力奋斗。

一、公司背景

（一）发展历程

20 世纪 70 年代末，伴随着改革开放的春风吹遍祖国大地，K 公司就在这个时候成立了。K 公司一直稳扎稳打，秉承着一切产品都是为了服务于人民的宗旨，做出了不俗的业绩。K 公司于 2009 年上市，公司围绕公司战略，坚持内生式增长与外延性拓展双轮驱动发展。内生式增长方面，公司积极深耕省内市场，努力拓展省外市场，促进公司业务的发展。外延性拓展方面，公司重点在于研发的投入和产业链的并购整合。公司通过并购整合，打造了从上游原料到制剂生产的产业链布局，也为公司发展增加了新的力量，公司的业务范畴不断地扩大，涉及药品的研发、生产、销售，药材种植，饮片加工，化学原料合成以及医药贸易等。

（二）研发、生产及营销

在研发方面，众生药业一直坚持在公司特色优势领域眼科、心脑血管、呼吸系统疾病、消化系统疾病、糖尿病、肿瘤及老年退行性病变的预防和治疗，公司建立了省中药制剂工程技术中心、省企业技术中心、博士后科研工作站等研发平台，努力研发高科技含量和自主知识产权的相应药品。在生产方面，通过对原辅材料的严格内控管理，以及贯穿供应商评估选择、原材料采购管理及整个生产过程的质量管理与控制体系的规范和领先的指纹图谱技术，为患者提供质量稳定、品质优异的药品。在营销方面，公司制定了“核心品种、专业队伍、优势领域、全国品牌”的营销战略，具备医药专业素质的人员，为患者、医生、商业合作伙伴提供专业化的服务，并通过形式多样的 OTC 推广活动，塑造了优质、健康的品牌形象。

（三）前景预测

由于公司近五年的市场表现一直非常优秀，各大机构预测公司 2017—2019 年的收入增速分别为 14%、15%、14%，净利润增速分别为 17%、15%、16%，成长性突出。公司还会保持这样良好的增长率，这和公司的并购整合、股权激励等措施都有莫大的关系。

（四）实施动机

1. 行业发展的现状严峻

中国医药企业正面临着市场和产业环境的深刻变革。尤其近几年来，我国对医疗体制的改革力度不断加大，同时又出台了医改方面的政策与法规，医药行业越来越成为社会关注的焦点，带来的影响就是，今后我们国家势必会加大对医疗行业的扶持与投入。随着我国医药行业的正规化，其在发展过程中也遇到一些问题和挑战，由于产能过剩、闲置，行业集中度低，研发投入不够等原因很大程度上制约了我国医药行业的成长，导致我国医药行业很难形成规模效应，在很大程度上束缚了我国医药行业国际社会中竞争力的提高。自2007 年起，由于挂网招标可以控制药品价格，所以成为药品集中招标的重要方式。招标方式的改变使得药品价格总体下降。而在 2009 年，医疗改革又加大了力度，新医改方案在 2010 年正式执行。在 2010 年医疗改革重点中包括促进国家基本药物制度实行，这个制度的实施使基本药物销售价格平均下降 30% 左右。但对于医药制造企业在国家医改的环境下却需面对药品降价的现状，而众所周知，药品的研发和适用周期长，投入成本高，这对医药制造企业自身研发的成本效益性提出了挑战。同时，药品的降价也加剧了医药制药企业之间的竞争。在整个药品降价的趋势下，其产品未来可能存在降价的风险，而激烈的市场竞争可能使得公司产品毛利率下降。

2. 公司可持续发展的需要

从医药行业的发展趋势来看，K 公司在众多领域具有行业领先地位，尤其技术药品的研发和核心技术能力的构建上更是具有行业领先实力，是制药最具有实力的高科技企业之一。基于目前所处的竞争环境，K 公司可以通过实施股权激励快速地提升自身产品的竞争力，从而占据市场份额。为了更好地建立健全公司激励制约机制，进一步完善公司治理结构，保证股权激励方案的顺利实施，更好地发挥股权激励的实施效果，从而确保公司长远可持续发展战略的实现，股权激励方案的实施势在必行。

3. 出于保护人才的目的

K 公司作为制药高科技企业，人才是公司得以存续的根本，是企业最有价值的无形资产。一个企业能否不断地创新与发展，研发人员起到关键的作用。可以说，核心技术人员掌握着 K 公司的命脉。对于任何一家高科技企业，核心技术人员都有较高的流动性，出于这个原因，K 公司必须重视人才队伍的建设，减少或者防止科研人员的流失。而股权激励就能起到防止人才流失的效果，股权激励作为对员工的一种奖励，能充分地激发研发人员的工作热情，使其更愿意将自己与公司的命运联系到一起，为公司创造出更多的价值，有效地避免了人才高流动性的问题。

4. 建设更加完善的薪酬激励制度的需要

目前，对于绝大多数公司，工资和奖金长期以来都是企业一贯使用的薪酬分配标准。在这种体系下，员工很难获得额外收益，所谓的“多劳多得”也无法顺利实现，即贡献值的大小并不能从根本上增加员工的薪酬，虽然公司也有相应的奖金与福利，但它的奖励比例和数额都有限，并不完全跟员工的贡献值呈正比例关系，这样就会导致员工出现懈怠情绪，给企业经营造成不利影响。K 公司作为制药高科技公司，由于其行业的特殊性，公司主要由技术、研发人员构成。同其他高科技企业类似，盈利能力都很可观，每个人为企业创造的价值都很难衡量，如果再使用传统的薪酬体系对员工进行分配就会造成人才的流失了。因此，为了不使企业价值受损，有必要使用一种新的薪酬激励制度克服以往工资分配机制的缺陷。而股权激励恰恰能起到这个作用，它不仅克服了以往薪酬体系的缺陷，还能够调动员工的工作积极性。

在诸多前提条件下，K 公司必须直面挑战，勇于创新，而经过实践证明，股权激励就是一个有效的手段，可以帮助 K 公司去实现目标。

二、案例概况

（一）运筹帷幄

1. 深思远虑

2010 年的某一天，本来是看似平凡的一天，但是一个新颖的想法在董事长林强脑海里应运而生。其实他思考这件事已不是一天两天了，从 K 公司 2009 年上市开始，他便开始酝酿着这一步。这一步，是为了实现公司长远战略目标最基础的一步。

想到这里，董事长林强不再犹豫，对前来与自己商谈公司发展规划的副董事长马成开口说道："老马，还记得我之前跟你提起的股权激励计划吗？现在资本市场发展越来越快，很多公司都陆陆续续推出了股权激励计划，我们也得跟上步伐才行啊！"

副董事长马成愣了一下，依稀想起了些什么，忙摆摆手说道："这个我并不是特别赞同。你也知道我这人比较传统，我觉得企业稳扎稳打没什么不好，至于你说的激励员工那一套，我们平时给他们的工资待遇和福利也不薄啊。再说了，现在的高管们都是和我们一起打江山的，他们的努力和能力有目共睹。所以你兜圈子办这事，还是涉及股价波动的风险，我怎么看都不太行啊。"

"我知道你的顾虑了，下次股东大会我会给你个满意的答复，也顺便把这事提上议程，看看大家的意见，怎么样？"董事长林强是个行动派，想用实际情况来一举打开大股东马成这个突破口。

副董事长马成想了想，说道："那行，那先解决这两个问题吧。一是，你打算采取哪种形式的股权激励？怎么能确保是最适合我们公司的呢？二是，这个比例应该怎么把握？会影响到我们股东的利益吗？"

董事长林强让董秘陈云把问题都记下来，向副董事长马成承诺一定会给他一个满意的答复。副董事长马成才放心地回去了。

2. 静候东风

过了一个月，股东大会如期召开，会议按部就班开始了。

董事长林强按下内心的激动，清清嗓子："接下来这件事，是公司的发展大计，也跟大家的切身利益相关，就是股权激励计划。大家都知道，从 2005 年推出了上市公司股权激励管理试行办法开始，很多公司都陆续采取了这种计划。我提议我们公司采用限制性股票激励，这种激励方式能起到激励和约束双管齐下的效果，只有企业和个人完成约定的目标之后，授予的股票才能够解锁，比起股票期权来说更适合我们。"

小股东于深疑惑地问道："可是股票期权不是现今最多上市公司采取的模式吗？这两

者为什么是限制性股票更加适合我们公司呢?"

董事长林强不紧不慢地说道："因为我们公司不是创业型公司，我们公司处于成熟期，股价上涨空间不大，采取限定性股票是为了把中坚力量留住。一般而言，对于高层管理者来说限制性股票更能激励员工，对于底层工作者股票更能激励员工。所以，两者相比，限制性股票更加适合我们公司。"

股东们纷纷点头，表示认可了董事长林强的说法。

董事长林强继续说道："还有一个大家比较关心的问题就是，这个股票来源于哪里。其实你们不用担心，从去年开始就不允许由公司回购股票或者大股东直接授予了，现在只有一种形式就是定向发行。至于授予比例，虽然现在不能给大家比较确定的比例，但是我敢打包票，绝对不会动摇各位的地位的。"

副董事长马成带头打起了哈哈："别打包票啊，好歹说说具体情况吧。"

为了给大家吃颗定心丸，董事长林强决定拿数据说话："从2006年开始实施限制性股票激励的公司当中，我查到3%以上的大约占50%，90%都不超过5%。结合制度规定不能超过10%，你们是绝对不用担心的。每个人实际能分到的不会超过1%，也就是说，不会超过你们在座的任何一个人的持股比例。这个比例我们要再仔细斟酌，因为多了会引起两权相争，少了会起不到激励的效果。"

副董事长马成马上带头肯定了董事长林强的说法："照这样看来，实施这个计划是有百利而无一害的，看来是势在必行了。"

"现在时机还不太成熟，具体细节我们下次会议再商议吧，散会。"随着董事长林强的话音落下，股东大会在一片和谐友好的气氛中圆满结束。

（二）大展宏图

1. *磨砺以须*

时间不等人，一眨眼就到了2013年。在多次开会讨论之后，大家对于股权激励也慢慢开始了解并接受了。这一日，董事长林强叫来了副总经理陈云，财务总监黄敏，销售总监刘欣一起开会讨论股权激励的相关事项。

人到齐之后，董事长林强笑着开口："公司推出的股权激励主要是针对高管和核心人员的，而你们三位又是排前的大功臣。计划如果能实行的话你们也是小股东了。所以我现在想跟你们提前讨论下次开会的内容。"

"好的，没问题。"三人信心满满，异口同声。

"解锁条件包括公司业绩指标和个人考核。这两块你们是怎么看的?"董事长林强问道。

副总经理陈云想了想，回答道："关于公司业绩指标，管理办法规定原则上采取每股收益、加权净资产收益率和净利润增长率等，鼓励使用市值指标和行业比较指标。我建议采用加权净资产收益率和净利润增长率。而个人考核指标的话最好根据人员工作性质的不同来制定不同的考核指标。"

财务总监黄敏附和道："她说的没错，比如财务部门就是常规的工作，与销售不同，所以常规的绩效考核最适合我们。"

"我觉得销售部门应该加入销售额、应收账款、销售费用的指标，这三项指标与我们的工作息息相关，能充分反映我们所做的业绩。”销售总监刘欣沉着地说道。

“你们说得非常好，在这里我也感谢诸位的理解与支持。这几天你们先收集资料，主要从人、量、价着手拟定章程。各位副总请甄选一下各自分管部门的核心技术、经营人员，回头提交一份拟激励名单。我们还要制定相关激励考核标准，用来对激励对象考评，只有考评合格后才能获得授予股权激励的资格条件。这个要公示出来，让全体员工都知道，做到公正、公开。过几天我们再开会继续讨论。”董事长林强说道。

2. 三管齐下

过了几天，在董事长林强的牵头下，公司高管就股权激励展开了一次头脑风暴。

“关于股权激励的名单、授予的数量比例以及拟定的价格，我想听听你们的意见。希望大家畅所欲言，不要有所顾忌。”董事长林强开会第一句就这样强调。

得了董事长林强的这句话。大家纷纷开始表达自己的想法。

副总经理陈云定定神，开口说道：“关于股权激励的名单，我建议是拟定所有的高管人员、核心业务人员和核心技术人员。名单都在这里，请您过目。”

董事长林强接过名单仔细研究了一番，提出了一个疑问：“我看核心人员好像大部分都是销售部门的，这样分配会不会不太合适？容易让别人觉得我们的方针政策是主抓营销？”

副总经理陈云笑着回答说：“我们的中层销售人员确实占比最大，而且销售业绩直接就影响了公司的利润，这个影响也十分巨大，所以公司注重营销也不无道理。而且销售部门核心人员的绩效考核办法，也与其他核心人员不同，我们主要以销售额、应收账款、费用这三项指标去考核，必须全部达标才能通过考核达到解锁股票的要求。而其他管理人员只要通过日常的工作考核就可以了。据我所知，公司针对研发方面的经费每年都在上涨，所以说主抓营销的说法是不对的。”

董事长林强肯定了她的说法，转向财务总监黄敏说道：“那授予价格呢，你怎么看？”

财务总监黄敏呈上资料：“我们可以选择前20个交易日、前50个交易日或是前70个交易日的均价的50%。我建议选择前20个交易日均价的50%，因为我们公司股价比较稳定，没有大起大落，所以没必要选择太长的时间，而且大部分公司选择的都是前20个交易日均价的50%。”

销售总监刘欣挠挠头，抛出了一个现实的问题：“如果出现行业性风险或市场性风险导致股票价格下跌，个人利益反而会受损，相当于员工与公司共同承担风险。这个出现的可能性大吗？”

财务总监黄敏笑着说道：“一般情况下是肯定不会的。你去看看我们行业的发展态势和了解一下市场行情就知道，短期来看出现这种情况是微乎其微的。”

听了这话，大家不由都放下了心来。

没过多久，K公司的股权激励计划就红红火火地启动了。

（三）集思广益

2017年中旬，距离股权激励方案公布已经过去了三年，大部分人都通过了考核，达到了限制性股票的解锁条件。

这时，董事长林强叫来了财务总监黄敏，斟酌着说道：“过去三年，公司的业绩离不开你们的功劳。现在限制性股票已经全部解锁，需要你去做个实施效果总结。对了，财务部不是进来了几个实习生吗，顺便也把实施效果总结当作考核吧。新的员工持股计划也快提上议程了，这些汇报对我们来说非常重要。”

财务总监黄敏说：“您放心，我马上去做。”

1. 研精毕智

财务总监黄敏回到财务部，召集了四位实习生来开会。

“对于你们而言，这次考核非常重要，决定了你们最终的去留。考核分为三轮。第一轮就是考核你们的基本功。关于股权激励的会计处理应该怎么做？你们来说说看吧。”财务总监抛出了一个重磅炸弹。

四位实习生心里激荡不已，没想到这么快就要面临残酷的考核了。但是既然已经开始，就没有退缩的道理。

实习生欢欢开口说道：“这个我们课上有学过，是属于股份支付的会计处理。要分为几个阶段去进行会计处理，分别是授予日、等待期、可行权日和解锁期。”

“而我们公司采取的是限制性股票激励，在授予日上的会计处理又与其他股份支付的处理不同，我们在授予日是不应进行会计处理的。”实习生乐乐急着补充。

财务总监黄敏点点头：“已经有一个基础的概念了，你们两位呢？”她转向实习生团团和实习生圆圆问道。

实习生团团沉着地开口：“还有需要注意的是可行权日之后是不需要做会计处理的，因为还没有到解锁期。”

实习生圆圆说道：“解锁期要分两种情况进行会计处理，一种是对未达到限制性股票解锁条件而需回购的股票，另一种是对达到限制性股票解锁条件而无需回购的股票。”

“看来大家基本功都挺扎实的，那接下来你们回去准备准备，明天对你们进行第二轮考核。”财务总监黄敏说道。

2. 条分缕析

第二天，财务总监黄敏再次通知四位实习生欢欢、乐乐、团团、圆圆，让他们去分析K公司实施股权激励后的效果，并说出分析思路。

经过了一阵思考，四个人都有了答案。

实习生欢欢回答道：“我们公司在实施股权激励之后确实取得了不错的成绩，从经营业绩的角度看，加权净资产收益率、净利润和营业收入连续三年都保持着稳定的增长态势。在我看来，可以通过四个方面来评价财务绩效，分别是偿债能力、盈利能力、营运能力和发展能力。这四种能力能够综合地反映企业财务状况，全面地评价实施效果。”

实习生乐乐接着补充：“我觉得还可以通过计算经济增加值来评价。经济增加值是企业税后的经营收益减去所有要素成本剩余的价值。它可以评价一个企业一段时期的净利润是否可以完全弥补已经投入进去的资本成本，是否真正创造出了利润。因为它考虑了企业的全部资本成本，计算了经济利润，能够真实客观地反映企业的财务绩效，促进企业树立正确的成本观念。此外，以经济增加值为指标，对企业所有部门进行的财务绩效评价，能够更好地协调各个部门的行动。”

实习生团团说道：“我还有一个不成熟的想法，就是采用杜邦分析法来分析。杜邦分析法主体是企业的主要财务指标，利用它们之间的内在联系来评价企业财务状况和经济效益的方法，并以此做出综合系统分析。杜邦分析法主要是对净资产收益率的分解，刚好与公司业绩条件当中的指标相关联，通过对这个指标抽丝剥茧深入分析，一定能得到比较准确的答案。”

实习生圆圆说道：“传统的杜邦分析法仅仅是对一年的数据进行比对，显得过于注重短期财务数据的表现。所以我们就结合了长期的财务指标来进行综合判断。可以在现有指标的基础上加上关于现金流量表的指标，通过分析经营活动产生的现金净流量来评估公司经营活动的财务状况。以及每股收益的变动，也是投资者关注的效果。通过这一系列的分析，我们就可以找出关键点和着眼点，进行深入的研究。”

财务总监黄敏听完四位实习生的回答，思考了一会说道：“首先说计算经济增加值，由于国内市场并没有形成正常的价格决定机制，所以它只适合高效率的资本市场环境。而且它计算过程复杂，股本资本成本较难确定，计算结果缺乏准确性和精确度，这更可能导致企业盲目追求单一指标的快速增长而忽略企业的其他方面优势。所以得出的经济增加值并不是特别准确。而从四种能力去分析的话，会由于太过于全面而不能反映实施效果在哪方面最为突出。”

实习生欢欢和乐乐都露出了懊丧不已的表情。

然后实习生团团开心地说：“那您觉得，我们接下来应该开始做详细的分析了对吗?”

“对，只有经过系统的分析才能得出精确的结论，圆圆你怎么看?”财务总监黄敏点点头说道。

迎着大家期盼的目光，实习生圆圆不疾不徐地开口说道：“公司 2014 年、2015 年、2016 年净资产收益率分别是 12. 15%、14. 40%、12. 21%。乍看 2014 年和 2016 年好像数值一样，其实情况完全不同。2014 年和 2016 年的权益乘数比较接近，分别是 20. 22、23. 01。差异比较大的是总资产周转率和销售净利率。2014 年和 2016 年的总资产周转率分别是 0. 61、0. 45。差异率达到 22%。而 2014 年和 2016 年的销售净利率分别是 16. 51% 和 24. 84%，差异率高达 50%。而销售净利率的提高伴随着总资产周转率的下降，代表公司的一个经营模式的转变，2014 年还是靠着提高销售速度，提升效益取胜，2016 年就转换为提升高毛利而贡献的净资产收益率，此类经营模式最优，也最受投资者青睐。2015 年处于过渡期，是一个厚积薄发的过程，所以权益乘数有所偏高。再进一步分解呢，影响销售净利率的主要是净利润，那让我们把净利润进行进一步的拆分，看到主要影响净利润的还是营业收入的上涨，成本费用当中财务费用上升很多，这些都是问题点所在。总监您觉得怎么样呢?”

财务总监黄敏欣慰地笑了：“很高兴可以看到你们的成长和进步。说实话，我们平时都是在做基础的核算与管理，而管理也只是普通的监督，并没有像这种细致的分析。通过你们的努力，我看到了我们公司的进步和不足，以后就会有针对性地去开展我的工作了。”

3. 对比出真知

终于进入到紧张激烈的第三轮考核了。四位实习生都摩拳擦掌，跃跃欲试。见此情景，财务总监黄敏微笑着说道：“最后一轮考核呢，也比较简单，就是我问一个问题，你们自由表达个人意见就好。”大家点点头。

“关于如何去对公司进行经营业绩的纵向分析我们已经有一个大概的方向了，那么从更加全面的角度来说，横向分析呢？我们应该怎么做比较合适？”财务总监黄敏接着犀利地发问。

大家静静思索了一阵。

实习生欢欢带头鼓起勇气说道：“我觉得比较公平客观的方法就是采用各项财务指标的医药行业平均值去与我们公司的财务指标进行对比分析。例如净资产收益率、总资产周转率、销售净利率、权益乘数等。”

实习生乐乐说道：“不对，不能每个财务指标都去分析，太没有针对性了，应该选取差异大、影响最终指标的关键指标去分析。比如权益乘数这个指标大家差异就不大，无论纵向横向的比较都完全可以忽略掉。”

实习生圆圆说道：“还有，我觉得采用行业均值去分析也不是完全的客观公正，大部分医药公司的财务指标其实都在行业均值之下，我觉得还是采取行业中位值会好一些。”

听着实习生们激烈而又认真的讨论，财务总监黄敏在心中感叹着后生可畏，清清嗓子说道：“那两种对比的结果就留给你们回去再研究吧。本次考核到此结束。等出了结果会通知大家的。”

4. *求贤若渴*

财务总监黄敏怀着极其复杂的心情，拿着实施效果总结考核的结果叩响了董事长林强的门。“请进。”董事长林强醇厚的嗓音响起。

望着董事长林强期待的样子，财务总监黄敏开始了她的汇报：“我对四位实习生进行了三轮考核，分别是股权激励的会计处理、股权激励实施前后财务绩效的变化以及与同行业其他公司的财务业绩指标的对比。得出来的结论是，我们公司实施的股权激励计划达到了预期的效果，我们设定的公司业绩条件和个人业绩条件都圆满达成了。四位实习生的表现都非常好，出于综合性的考虑，我希望能把他们都留下来。”

董事长林强静静思索了一阵，很是纠结。一方面，他是倡导节约成本的，另一方面，他又十分爱惜人才，求贤若渴。两相权衡之下，他终于下了决定：“公司未来的发展离不开人才，尤其是这样聪敏好学、善于探索的人才。他们都应该被留下！你带她们去办理入职手续吧。”

听了董事长林强的话，财务总监黄敏心中泛起了感动与温暖。

（四）尾声

到了公布结果的时候，大家都跌破了眼镜。结果大大出乎众人的意料，四位实习生都留下来了。

对上大家疑惑不解的眼神，财务总监黄敏解释道：“你们的努力有目共睹，所以我是充分认可你们的成果的。为了不错过每一个人才，公司决定把你们四位全都破格留下！以后大家一起努力吧！”

四位实习生感动不已，在心中更加坚定了要在公司努力工作，发挥所长的信念。

财务总监黄敏在心里默默感叹，年轻人啊，就是有冲劲，还不乏细致和耐心，公司有这样的人才，真是公司的福气啊。回想起公司的股权激励方案，她更是感慨，公司不仅实施了限制性股票股权激励计划，还计划实施员工持股计划，对大家又是新一轮的福利，还能普及到普通中层员工。这种以人为本、激励创新的精神真是太棒了！

三、公司资料

（一）公司组织结构图（图6-1）

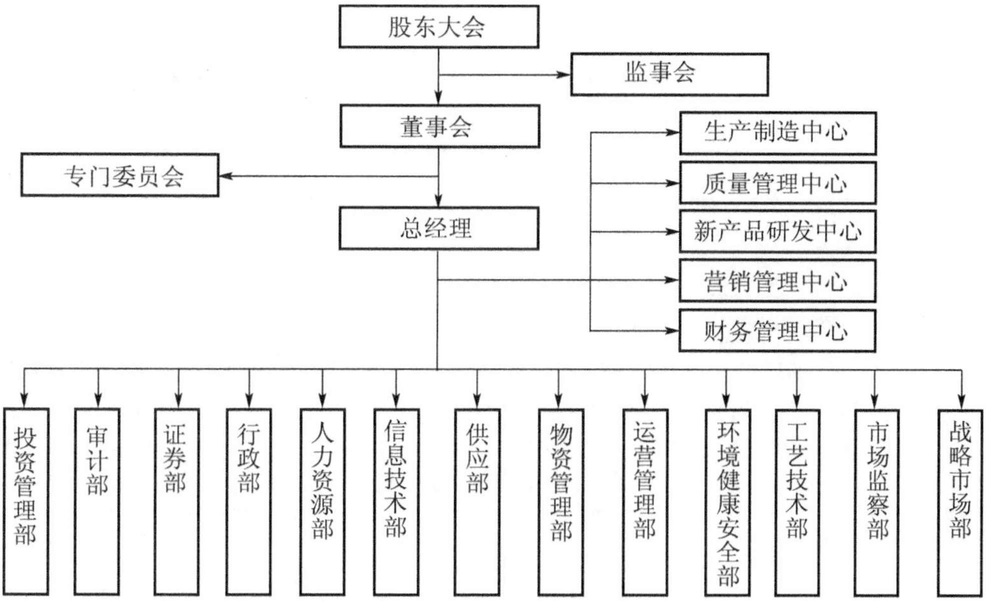

图6-1　K公司组织结构图

数据来源：公开资料。

（二）公司股权结构图（图6-2）

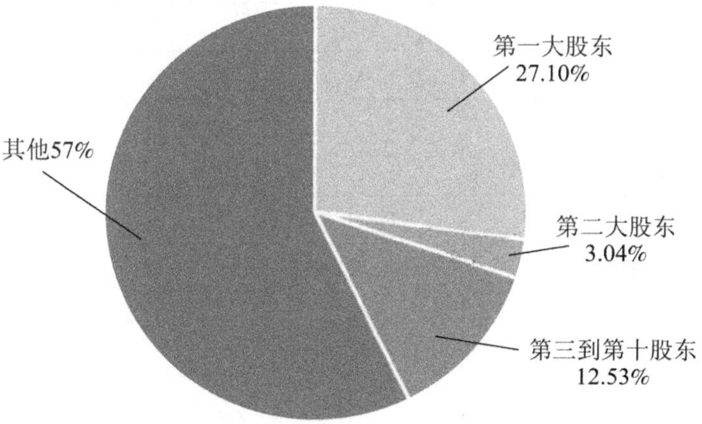

图6-2　K公司股权结构图

数据来源：公开资料整理。

（三）股权激励方案（表6－1）

表6－1　K公司股权激励方案

项　目	内　容
激励对象	127人
激励额度	950万股，占总股本的2.64%，高管共占授予限制性股票的46.32%，核心人员共占45.47%，预留部分占8.21%
股票来源	定向发行
授予价格	10.76元/股
禁售期	1年
解锁期	分3年按30%、30%、40%解锁
业绩条件	以2013年归属于上市公司股东的扣除非经常性损益的净利润作为固定计算基数，2014年、2015年、2016年归属于上市公司股东的扣除非经常性损益的净利润增长率分别达到或超过18.00%、40.00%、70.00%；2014年、2015年、2016年公司扣除非经常性损益的加权平均净资产收益率分别不低于11.50%、12.00%、12.50%

数据来源：公开资料整理。

（四）股权激励名单（表6－2）

表6－2　K公司股权激励名单

序号	职　位	拟分配的数量（万股）	占本次授予的限制性股票总额的比例（%）	占股本总额的比例（%）
1	董事、总经理	100.00	10.53	0.28
2	董事、常务副总经理	50.00	5.26	0.14
3	董事、副总经理、董事会秘书	80.00	8.42	0.22
4	副总经理	50.00	5.26	0.14
5	副总经理、财务总监	80.00	8.42	0.22
6	副总经理	80.00	8.42	0.22
7	其他关键管理人员、核心技术（业务）人员等（121人）	432.00	45.47	1.20
8	预留限制性股票	78.00	8.21	0.22
合计	950.00	100.00	2.64	

数据来源：公开资料整理。

（五）财务指标变化（图6－3～图6－6）

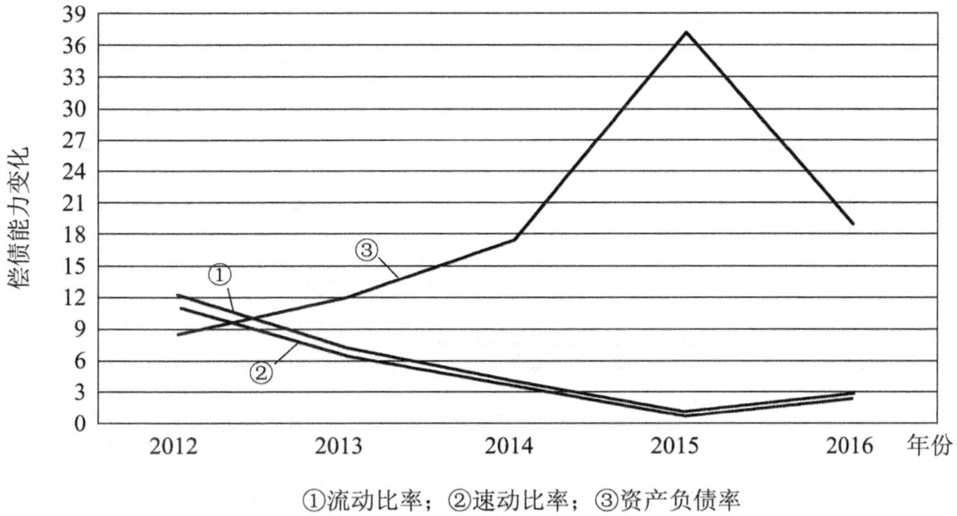

图6－3　K公司2012—2016年偿债能力变化图

数据来源：公开资料整理。

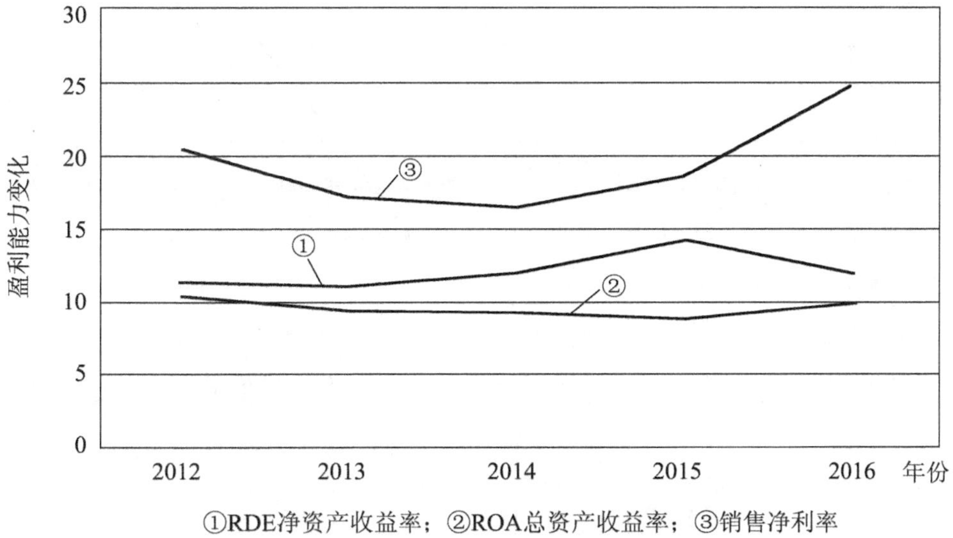

图6－4　K公司2012—2016年盈利能力变化图

数据来源：公开资料整理。

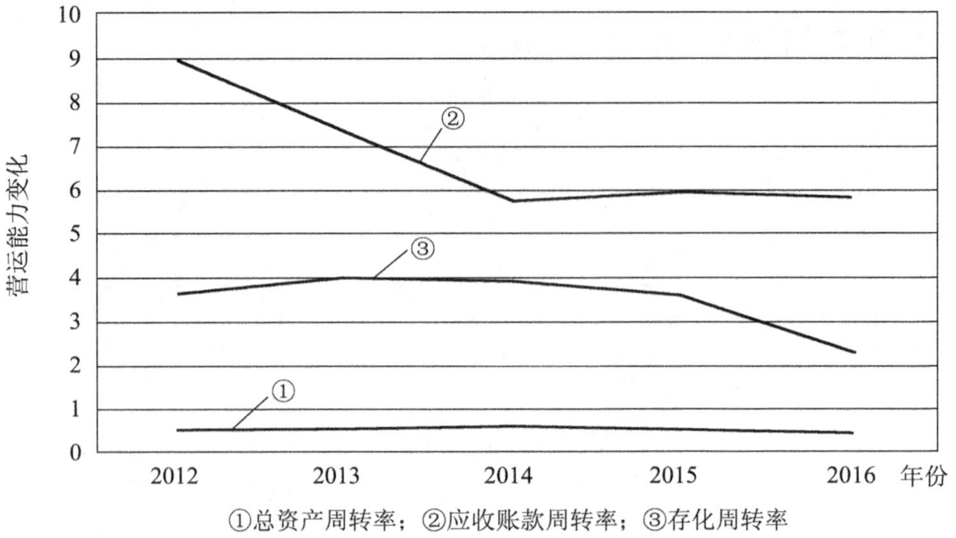

图 6-5　K 公司 2012—2016 年营运能力变化图

数据来源：公开资料整理。

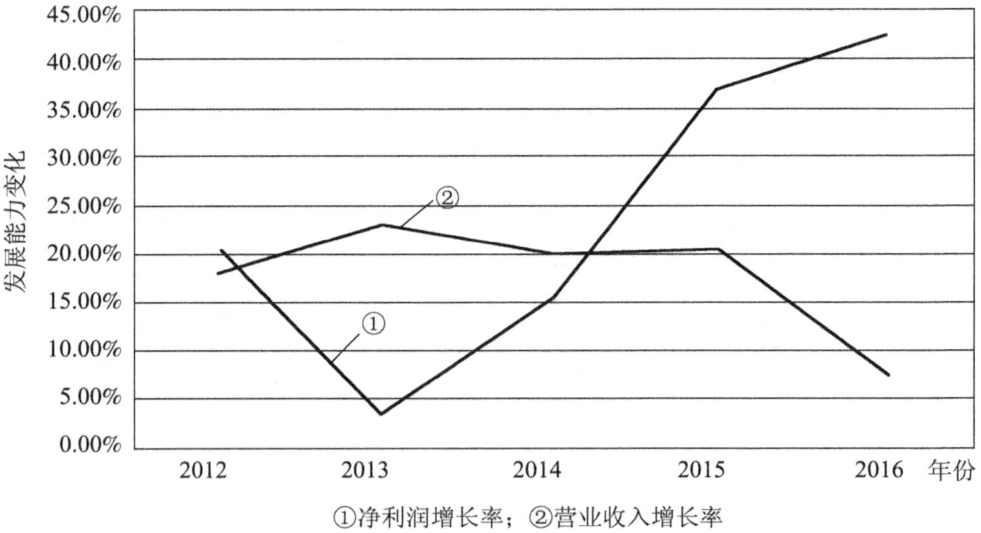

图 6-6　K 公司 2012—2016 年发展能力变化图

数据来源：公开资料整理。

（六）K公司杜邦分析（图6－7～图6－9）

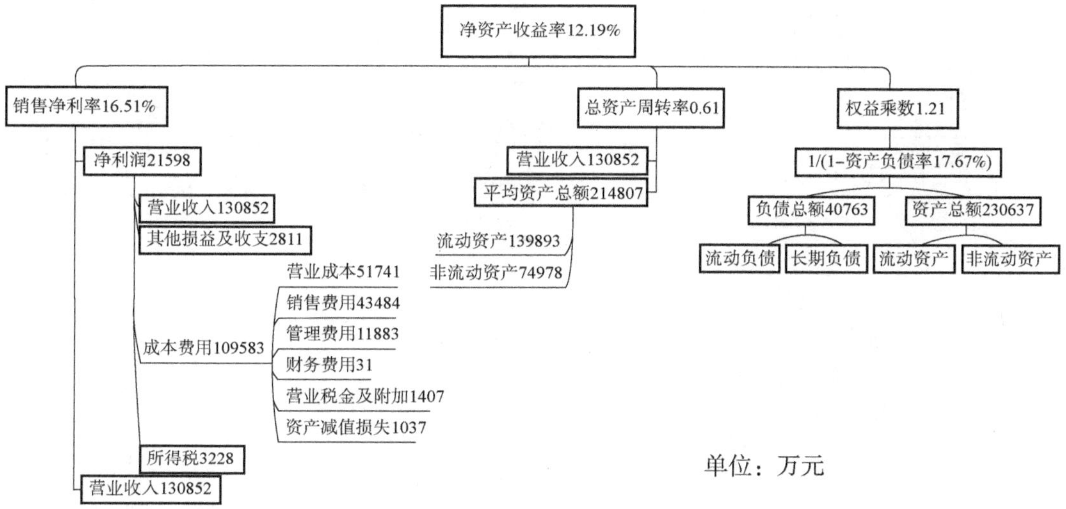

图6－7　2014年K公司杜邦分析

数据来源：公开资料整理。

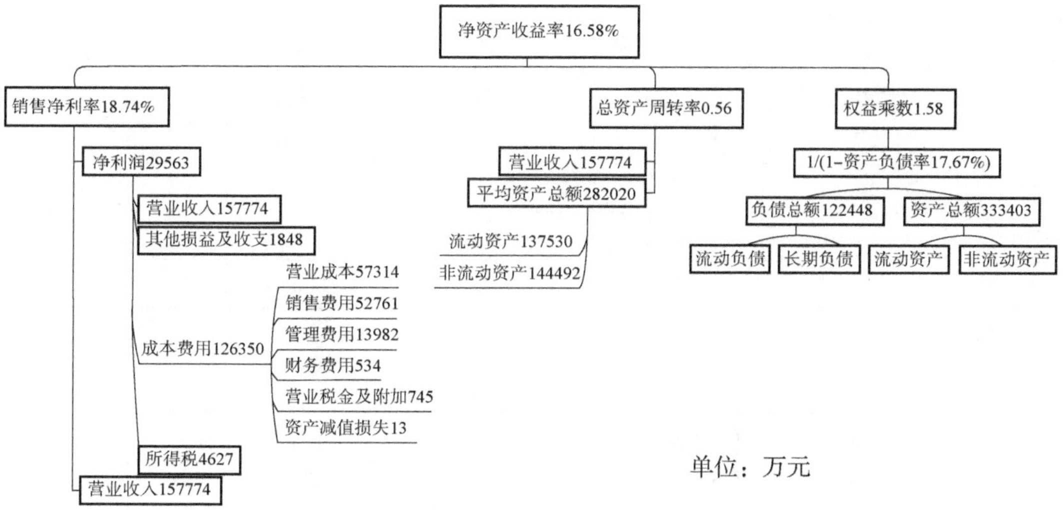

图6－8　2015年杜邦分析

数据来源：公开资料整理。

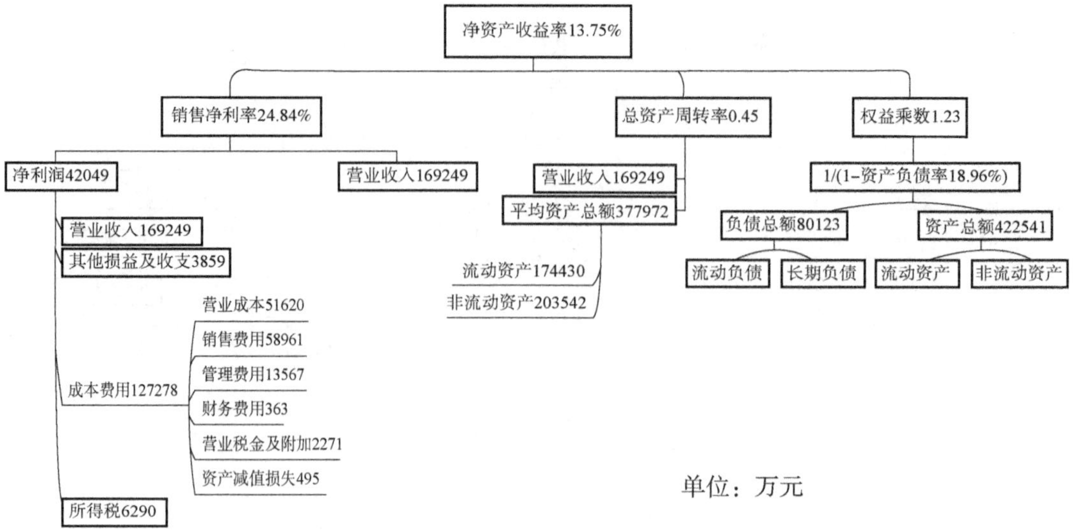

图 6－9　2016 年杜邦分析

数据来源：公开资料整理。

（七）对比分析数据（表 6－3 ～ 表 6－8）

表 6－3　行业均值

年份	加权净资产收益率（%）	销售净利率（%）	总资产周转率（%）	净利润（万元）	营业收入（万元）
2014	13. 12	12	69	28 987	241 522
2015	14. 61	16. 23	58	36 201	283 652
2016	15. 88	17. 55	72	44 523	332 464

数据来源：公开资料整理。

表 6－4　行业中位值

年份	加权净资产收益率（%）	销售净利率（%）	总资产周转率（%）	净利润（万元）	营业收入（万元）
2014	11. 95	12. 70	58	14 026	124 349
2015	13. 66	14. 98	45	20 356	195 234
2016	14. 56	15. 87	61	34 288	238 899

数据来源：公开资料整理。

表6-5　K公司杜邦分析数据

年份	加权净资产收益率（%）	销售净利率（%）	总资产周转率（%）	权益乘数	净利润（万元）	营业收入（万元）	成本费用（万元）
2014	12.81	16.51	0.61	1.22	22 456	130 852	109 583
2015	15.13	18.74	0.56	1.58	29 471	157 774	126 350
2016	16.20	24.84	0.45	1.23	41 436	169 249	127 277

数据来源：公开资料整理。

表6-6　丽珠集团杜邦分析数据

年份	加权净资产收益率（%）	销售净利率（%）	总资产周转率（%）	权益乘数	净利润（万元）	营业收入（万元）	成本费用（万元）
2014	14.66	16.50	0.80	1.11	51 598	554 423	496 300
2015	15.51	9.96	0.86	1.91	62 264	662 052	593 431
2016	15.48	10.81	0.82	1.75	78 435	765 178	677 571

数据来源：公开资料整理。

表6-7　利德曼杜邦分析数据

年份	加权净资产收益率（%）	销售净利率（%）	总资产周转率（%）	权益乘数	净利润（万元）	营业收入（万元）	成本费用（万元）
2014	13.3	23.89	0.38	1.47	12 828	53 697	37 523
2015	13.25	23.06	0.42	1.37	15 722	68 168	48 313
2016	5.73	13.06	0.32	1.37	6 965	53 339	43 776

数据来源：公开资料整理。

表6-8　天坛生物杜邦分析数据

年份	加权净资产收益率（%）	销售净利率（%）	总资产周转率（%）	权益乘数	净利润（万元）	营业收入（万元）	成本费用（万元）
2014	6.61	7.03	0.31	2.71	12 839	182 655	154 339
2015	0.51	0.62	0.28	2.51	997	161 800	143 621
2016	11.93	12.49	0.37	2.37	26 178	209 573	173 962

数据来源：公开资料整理。

四、参考资料

［1］沈春晖．华仁药业股权激励案例研究［D］．深圳：深圳大学，2017。

［2］蔡云龙．安科生物股权激励方案实施效果研究［D］．长春：吉林财经大学，2017。

［3］孟洁．海康威视股权激励方案设计及实施效果研究［D］．上海：华东理工大学，2016。

五、讨论问题

1. K 公司选择何种形式的股权激励？授予比例是否会影响股东权益？

2. 解锁条件如何设置？K 公司的完成情况如何？

3. 股权激励计划的激励对象是如何选择的？选择的依据是什么？

4. 授予价格是如何确定的？回购价格如何确定？

5. 股权激励计划相关的会计处理如何做？每期费用如何摊销？对净利润有何影响？

6. 股权激励计划对经营业绩产生了怎样的效果？通过传统杜邦分析和改进后的杜邦分析去分析会得出怎样的结论？

7. 与行业指标对比，与实施股权激励的公司对比，以及与未实施股权激励的公司对比，得出了怎样的分析结果？有何用意？

[案例说明书]

一、案例需要解决的关键问题

本案例要实现的教学目标：本案例以股权激励前后的一个变化为引入点，通过教师和学生的集体探讨达到以下教学目的：了解目前上市公司实施股权激励的情况，了解证监会2016年度对股权激励信息披露的相关准则规定，理解股权激励的会计处理，尤其是股权激励对净利润的影响，理解股权激励对上市公司的各方面指标的影响，尤其是经营业绩的影响，理解横向对比分析。

案例分析思路如图6－10所示。

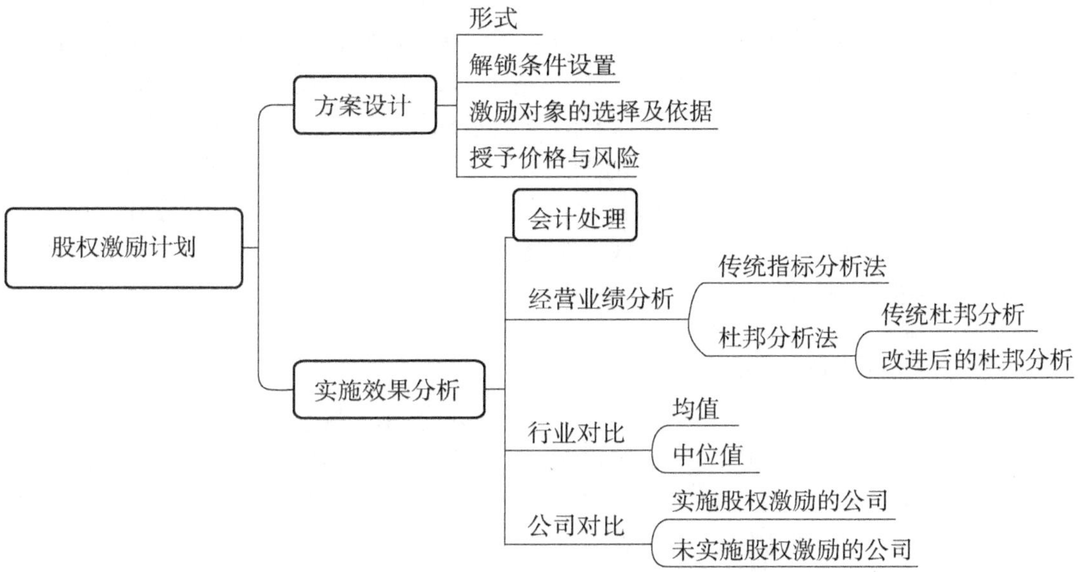

数据来源：公开资料整理。

图6－10　案例分析思路

首先，了解公司实施股权激励计划的目的和形式，对股权激励计划有一个基本的认知，对于公司为何选择的是限制性股票而不是股票期权有一个初步的了解。然后到激励对象的一个选择和确定，对于授予激励对象的价格是否遵循相关制度准则？股权激励的会计处理，相关费用是如何摊销的？再深入到股权激励计划的实施效果分析，通过传统杜邦分析法和改进后的杜邦分析法，更深入地在杜邦分析法中挖掘哪个指标更加适合评价财务绩效。最后进行行业的对比和公司的对比，肯定股权激励计划的正面影响，同时对于公司的一个整体业绩层面的进步给予肯定。

二、案例讨论的准备工作

（一）理论背景

股权激励方案设计。具体包括五个至关重要的要素，分别是激励对象、授予数量、行权（授予）价格、激励期限和业绩条件。目前实践中企业股权激励的对象是企业的高层管理人员和核心技术（业务）人员，他们都是公司的关键人员。企业授予股权激励数量应该考虑两个问题：一是授予数量占公司总股本比例的适当性。即上市公司所涉及的标的股票总数累计不得超过公司股本总额的10%，在这个比例之内是较为恰当的。二是各个激励对象占据总股本份额分配的合理性。在充分考虑激励对象个人能力和做出贡献的基础上，任何一名激励对象获授的本公司股票累计不得超过公司股本总额的1%。企业在设定行权价格时，应当在综合自身企业情况并遵守相应政策规定的基础上科学合理地设定并不得低于以下两者之间较高者：股权激励计划草案摘要公布前一个交易日的公司标的股票收盘价、股权激励计划草案摘要公布前30个交易日内的公司标的股票平均收盘价。企业应该根据自己需要、风险偏好、公司发展阶段化及激励对象个人要求等科学合理地设计出股权激励的有效期限。企业设定的行权条件中应该包含财务指标和非财务指标，财务指标包含反映股东回报和公司价值创造等综合性指标，如净资产收益率、经济增加值、每股收益等；反映公司盈利能力及市场价值等成长性指标，如净利润增长率、主营业务收入增长率、公司总市值增长率等；反映企业收益质量的指标，如主营业务利润占利润总额比重、现金营运指数等。上述各类业绩考核指标原则上至少各选一个。同时，在设定业绩条件时，可结合企业自身情况，加入适当的非财务指标，使股权激励能够更好地促进企业发展。

股权激励的实施效果分析。实施效果主要体现在营业收入的增长，结合与营业收入相关的财务指标进行综合分析。

（二）案例企业背景

K公司始建于1979年，注册资本为81 446.1076万元，目前拥有子公司七家。K公司发展了三十多年，不管是艰难起步的创业阶段，还是快速成长与发展的阶段，在各级政府、社会各界的支持下，公司业务快速发展，综合实力不断提升，被评定为国家火炬计划重点高新技术企业，中国制药工业百强，AAA+级中国质量信用企业，获得国家、省、市各级荣誉奖超百项。公司两种产品被分别评为省内名牌产品、省内自主创新产品。K公司于2009年上市，第一大股东持股比例目前为27.10%，多年来未曾改变地位。K公司顺应市场经济变化，于2013年11月公布了股权激励计划的草案，出于对人才的招揽，把高管和核心人员的利益与股东的利益捆绑在一起，这个计划一经面世，就领先了同行的许多药企，大部分药企还是在2015年之后才实施股权激励的。证监会于2016年5月4日才发布了上市公司股权激励管理办法。K公司在时间上已经领先了一大截。

（三）制度背景

2005年12月31日，中国证监会发布了上市公司股权激励管理办法（试行）。国资委2006年发布了国有控股上市公司实施股权激励试行办法和境内实施股权激励的试行办法。最新的是2016年中国证监会发布的上市公司股权激励管理办法。

最新的管理办法中共分八章七十五条，其中第一章第二条中明确规定，上市公司以限制性股票、股票期权实行股权激励的，适用本办法；以法律、行政法规允许的其他方式实行股权激励的，参照本办法有关规定执行。

最新的管理办法在激励数量方面没大的变化，但在预留股权的比例上由10%提高到

20%，预留权益的有效期为12个月，超时作废。体现新的管理办法对于公司进行股权激励计划采取严出的原则。还将股票价格由收盘价全部变更为交易均价，由某一时点价格改变为一段时间内交易的均价，均价更能真实反映企业股票价格；并且定价增加了授予价格、行权价格的定价时间窗口基准数，增加了价格弹性；对授予价格、行权价格不作强制性规定，仅作原则性要求，给予公司更多的灵活空间。在绩效指标这一点上改变了旧办法侧重财务业绩指标的做法，而是更加关注是否符合企业实际情况，有利于体现公司竞争力的提升。

三、教学组织方式

（一）问题清单及提问顺序、资料发放顺序

1. K公司选择何种形式的股权激励？授予比例是否会影响股东权益？

2. 解锁条件如何设置？K公司的完成情况如何？

3. 股权激励计划的激励对象是如何选择的？选择的依据是什么？

4. 授予价格是如何确定的？回购价格如何确定？

5. 股权激励计划相关的会计处理如何做？每期费用如何摊销？对净利润有何影响？

6. 股权激励计划对经营业绩产生了怎样的效果？通过传统杜邦分析和改进后的杜邦分析去分析会得出怎样的结论？

7. 与行业指标对比，与实施股权激励的公司对比，以及与未实施股权激励的公司对比，得出了怎样的分析结果？有何用意？

（二）课时分配

本案例可供独立的案例讨论课使用，也可结合公司战略或财务会计课程的相关知识结合使用。课堂时间控制在90分钟左右为佳。以下是课时分配建议，建议结合实际调整进度。

1. 课前计划

课前分组讨论学习，布置作业，让学生自己去查阅资料，整理信息。充分了解股权激励的相关制度，了解K公司股权激励计划的实施情况。

2. 课堂计划

老师介绍案例正文，引入情景思考。课堂分小组汇报问题，老师点评。

3. 课后计划

各小组撰写案例分析报告，提交给老师进行评价。

（三）讨论方式

小组式。让学生们按照原先的小组去讨论发言。

（四）课堂讨论总结

课堂讨论总结的关键是：归纳发言者的主要观点；重申其重点及亮点；提醒大家对焦点问题或有争议观点进行进一步思考；建议大家对案例素材进行扩展研究和深入分析。

案例 7

美的跨境并购库卡的会计处理及绩效评价*

* 1. 本案例由广东工业大学管理学院的张卓、陈瑛虹、陈湘怡、宋泽宇等共同撰写，作者拥有著作权中的署名权、修改权、改编权。
2. 将本案例授权予广东工业大学产教融合 MPAcc 教学智库实验平台使用，广东工业大学产教融合 MPAcc 教学智库实验平台享有复制权、修改权、发表权、发行权、信息网络传播权、改编权、汇编权和翻译权。
3. 由于企业保密的要求，在本案例中对有关名称、数据等做了必要的掩饰性处理。
4. 本案例只供课堂讨论之用，并无意暗示或说明某种管理行为是否有效。

[案例封面]

专业领域： 财务会计

适用课程：《财务会计理论与实务》

选用课程：《财务管理理论与实务》《财务报表分析》《资本运营》

编写目的： 本案例是关于上市公司通过境外全资子公司跨境收购境外上市公司的企业合并，在并购数量越来越多的情况下，企业合并的会计处理也日益突出。通过本案例学习，让学生掌握上市公司并购中企业合并的会计处理，同时，还使学生掌握企业合并中需要使用的长期股权投资的转换方法和认识国内企业跨境外购的合并技巧。通过对本案例进行分析，还可以让学生加深对会计准则的理解。

知 识 点： 长期股权投资的会计处理；非同一控制下的企业合并

关 键 字： 成本法；企业合并；商誉

中文摘要： 随着经济全球化，企业并购的方式也越来越复杂，而且并购范围也变得更广泛，企业合并的会计处理也随之变得更加棘手。我国会计准则中对长期股权投资的转换的会计处理有了明确的规定，而在长期股权投资的转换的会计核算中，本文又特别指出由可供出售金融资产转为长期股权投资的会计处理和由公允价值法转为成本法的计量方法。同时，我国会计准则将企业合并分为同一控制下的企业合并和非同一控制下的企业合并，本案例对非同一控制下的企业合并进行会计处理，对如何确认合并日、如何选择会计方法以及如何确认商誉进行了分析。

[案例正文]

2016 年 5 月 18 日，美的集团股份有限公司（英文名 Midea Group Co.，Ltd.，以下简称美的集团）董事会通过议案，拟通过境外全资子公司 MECCA International（BVI）Limited（以下简称 MECCA）以每股 115 欧元的价格全面要约收购库卡集团（英文名为 KUKA Aktiengesellschaft）至少 30% 以上的股权。公告一经发布，即刻在国内外掀起一阵风暴。美的这次海外并购可谓困难重重，从一开始就遭到库卡原有大股东的质疑乃至部分德国政府官员的反对。历经几番波折，美的最终以取得库卡集团 94.55% 的股权完美收官。在很多人看来，美的这次收购突如其来。但其实在发布此次收购要约的公告之前，美的集团早已开始布局机器人领域。2015 年美的曾与安川进行合作，设立工业机器人公司和服务机器人公司。美的集团董事长方洪波也曾表示，美的集团在做好家电的同时要进行转型升级，进入新的行业，“要和硬件相关，不能是劳动密集型，要做资本、技术混合密集型。”按美的集团董事长方洪波的构想，涉足机器人领域，既可推动美的生产、物流的自动化，又可建立智能制造的“第二跑道”，为美的找到除家电之外的新增长点。

此外，值得注意的是，作为本次收购主体的美的集团子公司 MECCA 在收购前就已经持有库卡集团 13.51% 的股份，是库卡集团第二大股东。对于美的集团而言，收购前已经持有的 13.51% 库卡集团的股权与收购后的共计 94.55% 的股权在会计上如何处理及转换的问题引发我们诸多思考。

一、行业背景简介

（一）白色家电市场陷入低迷，并购或成出路

美的、格力、海尔三大巨头在家电领域已血战数年，行业平均利润率在不断下降。以空调为例，2015 年，全国空调行销量 4046 万台，与去年同期相比下降了 5.40%，销售额同比减少 10.5%。自 2013 年以来，行业首度陷入负增长态势。随着市场增幅明显放缓、淡旺季差缩小，企业“以价换量”策略收效甚微，继续向渠道大量压库，导致渠道库存高居不下。格力电器在空调渠道去库存背景下严格控制出货增速，致使其全年营收同比下滑 29.04%，这当然是应对产能过剩的一种方法，但显然解决产能过剩问题不能仅仅靠去库存，寻求转型才是唯一出路。

而与此同时，乐视、小米、PPTV、微鲸、看尚这些从互联网领域跨界而来、带有更浓的智能基因的竞争对手开始抢占市场。乐视的电视、小米的电饭煲，这些新兴智能家电受到消费者青睐对美的等家电巨头是一个潜在的挑战。

面对这样严峻的形势，几大家电巨头做出了同样的应对——并购。2016 年 1 月 14 日，海尔与 GE 签署《股权与资产购买协议》，以 54 亿美元现金购买其家电业务资产，开启了这一年的并购大潮。

（二）工业 4.0 进入中德合作新篇章，携手共赢指日可待

2013 年 4 月，德国政府在汉诺威工业博览会上正式提出“工业 4.0”战略，目的是为了提高德国工业的竞争力，在新一轮工业革命中占领先机。“工业 4.0”项目主要分为三

大主题：

一是“智能工厂”，二是“智能生产”，三是“智能物流”。该战略已经得到德国科研机构和产业界的广泛认同。德国制造业是世界上最具竞争力的制造业之一，在全球制造装备领域拥有领头羊的地位。德国专注于创新工业科技产品的科研和开发，以及对复杂工业过程的管理并拥有强大的设备和车间制造工业和在世界信息技术领域很高的能力水平，种种因素共同奠定了德国在制造工程工业上的领军地位，这也使得德国有足够的实力提出“第四次工业革命”这样的一个概念。2014 年 10 月 10 日，中华人民共和国国务院总理李克强在柏林同德意志联邦共和国总理安格拉·默克尔共同主持第三轮中德政府磋商。双方决定发表《中德合作行动纲要：共塑创新》，其中有关工业 4.0 合作的内容共有 4 条，第一条就明确提出工业生产的数字化就是“工业 4.0”对于未来中德经济发展具有重大意义。双方认为，两国政府应为企业参与该进程提供政策支持。

（三）政府发力助推机器人产业发展

为了促进我国机器人产业快速健康可持续发展，形成较为完善的机器人产业体系，工业和信息化部、国家发改委、财政部联合发布的《机器人产业发展规划（2016—2020年）》中还提出了六大保障措施助力机器人产业发展，其中包括“加大财税支持力度”“拓宽投融资渠道”“营造良好的市场环境”“扩大国际交流与合作”等。

在“工业 4.0”的大背景下，受相关政策的扶持和传统产业转型升级的拉动，中国工业机器人产业将有望迎来强势爆发，不少龙头企业也将目光投向了工业机器人制造领域，美的集团便是其中之一。

（四）相关的会计规范

根据财政部 2014 年 3 月 13 日正式颁布了修订后的《企业会计准则第 2 号——长期股权投资》，按照本准则第十四条和第十五条提到了长期股权投资核算方法的转换情况以及相关的会计处理。

根据 2014 年中华人民共和国财政部颁布的企业会计准则《企业会计准则第 20 号——企业合并》，具体解释了在非同一控制下的控股合并下，合并日的确认、控制权的确认、合并成本的计量方法、商誉的确认及计量。

二、交易方概况

（一）收购方：美的集团

美的集团是一个电器产品多样化的科技集团，是以消费电器业务、暖通电器业务为主要业务，主要生产厨房家电、冰箱、洗衣机及各种小家电的消费电器以及家用空调、中央空调、供暖空调的暖通电器。美的是在 1968 年成立于中国广东，最初为生产塑胶瓶盖、五金制品，其公司创办人为何享健。1993 年，美的电器（000527）股票在深圳证券交易所挂牌上市，成为中国证监会第一家由乡镇企业改制而成的上市公司。上市后，美的的产品实现多元化，收购了多个企业，如日本三洋、东芝万家乐等外资企业。为了加快推动企业战略转型，美的转变发展方式，大力推动再发展。2012 年 8 月 25 日，何享健卸任美的集团董事长，方洪波担任美的集团董事长，2013 年 9 月 18 日，美的集团在深圳证券交易所挂牌，实现整体上市，证券代码为“000333”，将大小家电、电机、物流业务整合上市。

美的在不同的国家设立多个生产基地和收购了不少的企业，把市场从广东区域拓展到海外地区。2014 年，美的集团发布 M – smart 智慧家居战略，并且引进小米科技有限公司作为合作伙伴。2015 年 8 月 4 日，美的集团股份有限公司与日本国株式会社安川电机独资子公司安川电机（中国）有限公司，在佛山顺德宣布，双方合作成立两家机器人合资公司，将发挥双方优势做大机器人产业，美的集团正式进军机器人产业。2016 年 3 月 18 日，美的发布关于收购东芝家电的提示性公告。目前，美的旗下拥有三家上市公司、四大产业集团，是中国最具规模的白色家电生产基地和出口基地之一。

在这个全球化、经济和科学技术不断发展的时代，美的集团也不得不加快脚步，不断地开拓市场，创新科技，跟上时代的潮流。随着市场和业务不断地拓展，美的综合实力日益增强，据 2015 年《财富》中国 500 强榜单，“美的集团位居家电行业第一”，2015 年福布斯全球企业榜中，美的集团进入《财富》世界 500 强，排第 32 位；2015 年 11 月 18 日，美的成为获取标普、惠誉、穆迪三大国际信用评级的中国家电企业。

2015 年 12 月 31 日，美的集团资产规模约 1288. 4 亿元，净资产约 560 亿元，2015 年实现营业收入约为 1384. 4 亿元，实现净利润约 136. 2 亿元，归属于母公司所有者的净利润约 127 亿元。2016 年 3 月 31 日，美的集团资产规模约 1479. 2 亿元，净资产约 609. 8 亿元，2016 年第一季度实现营业收入为 383. 4 亿元，净利润约 41. 7 亿元，归属于母公司所有者的净利润约 39. 1 亿元。

（二）收购主体：MECCA（公司全资境外子公司）

本次收购的收购主体为 MECCA，由美的集团香港全资子公司美的国际控股持有 100% 的股权，具体股权结构如图 7 – 1 所示。

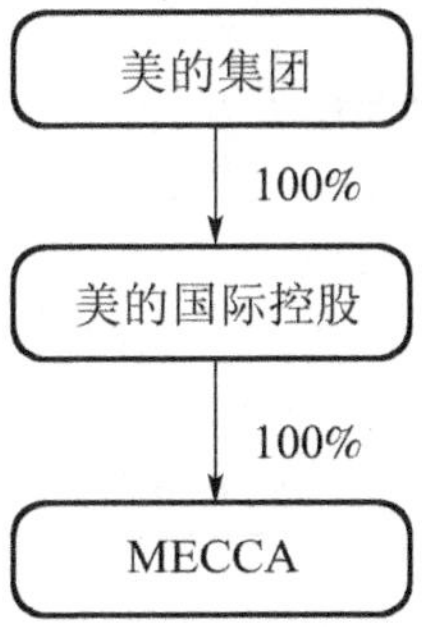

图 7 – 1　收购主体 MECCA 股权结构

（三）被收购方：德国库卡集团

库卡集团是在德国上市的全球领先的机器人及智能自动化公司。库卡集团在德国奥格斯堡建立，其创建人为 Johann Joseph Keller 和 Jakob Knappich。库卡集团一开始的主要业务为室内及城市照明。到了 1966 年，成为欧洲市政车辆的市场领导者。1973 年，研发了第一台工业机器人。1980 年，库卡集团在德国法兰克福证券交易所上市，国际证券代码为 DE0006204407。

库卡集团是全球领先的机器人、自动化设备及解决方案的供应商。库卡集团的业务活动可以分为三个领域：一是库卡机器人（Robotics），处于市场领先地位，在汽车工业机器人行业位列全球市场前三，欧洲第一；二是库卡系统（Systems），专为汽车工业自动化解决方案；三是瑞仕格（Swisslog），主要提供多领域创新的自动化解决方案。

库卡集团拥有先进的管理方式，其主要经营模式分为三部分：采购模式、销售模式、研发模式。其中，在采购方面，库卡不但与多个供应商合作以降低对其他企业的依赖性，而且也在引进亚洲供应商来降低成本；在销售方面，对销售团队集中管理，分散运行，十分重视服务质量，对重要客户的管理和维护非常看重，采用企业品牌战略，提高销售量；在研发方面，库卡集团在美国设立了研发团队，不断提高研发的国际化程度。

库卡集团在近几年也收购了其他企业，2013 年年底，库卡集团收购了另一家德国机器人制造商 Reis Group 51% 的股权；2014 年 3 月，库卡集团收购了供工业钻孔和紧固的自动化方案供应商 AlemaAutomation SAS 100% 的股权；2014 年 12 月，库卡收购了医疗、仓储、物流等领域的自动化服务商、瑞士证交所上市公司瑞仕格。库卡集团使用“KUKA”品牌为奔驰、宝马、大众、博世等知名厂商提供机器人产品，在工业机器人特别是汽车工业方面享有极高声誉，在汽车工业机器人行业位列全球市场前三、欧洲第一。由于库卡集团 50% 的机器人与控制系统用于汽车行业，这样使得库卡集团的市场显得有点稀疏，产品类型比较单一。

2015 年 12 月 31 日，库卡集团资产规模约 2381. 7 百万欧元，净资产约 732. 5 百万欧元，2015 年实现营业收入为 2965. 9 百万欧元，净利润约 86. 3 百万欧元。2016 年 3 月 31 日，库卡集团资产规模约 2370. 0 百万欧元，净资产约 775. 8 百万欧元，2016 年第一季度实现营业收入为 629. 1 百万欧元，净利润约 20. 9 百万欧元。

三、并购过程

（一）时间历程

美的并购库卡历时半年多，从一开始遭到库卡原有大股东的质疑乃至部分德国政府官员的反对到后来顺利收购原股东手上全部股份的过程并非一帆风顺。这里我们通过整理时间线还原了并购过程，如表 7 – 1 所示。

表 7 – 1　美的收购库卡进程一览表

时　间	事　　件
2016 年 5 月 18 日	美的集团董事会通过议案，拟通过境外全资子公司 MECCA 以每股 115 欧元的价格全面要约收购库卡集团至少 30% 以上的股权。公告一经发布，即刻在国内外掀起一阵风暴
5 月 26 日	美的集团发布要约收购 KUKA Aktiengesellschaft 报告书（草案）
5 月底至 6 月底（波折）	彭博社 5 月 30 日报道称，欧盟数字经济专员冈瑟·厄廷格（Guenther Oettinger）表示，为了防止关键技术的流失，德国工业机器人制造商库卡（Kuka AG）最好把自己更多的股权留在欧洲投资人的手里。 随后是德国经济部长加布利尔（Sigmar Gabriel）6 月 1 日的表态，他说，德国政府正在试图协调安排其他公司对库卡集团提出另一个收购要约，以对抗中国美的集团的收购。 拥有库卡集团 25. 1% 股份的第一大股东福伊特（Voith）集团直接表示对该收购案的反对。按照德国公司法规定，拥有 25% 以上股份的股东，在股东大会上有权否定管理层的路线

续上表

时　间	事　　件
6月10日	美的集团董事长方洪波在香港与福伊特公司CEO休伯特·林哈德会面，林哈德向方洪波问到是否欢迎福伊特继续作为持有25%股份的股东存在？方洪波回答："我认为你们不会受欢迎"
6月13日	来华访问的德国总理默克尔，在与中国国务院总理李克强共同举行的新闻发布会上被问及对美的收购库卡的看法，她说，不排除中国企业收购库卡集团的可能性；但她同时表示："德国的任何人都可参与库卡交易"。 在发布会上，国务院总理李克强也表达了对该收购案的官方关注，他说，对于两国企业在法律框架内按照市场原则和国际通行惯例开展互利合作，中德双方都持支持和开放态度
6月15日	福伊特公司在举行的内部会议上达成一致，认为公司继续在美的集团身边作为小股东存在，并不具备战略或经济意义。 德国联邦金融监管局审核通过了就本次要约收购向其提交的要约收购文件（德文版本）
6月16日	美的宣布旗下子公司MECCA启动收购德国库卡集团所有股份的自愿公开要约收购流程。美的以每股115欧元的价格溢价30%收购库卡，目标是增持库卡股份至30%以上，美的董事长方洪波表示，所谓49%上限只是外界的想象
6月21日	库卡集团监事会放手让首席执行官蒂尔·劳伊特（Till Reuter）就美的集团提出的45亿欧元收购进行谈判，监事会一致支持Reuter，他本人对美的集团的收购表示欢迎。在这之前，库卡集团董事会也向全体股东推荐了本次的要约收购
6月24日	福伊特集团明确表示，计划把持有的库卡集团25.1%股份全部出售给美的集团，此举将为这笔收购交易的顺利完成铺平道路。随后，库卡集团第三大股东弗莱德汉姆·洛在接受采访时也暗示，他可能愿意出售其全部股份
6月28日	美的集团发布公告称，已与库卡集团签订约束性投资协议，美的集团再次强调将致力保持库卡集团的独立性，并表示没有订立控制协议或促使其退市的意愿。公告还称，这次签订协议的前提是，库卡集团监事会及执行管理委员会达成一致意见推荐库卡集团股东接受本次要约收购
7月3日	福伊特公司宣布，公司将以大约12亿欧元（约13亿美元）向美的集团出售所持有的25.1%库卡集团股份；在福伊特集团宣布退出后，其他股东迅速接受了美的集团的收购要约，其中包括第三大股东弗莱德汉姆·洛和其他机构投资者
7月21日	美的集团公布了最新进展，接受美的集团本次要约收购的股份已达72.18%，收购完成后，美的集团将持有库卡集团85.69%的股份。根据本次要约收购的进程安排，在上述要约接受结果公布后两周内（这一时间称为"额外要约期"），要约期内未接受要约的库卡集团股东可以继续决定接受要约，额外要约期将于7月21日0时（法兰克福当地时间）开始，并将于8月3日24时结束

续上表

时　间	事　　件
交割条件获得满足的过程	截至2016年8月20日（北京时间，即德国法兰克福时间2016年8月19日），本次要约收购交割条件之一“德国联邦经济事务和能源部对本次收购无反对意见”已获得满足。 截至2016年8月27日（北京时间），本次要约收购关于美国反垄断审查的交割条件已获得满足。 截至2016年9月6日（北京时间），本次要约收购关于俄罗斯反垄断审查的交割条件已经获得满足。截至2016年9月17日（北京时间），本次要约收购关于巴西反垄断审查的交割条件已经获得满足。 2016年10月12日（北京时间），本次要约收购关于墨西哥反垄断审查的交割条件已经获得满足。2016年10月13日（北京时间），本次要约收购关于欧盟反垄断审查的交割条件已经获得满足。 2016年11月25日，国家发改委出具了《项目备案通知书》（发改办外资备［2016］635号），对本次收购予以备案。2016年12月30日（北京时间），本次要约收购关于美国外资投资委员会（CFIUS）和国防贸易管制理事会（DDTC）审查的交割条件已经获得满足
12月31日	本次要约收购的全部交割条件均已满足。在本次要约收购交割条件全部满足之日起不晚于8个银行日（德国当地时间）前，公司将根据要约收购文件执行本次要约收购的交割工作，并将按照相关规定及时披露收购进展情况
2017年1月7日	美的集团公告了《关于要约收购 KUKA Aktiengesellschaft 实施完成的公告》，本次交易于2017年1月6日（北京时间）进行交割。

（二）收购价格

2016年5月26日美的集团的要约收购报告书草案明确表明了“公司最低意图持股比例达到30%以上。若库卡集团除 MECCA 以外的其他股东全部接受要约，按照要约价格为每股115欧元计算，本次收购总价约为292亿元人民币。”

要约价格115欧元/股的报价，较美的集团召开董事会通过发出要约议案的前一天（2016年5月17日）的股票收盘价溢价36.24%，这个报价不仅对很多中小股东具有颇大的吸引力，也让之前持反对态度的第一大股东福伊特动摇了。更有人指出：“福伊特在2014年收购库卡集团25.1%的股权差不多花了3.7亿欧元，如今美的集团愿意以12亿欧元的价格收购其手中的股权，相当于两年净赚8亿多欧元，这对于在2015年还亏损9266万欧元的福伊特来讲无疑是一笔巨款。”而美的集团最终签署的5项承诺给福伊特吃下了定心丸，使其果断同意转让全部所持股权。

（三）融资方案

按照国际惯例，并购交易国外对手盘往往只接受现金，所以现在跨境并购几乎都得现金收购，不能发行股份，所以融资安排往往是最重要的一环，可以说成败在此一举。美的集团根据本次交易最终的总金额、自有资金余额、银团贷款可用额度、公司正常生产经营所需现金等因素，合理配置了两种方式的融资比例。

本次现金收购的资金来源为中国工商银行（欧洲）有限公司巴黎分行和中国工商银行法兰克福分行提供的贷款，也就是境外银团借款与自有资金结合。2017 年 1 月 6 日，库卡集团 32 233 536 股股份已过户至 MECCA。公司将已持有的库卡集团 37 605 732 股股份质押给了中国工商银行法兰克福分行，作为本次收购融资的担保。

而自有现金方面，我们可以看到，2015 年美的集团年报中显示“货币资金同比增加 91%，主要因本期经营活动现金流增加所致”，如果说这还不能证明美的收购库卡并非心血来潮，而是有备而来，年报中的“增持德国 KUKA 股份，积极布局机器人新产业，打造第二跑道”就是真正的实锤了。美的集团对库卡集团的看好要追溯到 2015 年 8 月首次在二级市场买入库卡集团 5.4% 的股权，而截至本次收购前，公司通过全资境外子公司 MECCA 持有库卡集团 13.51% 股权，这也减轻了后期收购的资金压力。

（四）控股关系

美的收购库卡前后股权结构如图 7－2 和图 7－3 所示。

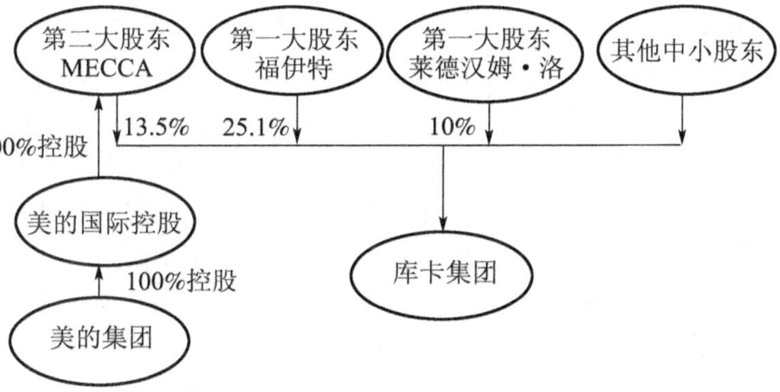

图 7－2　美的并购库卡之前的股权结构图

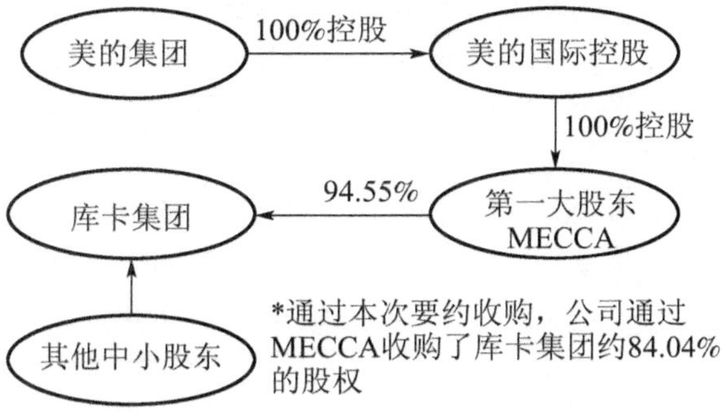

图 7－3　美的并购库卡之后的股权结构图

本次收购的股权关系并不算复杂，收购主体为 MECCA，由美的集团香港全资子公司美的国际控股持有其100%的股权。除去图7－1中的前三大股东，另外持3%以上股份的有私募基金、投资银行、信托公司等机构投资者小计约35%股份，其他小型投资机构和散户手上的股份不超过20%。由于美的对库卡的前景看好，美的给出了一个让股东心动的价格，而由于这个定价，使得最终美的收购了32 233 536股。从图7－2美的并购库卡之后的股权结构图我们也可看出美的这次并购，从最初的受到各种阻扰，不被看好到最终成功并购，可谓是打了一场漂亮的翻身仗。

四、并购动机

美的花了将近300亿的资金并购了德国库卡公司，这件事情惊动了整个欧洲和整个中国市场。有人预测说这将意味着整个中国家电行业的重新布局，但也有人提出了种种疑惑：美的为什么要选择库卡？库卡又为什么同意美的的收购？库卡的并购是否真的对美的的发展产生了不可小觑的作用呢？下面将尝试性地给出答案。

（一）从美的的角度来看

1. 美的战略转型渐行渐近

2010年，美的年收入首次突破1000亿元，千亿庆典盛况空前，但创始人何享健及后来接班的方洪波已开始反思，“大规模、低成本”的老路是否可以持续。面对负的现金流、近80%的负债率、庞大的库存、最高峰达20万人的员工队伍，美的从2011年下半年起开始推进“战略转型”。首先是削减过剩、低效的产能，同时，砍掉低利润的产品，产品品类由64个减至32个，产品型号减少50%，关闭多余的生产工厂，并不断地加大高新技术投入，同时通过裁员模式筛选技术型人才，大大提高了企业效率，不断拉近与世界高新技术企业的距离。2015年，美的投入研发的费用高达53亿元，占营业收入的3.8%，而这一比例在2011年只有约1%。在美的“白领”中，科研人员的占比从2011年的27%提高至2015年的47%。同时，为了提高自动化水平，美的平均每年花费5～10亿元在生产自动化环节中。由此可见，美的绝不仅仅满足于在中国立足，要想在世界家电领域霸占一方，美的还需要一个更大的技术的革新。对于美的集团，其旗下并没有专门的机器人研发部门，也没有对应的机器人市场，这样美的在并购了库卡后很可能会开辟出一个新的市场领域，甚至会发展成和现在其家电领域地位同样的机器人巨头，引领中国的机器人产业迈向新的高度。因此，并购库卡这样的高科技机器人公司并非一时兴起。

2. 美的境外销售额亟待突破

根据数据显示，美的在2013年共盈利1210亿人民币，其中海外盈利达74亿美元，占总销量的37%左右，这个数字一直持续到2015年。美的在2015年的年报中披露，美的在2015年的境外销量接近40%，由此看来，美的想要更进一步突破国外市场，还需要更大规模的变革。

3. 库卡行业地位世界领先

作为全球工业机器人四大家族之一，库卡的工业机器人几乎遍布德国乃至全世界的制造工厂里。那些闻名世界的德国企业，奔驰、宝马、大众、博世，都是它的忠实客户。可以说，库卡是德国工业自动化的一颗明珠，长期以来一直受中国企业的青睐。在2016年的世界机器人公司排行榜中，库卡公司位居第三位，仅次于瑞士 ABB 艾波比机器人公司和日本 Yaskawa 安川机器人公司，然而这两个公司都不侧重于制造行业，只有库卡公司的机器人偏重用于制造业，再加上美的是库卡的老客户，所以并购库卡无疑是最佳选择。

（二）从德国库卡的角度看

1. 库卡机器人应用范围得到拓展

根据 2016 年的报告显示，库卡 50% 的机器人与控制系统应用于汽车行业，除了汽车，库卡也积极接入新兴领域，尤其是食品、塑料、金属加工、铸造、电子、医疗技术和娱乐业等，笔者认为，和美的合作，是库卡能够成功开拓家电领域的一把钥匙，能够将库卡的机器人技术应用推广到更丰富的领域中去，甚至可以打开一个全新的市场，加大库卡的多元化发展。

2. 中国巨大的市场充满吸引力

中国作为世界人口大国，关于家用电器等电子设备的需求量总体一直呈上升趋势。同时，从美的集团也可以看出来，一个企业若没有本土巨额的资金供给，美的也不可能有足够的实力和信息来开拓国外市场。对于库卡来说，截至 2016 年，库卡在亚洲的销量仅占 19%，和美的合作无疑会让库卡成功进入中国市场，大大提高这一比例。

3. 美的郑重许诺并开出高价

美的身为库卡的长期大客户，在合并前和库卡一直保持着良好的商业伙伴的关系，彼此都对对方十分了解，库卡需要市场，美的需要转型，两家公司一拍即合，再加上美的相对慷慨的价格，两家企业都如愿以偿地得到了最好的答案。

最后，从中国政策和世界市场的角度来看，中国政府在 2016 年发布了中国制造 2025 计划，该计划中重点提及中国制造业要向创新型、科技型转型，其中，中国制造 2025 与德国“工业 4.0”全面对接。这意味着中国将加大与德国工业的合作，不断提升工业整体水平。不难看出，中国制造 2025 计划中，美的集团是重点培养对象之一，而库卡正是德国工业 4.0 中的重点高新技术公司，美的选择库卡恰好符合了国家的政策方针。

从世界市场的角度分析，这种跨境合并并不少见，但由于种种困难，成功的例子十分罕见。对于发达国家来说，本地的产品销售受到了消费群体数量、外来产品竞争等各方面限制。对于发展中国家来说，虽然不愁消费者的数量问题，却面临着技术的落后和质量的双重考验。因此，双方都希望获得对方的优势来弥补自己的不足，但企业的跨境合并并非易事，除了企业自身的资金优势以外，中国的市场更是美的得以成功的一大因素。虽然中国已经渐渐失去了作为世界工厂的优势，劳动力成本逐渐上升，但比起仍处于落后阶段的东南亚市场来说，中国经济潜力巨大，拥有着更好的发展空间和发展潜力，这点是其他国家所没有的，因此，如何进入中国市场，得到中国消费者的青睐，俨然成为近几年经济的新趋势。不难预料，并购之后美的和库卡都会获得更进一步的发展。

五、会计处理

根据美的集团在深圳证券交易所 http://disclosure.szse.cn 公告了《关于要约收购 KUKA Aktiengesellschaft 进展的提示性公告》等公告，其控制权转移过程如表 7-2 所示。

表 7-2 控制权转移的过程

时间	事件
2016 年 7 月 6 日 24 时	接受此次要约收购的库卡集团股份数量为 17 397 307 股，占库卡集团已发行股本的比例约为 43.74%
2016 年 7 月 12 日 24 时	接受此次要约收购的库卡集团股份数量为 20 170 316 股，占库卡集团已发行股本的比例约 50.71%
2016 年 7 月 16 日	接受此次要约收购的库卡集团股份数量合计为 28 709 995 股，占库卡集团已发行股本的比例约为 72.18%
2016 年 8 月 4 日	此次要约收购的额外要约期结束。接受本次要约收购的库卡集团股份数量合计为 32 233 536 股，占库卡集团已发行股本的比例约为 81.04%
2016 年 8 月 20 日至 2016 年 10 月 12 日	本次要约收购交割条件："德国联邦经济事务和能源部对本次收购无反对意见"、关于美国反垄断审查、关于俄罗斯反垄断审查、关于巴西反垄断审查、关于墨西哥反垄断审查的交割条件依次获得满足
2017 年 01 月 07 日	美的集团在深圳证券交易所 http://disclosure.szse.cn 公告了《关于要约收购 KUKA Aktiengesellschaft 实施完成的公告》，公告中"鉴于本次要约收购的交割条件均已满足，2017 年 1 月 6 日，公司完成了本次要约收购中涉及的库卡集团股份的交割工作并已全部支付完毕本次要约收购涉及的款项。本次要约收购交割完成后，公司通过境外全资子公司 MECCA International（BVI）Limited 合计持有库卡集团 37 605 732 股股份，约占库卡集团已发行股本的 94.55%。"

从上面的控制权转移过程可知，在 2017 年 1 月 6 日，美的集团收购库卡集团已经完成交易，并已经支付完毕全部的货款，而且要约收购的收割条件已经全部获得满足，即实现了控制权转移，可以确定合并日（购买日）为 2017 年 1 月 6 日。

本次收购前，美的集团通过全资境外子公司 MECCA 持有库卡集团 13.51% 股权，对库卡集团并不具有控制、共同控制或重大影响，按照金融工具确认和计量准则进行会计处理的权益性投资，即美的集团通过全资境外子公司 MECCA 持有库卡集团 13.51% 股权，按可供出售金融资产确认和以公允价值计量进行会计处理，公允价值变动计入其他综合收益。

收购结束后，美的集团接受本次要约收购的库卡集团股份数量合计为 32 233 536 股，占库卡集团已发行股本的比例约为 81.04%，再加上收购前持有的库卡集团 13.51% 股权，约占库卡集团已发行股本的 94.55%。因为美的集团追加对库卡的股权投资，影响力上升，由对库卡集团不具有控制、共同控制或重大影响转为控制，计量方法也是由公允价值法转换为成本法核算。按美的集团持有库卡集团的原股权 13.51% 的账面价值加上新增投资的成本之和，作为改按成本法核算的初始投资成本，就是把可供出售金融资产的账面价值加上新增投资款的成本之和，计入长期股权投资的初始成本。将原计入其他综合收益的累计公允价值变动转入按权益法核算的当期损益，即投资收益。

本次收购的要约价格为每股 115 欧元，交易金额 3 706 856 640 欧元。截至 2016 年 3

月31日，库卡集团资产规模约174.0亿元（2370.0百万欧元），净资产约57.0亿元（775.8百万欧元）。由上可知，本次收购库卡的股权接近90%，属于非同一控制下的控股合并，应该采用购买法，美的集团取得的长期股权投资按合并成本作为初始投资成本。在非同一控制下的控股合并中，美的集团应该在购买日编制合并资产负债表，对于被购买方库卡集团的可辨认资产、负债应当按照合并中确定的公允价值列示。美的集团收购库卡集团的合并成本大于合并中取得的被购买方库卡集团的可辨认净资产公允价值份额的差额，确认为合并资产负债表中的商誉。在合并日财务处理中，作为长期股权投资的初始投资成本入账的合并成本中就包括商誉价值，所以，在合并日，购买方美的集团的资产负债表中商誉无需单独列报。

六、业绩评价

美的花费重金并购库卡会产生怎样的影响？又会给美的及库卡的发展带来什么样的变化？下面将通过一系列数据来反映这次并购的结果。

（一）美的集团

1. *盈利能力分析*

美的集团各半年度营业利润及净利润的对比，如图7－4、图7－5，表7－3、表7－4所示。

表7－3　上半年度营业利润、净利润对比表

	2015（1—6月）	2016（1—6月）	2017（1—6月）
营业利润（元）	10 206 398 870.00	11 378 096 000.00	13 036 153 000.00
净利润（元）	8 948 567 620.00	10 230 898 000.00	11 548 071 000.00

表7－4　下半年度营业利润、净利润对比表

	2015年（7—12月）	2016年（7—12月）
营业利润（元）	4 710 474 130.00	6 057 879 000.00
净利润（元）	4 676 087 380.00	5 631 014 000.00

由图7－4、图7－5，表7－3、表7－4的内容可分析出，美的在进行转型及不断合并后，营业额不断上升。在2015—2016年的上半年中，美的的营业利润有着明显的提高，平均以13%的增长率不断增加，尤其是对比2017年上半年度与2016年上半年度的营业利润，可以看出美的在合并后产生明显的利润增长。对比下半年度的情况可以看出，下半年度明显是家电行业的低谷季，各项利润明显低于上半年度，但即使这样，美的还是实现了在2016下半年的营业利润超出了2015年下半年13亿元的成绩，这样的成绩有可能是美的并购库卡带来的——美的合并库卡后打开了国外的市场，从而实现在本地市场销量淡季时获得足够的海外市场旺季的支持，形成一年四季不断有效生产、不断盈利的营销模式。

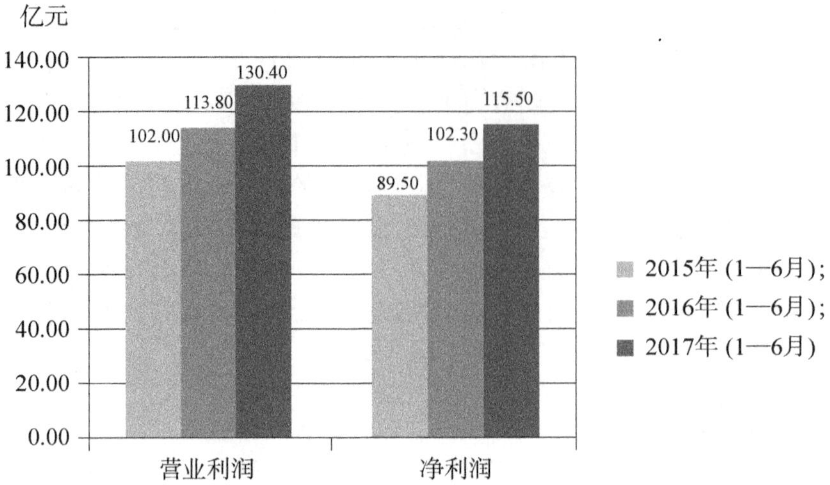

图 7－4 上半年度利润对比图

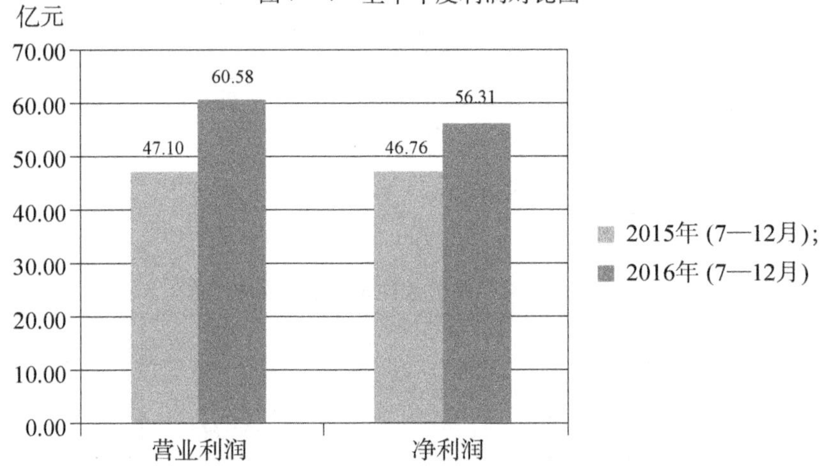

图 7－5 下半年度利润对比图

2. 偿债能力分析

下面是美的集团在巨潮资讯网上披露的公司综合指标信息，这里以 2016 年中期和 2016 年年末及 2017 年中期的对比如表 7－5 和图 7－6 所示。

表 7－5 美的集团各季度净利润率、资产负债率对比表

	2016 年中期	2016 年年度	2017 年中期
净利润率	12.25%	9.23%	8.69%
资产负债比率	62.59%	59.57%	67.54%

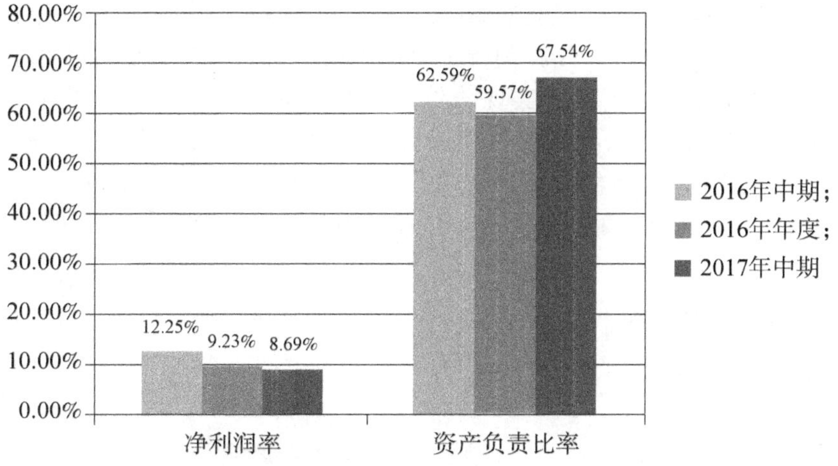

图7－6 美的集团各季度净利润率、资产负债率对比图

由表7－5和图7－6可以看出，虽然美的的净利润不断提高，但净利润率却不断下降，分析其原因，首先，企业经合并报表处理后出现净利润率下降是正常的现象。美的集团每季度净利润都不断增加，主营业务收入在不断提高的同时，美的集团的税负也增加了，这说明在开拓了海外市场以及不断的并购后，美的集团的税负种类、税负数量也相应地增加了，因此，美的集团仍需要做好税收筹划以提高企业的净利润率。

同时不难发现，美的集团在2017年上半年度资产负债率较2015年年度提高了13%，经分析后发现有以下几点原因：①企业经合并报表处理后出现负债增加的情况是正常现象；②美的在2016年上半年实现了美的与日本东芝电器的合并，然而日本东芝的2016年年报（截至2017年3月31日前三季度）显示，在未经过审计通过的情况下，该公司亏损额达到5 325.1亿日元，超过此前市场预计的5000亿日元左右，主要原因是其美国核电业务出现巨亏。相比之前的亏损，情况更加恶化，这直接导致了合并报表后的美的集团的负债率的提高；④美的花费了巨资购买库卡的全部股份，为了凑够这笔巨额费用，美的集团向两个不同的工商银行分行申请了两笔融资协议，负债增加了约31%。不过根据美的确定的战略计划，库卡有可能在2020年之前，超额完成其设定的实现40亿～45亿欧元收入的宏伟目标，而其中有10亿欧元的收入预计将来自中国市场。因此，即使美的集团目前的资产负债率处于极高的水平，但美的集团还是有足够的实力实现整个集团的盈利目标的。

这次对库卡的合并，使美的的行业评价和企业形象有了极大的提高，美的获得了全体股东及资本市场的支持与认同，全年市值增长34%，并在年内首次突破2 000亿元，并成功于2016年上榜《财富》世界500强。

3. 外部市场分析

不断的合并与重组，让美的集团在全球进行资源配置及新产业拓展的步伐进一步加快，2016年及2017年年初，美的完成了对东芝白电、意大利中央空调企业Clivet、全球机器人四大家之一的库卡集团和以色列运动控制和自动化解决方案公司Servotronix的收购，进一步奠定了美的全球运营的坚实基础及在机器人与自动化领域的领先实力。

同时，美的通过全球领先的生产规模及经验、多样化的产品覆盖以及遍布世界各大区的生产基地，造就了集团在正在崛起的海外新兴市场中迅速扩张的能力，强化了海外成熟市场竞争的基础。美的在多个产品类别皆是全球规模最大的制造商或品牌商之一，领先的生产规模让美的可以在全球市场中实现海外市场竞争对手难以复制的效率及成本优势。2016 年末，美的海外销售占公司总销售接近 50%，公司的产品出口至全球超过 200 个国家。另外，美的集团董事长方洪波还预测道："2017 年美的的海外销量将占到总销量的 50%"，这个数据充分展现了美的集团对本企业的海外市场的高度自信，美的股票走势图如图 7－7 所示。

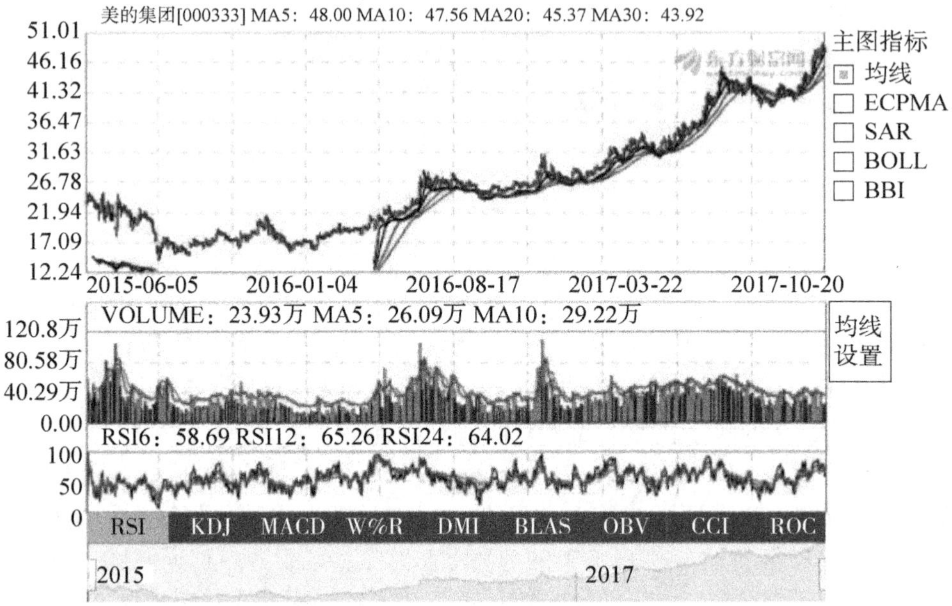

图 7－7　美的股票的走势

图 7－7 是美的合并前、合并时、合并后美的集团股票的走势，由图可见，合并前，美的的股市相对稳定，呈平稳上升趋势，停盘后，公司再次开盘时股价明显提高，股市上升趋势明显，尤其是进入 2017 年后，整体上升速度提高，不断创下了新高，具体的并购后的股市走向如图 7－8 所示。

（二）库卡集团

1. 盈利能力分析

合并前，库卡公司 2015 年第一季度与 2016 年第一季度的利润表简表如表 7－6 所示，库卡的销售情况不尽人意，销售收入呈下降趋势，但其销售成本却有明显下降，营业利润与净利润均有提高。可见库卡公司的技术不断更新，营业成本不断降低，其投资潜力与发展潜力一目了然。

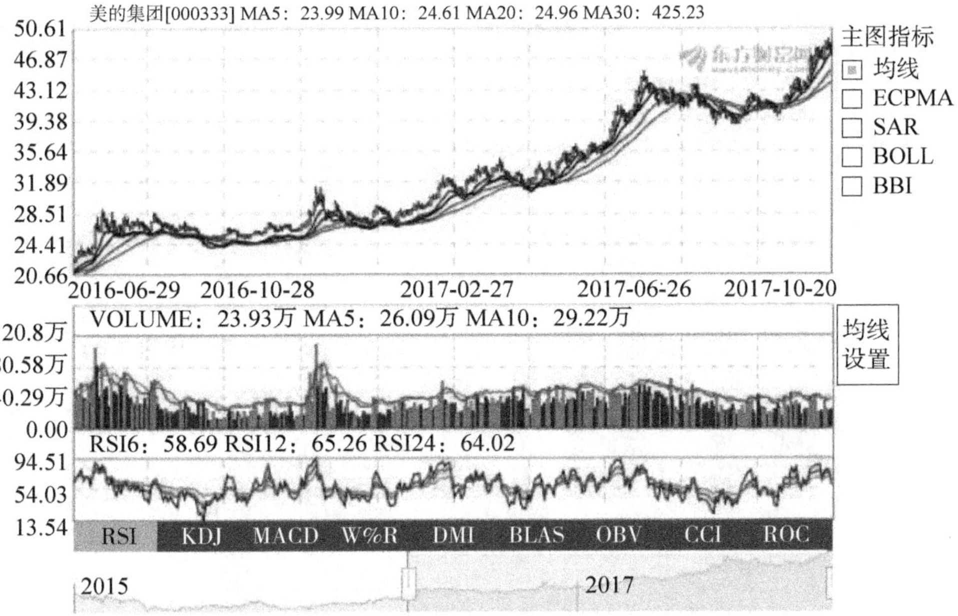

图 7－8　美的并购库卡后的股市走向

表 7－6　库卡公司 2015 年、2016 年第一季度利润表对比表

单位：百万欧元

	2015 年第一季度	2016 年第一季度
销售收入	719.8	629.1
销售成本	561.6	452.5
营业利润	27.5	31.4
税后利润	15.3	20.9

合并后，库卡公司 2016 年第一季度、第二季度与 2017 年第一季度、第二季度的利润对比表如表 7－7 所示，库卡公司各季度利润对比如图 7－9 所示。

表 7－7　库卡公司 2016 年、2017 年第一季度、第二季度利润表数据对比表

单位：百万欧元

	2016 年第一季度	2017 年第一季度	2016 年第二季度	2017 年第二季度
订单价值	1 639.9	1 974.8	893.4	1007.5
销售收入	1 333.2	1 798.5	704.1	1 007.7
税前利润	81.5	119.1	32.9	63.6
净利润	30.4	60.2	9.5	33.6

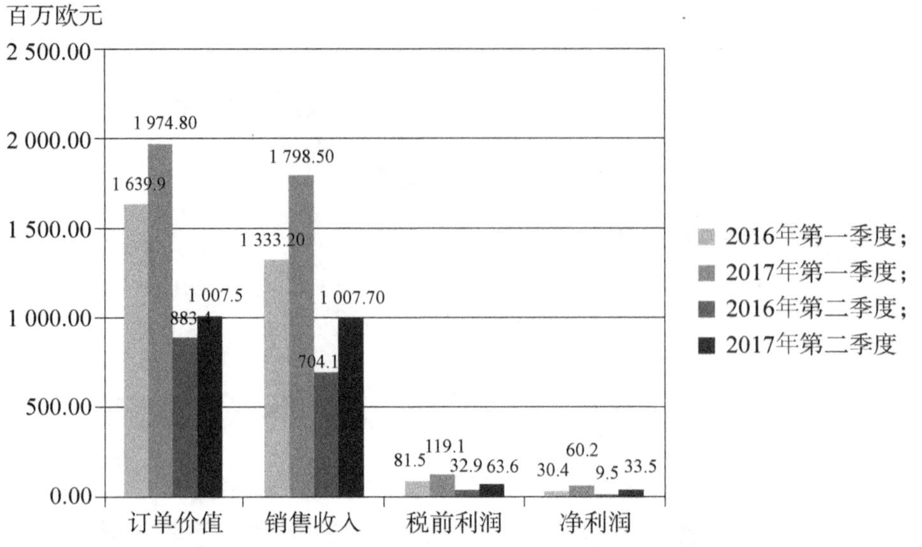

图 7－9　库卡公司各季度利润表数据对比图

由表 7－7 和图 7－9 可以看出，库卡在 2017 年第一季度和第二季度的销售量完胜 2016 年，营业额有了明显的上升，2017 年第一季度和第二季度的净利润分别为 6 亿欧元和 3.36 亿欧元，而 2016 年第一季度和第二季度的净利润则只有 3.95 亿欧元。

另外，表中还记录了库卡公司在 2016 年初期和 2017 年初期所获得的订单数，根据数据显示，在 2017 年第二季度，库卡集团收到的订单价值 10 亿欧元，创造了公司单季度最高的历史记录，2016 年第二季度同比增长 12.8%。在 2017 年上半年，库卡发布订单共计 19.74 亿欧元，这比 2016 年上半年的订单总额增加了 20.4%（2016 年上半年为 16.39 亿欧元）。在销售额上，库卡集团 2017 年第二季度销售额从 2016 年的 7.41 亿欧元到 2017 年的 10.77 亿欧元，创造了最高纪录，比 2016 年第二季度增加了 43.1%。在 2017 上半年，库卡集团销售额达到 17.98 亿欧元，与 2016 年同期相比增长了 34.9%。根据数据预测，库卡公司到 2017 年底估计全年税前利润会达到 33 亿欧元。

2. 外部市场分析

根据 2017 年的最新数据显示，世界 4 大机器人公司占据了全球 60% 的机器人市场，其中，库卡是唯一一家仅仅以机器人销售作为其主要营业收入的机器人公司。据调查显示，库卡相较另外 3 家机器人公司，在营业收入及增长方面还具有一定差距，但同时也可以看出来库卡的数据在慢慢地上升，尤其是全球市场率的上升，这和美的集团的并购、中国市场的打开有着不可分割的关系。库卡公司的年报显示，目前库卡公司的客户以德国和欧洲企业为主，其营业收入的 46% 来自欧洲，35% 来自北美，19% 来自亚太和其他地区。其中，亚太地区业务开发潜力巨大，尤其是中国。相信库卡被美的收购后，必将充分利用美的的经销商优势与品牌效应开发中国市场，赶上中国机器人产业高速发展的快车道，在快速提高中国市场占有率的同时提高全球市场份额。

库卡被收购前后股价走势如图 7－10 和图 7－11 所示。

图 7 - 10　库卡被收购前股价走势

图 7 - 11　库卡被收购后股价走势

由图 7 - 10 和图 7 - 11 展示的股市变化趋势可以很明显地看出来，库卡公司在美的并购之后的股市走势大好，基本不断呈上升趋势，尤其是 2017 年下半年，股票直线上升，预计在未来一年内也会不断地呈上升趋势。

全球工业机器人使用密度分布图如图 7 - 12 所示，可以看出，中国明显低于其他几个国家，甚至低于全球水平的一半。虽然中国人口基数大的因素不容忽视，但也反映出我国的机器人事业发展的落后，可见中国的机器人市场还有很大的空间及机会。

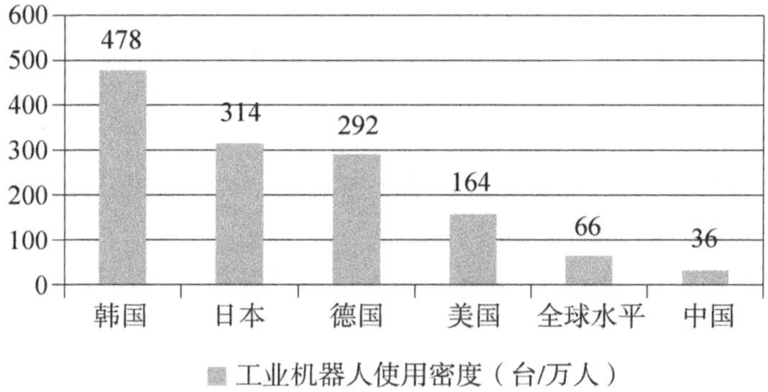

图 7 - 12　全球工业机器人使用密度

根据中国机器人市场的报道与分析，中国市场上流通的机器人基本靠进口，机器人关键零部件国产化率很低。核心零部件主要有控制系统、减速器、伺服机和驱动器的核心技术，我国只有少部分企业能够掌握，大多数仍停留在“组装”阶段，技术含量极低。目前西门子、库卡、ABB、安川等知名的国际厂商占据了我国绝大部分的机器人市场。但目前中国市场并未完全打开，因此，通过美的集团先打开的库卡集团在中国市场上可谓占据了先机，如果库卡集团能够成功地将机器人交易融入中国市场的主流交易中，那么库卡集团将会在中国收获一笔不菲的收入并拥有可观的前景。

七、参考资料

［1］来源：深圳证券交易所 http：//disclosure. szse. cn。

［2］来源：巨潮资讯网：http：//www. cninfo. com. cn。

［3］“美的集团（000333）要约收购 KUKA Aktiengesellschaft 实施情况报告书”。

［4］中华会计网校：http：//m. chinaacc. com/kuaijishiwu/zzjn/wu20141121135207830

08554. shtml。

[5] 来源：东方财富网：eastmoney. com。

[6] 来源：深圳证券交易所 http://disclosure. szse. cn《KUKA 股份有限公司中期报告（简明）（2016 年 1 月 1 日至 3 月 31 日）》。

[7] 来源：人民日报中央厨房，作者：李刚 http://www. rmlt. com. cn/2017/0413/469112. shtml。

[8] 来源：走出去智库（CGGT），作者：万成文 http://news. cheaa. com/2016/0803/485666. shtml。

[9] 来源：搜狐新闻，作者：雷克世界 http://www. sohu. com/a/120297219_ 390227。

[10] 来源：TechWeb. com. cn，作者：王卡卡。

[11] 来源：人民网 - 财经频道，http://finance. people. com. cn/n1/2016/0427/c1004 - 28307519. html。

[12] 来源：新华网，作者：何中然，http://www. askci. com/news/chanye/2015/12/21/10043cymw_ 2. shtml。

[13] 来源：中国经济网，http://finance. ifeng. com/a/20160603/14455773_ 0. sht。

[14] 来源：吃瓜天狼，http://robot. ofweek. com/2016 - 06/ART - 8321202 - 8500 - 29108812. html。

[15] 来源：新浪科技证券日报，作者：贾丽 http://tech. sina. com. cn/it/2016 - 07 - 12/doc - ifxtwihq0075285. shtml。

[16] 来源：中自网，http://news. ca168. com/201707/80202. html。

[17] 来源：搜狐推舟，http://www. sohu. com/a/107709218_ 443405。

八、问题探讨

美的并购库卡是海外并购中少见的成功案例，从一开始遭到激烈反对到最终达成目标的过程中有不少值得我们思考的问题。除了相关的会计处理，我们还能从中学习到企业合并可以运用的技巧和方法。本案例还原了整个并购的背景及来龙去脉，引导学生深入学习并思考以下问题：

1. 从企业合并角度分析美的集团收购库卡集团的原因是什么？
2. 《企业会计准则》对企业持有股权投资的分类是如何规定的？
3. 《企业会计准则》对股权投资的转换是如何规定的？请结合案例探讨。
4. 企业合并过程中商誉是怎么形成的？如何进行会计处理？请结合案例探讨。
5. 在整个跨国并购过程中，美的运用的哪些技巧和方法值得我们借鉴？

[案例说明书]

一、教学的目的与用途

本案例主要适用于高财会计理论与实务，和企业合并的会计处理相关专题课程。

本案例是一篇关于上市公司通过境外全资子公司跨境收购境外上市公司的企业合并案例，在并购方式越来越多的情况下，企业合并的会计处理也日益突出。通过本案例，让学生掌握上市公司并购中企业合并的会计处理，同时，还使学生去掌握企业合并中需要使用的长期股权投资的转换方法和认识国内企业跨境外购的合并技巧。通过对本案例进行案例分析，还可以让学生加深对会计准则的理解。

二、案例讨论的准备工作

为了更好地实现本案例的教学目的与用途，学生应该在案例讨论之前，通过预发材料了解下面相关的背景知识：

（一）理论背景

企业并购理论、股权投资的分类理论、长期股权投资转换的核算方法理论。

（二）制度背景

（1）根据财政部2014年3月13日正式颁布了修订后的《企业会计准则第2号——长期股权投资》，提到了长期股权投资的初始计量、后续计量、长期股权投资转换方法的转换情况以及相关的会计处理。

（2）根据2014年中华人民共和国财政部颁布的企业会计准则《企业会计准则第20号——企业合并》，对企业合并的分类、合并日的确认、控制权的确认、合并成本的计量方法、商誉的确认及计量有明确的说明。

（3）其他相关规定：2009年8月1日，国家外汇管理局颁布了《境内机构境外直接投资外汇管理规定》，对设立（独资、合资、合作）、并购、参股等方式在境外设立或取得既有企业或项目所有权、控制权或经营管理权等权益的行为，明确规定了境内机构境外直接投资外汇管理。

中国证券监督管理委员会于2008年4月16日发布《上市公司重大资产重组管理办法》，并于2011年8月1日、2014年10月23日、2016年9月8日修改了三次，《关于修改〈上市公司重大资产重组管理办法〉的决定》已于2016年9月1日中国证券监督管理委员会2016年第10次主席办公会议审议通过，现予公布，自公布之日起施行。

三、我国会计准则对企业合并的会计处理

根据2014年中华人民共和国财政部颁布的企业会计准则《企业会计准则第20号——企业合并》，企业合并分为同一控制下的企业合并和非同一控制下的企业合并。

（1）同一控制下的企业合并是指参与合并的企业在合并前后均受同一方或相同的多方最终控制且该控制并非暂时性的，为同一控制下的企业合并，采用权益结合法。合并方在企业合并中取得的资产和负债，应当按照合并日在被合并方的账面价值计量。合并方取得的净资产账面价值与支付的合并对价账面价值（或发行股份面值总额）的差额，应当调整资本公积；资本公积不足冲减的，调整留存收益。

合并方为进行企业合并发生的各项直接相关费用，应当于发生时计入当期损益。为企业合并发行的债券或承担其他债务支付的手续费、佣金等，应当计入所发行债券及其他债务的初始计量金额。企业合并中发行权益性证券发生的手续费、佣金等费用，应当抵减权益性证券溢价收入，溢价收入不足冲减的，冲减留存收益。合并利润表应当包括参与合并各方自合并当期期初至合并日所发生的收入、费用和利润。被合并方在合并前实现的净利润，应当在合并利润表中单列项目反映。

（2）非同一控制下的企业合并是指参与合并的各方在合并前后不受同一方或相同的多方最终控制的，为非同一控制下的企业合并，采用购买法。购买方在购买日对作为企业合并对价付出的资产、发生或承担的负债应当按照公允价值计量，公允价值与其账面价值的差额，计入当期损益。购买方对合并成本大于合并中取得的被购买方可辨认净资产公允价值份额的差额，应当确认为商誉，初始确认后的商誉，应当以其成本扣除累计减值准备后的金额计量。合并成本小于合并中取得的被购买方可辨认净资产公允价值份额的，其差额应当计入当期损益。被合并方在合并前实现的净利润，不并入合并利润表。

四、教学组织方式

（一）问题清单及提问顺序、资料发放顺序

本案例讨论题目依次为：

1. 从企业合并角度分析美的集团收购库卡集团的原因是什么？
2. 《企业会计准则》对企业持有股权投资的分类是如何规定的？
3. 《企业会计准则》对股权投资的转换是如何规定的？请结合案例探讨。
4. 企业合并过程中商誉是怎样形成的？如何进行会计处理？请结合案例探讨。
5. 在整个跨国并购过程中，美的运用的哪些技巧和方法值得我们借鉴？

（二）课时分配

1. 课前自行阅读资料：约 3 小时；
2. 小组讨论并提交分析报告提纲：约 2 小时；
3. 课堂小组代表发言、进一步讨论：约 1 小时；
4. 课堂讨论总结：约 0.5 小时。

（三）讨论方式

本案例可以采用小组形式进行讨论。

（四）课堂讨论总结

课堂讨论总结的关键是：归纳发言者的主要观点；重申其重点及亮点；提醒大家对焦点问题或有争议观点进行深入思考；建议大家对案例素材进行扩展研究和深入分析。

五、建议的附加读物

（1）2014 年中华人民共和国财政部颁布《企业会计准则》中关于长期股权投资的转换核算和企业合并的会计处理相关章节。

（2）《企业并购与重组》是 2011 年经济科学出版社出版的图书，作者是上海国家会计学院。

（3）2009 年 8 月 1 日，国家外汇管理局颁布了《境内机构境外直接投资外汇管理规定》。

案例 8

游戏的收入，收入的游戏*

* 1. 本案例由广东工业大学管理学院的黄蓉、王文姣等共同撰写，作者拥有著作权中的署名权、修改权、改编权。

2. 将本案例授权予广东工业大学产教融合 MPAcc 教学智库实验平台使用，广东工业大学产教融合 MPAcc 教学智库实验平台享有复制权、修改权、发表权、发行权、信息网络传播权、改编权、汇编权和翻译权。
3. 由于企业保密的要求，在本案例中对有关名称、数据等做了必要的掩饰性处理。
4. 本案例只供课堂讨论之用，并无意暗示或说明某种管理行为是否有效。

[案例封面]

专业领域：财务会计

适用课程：《财务会计理论与实务》《财务管理理论与实务》

选用课程：《财务会计理论与实务》

编写目的：本案例旨在引导学员理解、探讨网络游戏公司的收入计量模式及其产生的财务影响。由于网络游戏具有虚拟属性，其价值不仅受市场因素的影响，还受资产自身因素变化的影响，这也导致了网游收入不同的会计计量模式下，公司的财务状况和经营成果会产生较大的差异。根据本案例资料，学员可以加深对网络游戏收入的理解与认识，了解网络游戏收入各种不同计量模式在资产核算中的应用。

知 识 点：收入确认时点；虚拟网游商品收入确认模式；游戏收入各种不同计量模式；不同确认方式的财务影响

关 键 词：网络游戏；收入确认；虚拟道具

中文摘要：网络游戏是互联网技术和大众娱乐相互融合的重要产物，作为一种较为新型的产业，网络游戏有着其自身的特点，同时也根据技术的发展和游戏玩家的行为特点而不断进行创新和发展。而在网络游戏的收入确认上，当前针对传统企业收入确认的会计准则在某种程度上不能得到有效的解释和指导网络游戏的收入确认。我国会计准则在这一领域的指导也并不是十分的具体和明确。本案例拟通过中青宝的研究分析，找出更符合网游公司收入确认的方式。

[案例正文]

窗外天气不错，阳光照进高楼林立的写字楼里。中青宝公司新来的小财务点了根烟，站在办公室的落地窗前，眉头紧锁，自言自语开始说起话来：“这几年互联网的发展带动了游戏行业的发展，公司发展势头非常强劲，跟着推出了页游、端游、手游等等多款不同的游戏。这收入和普通企业又不同，我要怎么去确认更加符合会计准则呢？这可加大了我的工作难度了，愁啊……不行，我问问主管去吧。”弹掉烟灰，摁灭了烟头。财务转身走进了公司财务主管的办公室。

一、背景简介

（一）网游行业背景简介[①]

从整体的收入规模来看，2017 年上半年，中国游戏市场实际销售收入达到 997.8 亿元，同比增长 26.7%，210.3 亿元的收入增量成为自 2009 年以来所有上半年收入增量中的新高。中国游戏销售收入整体规模如图 8－1 所示。

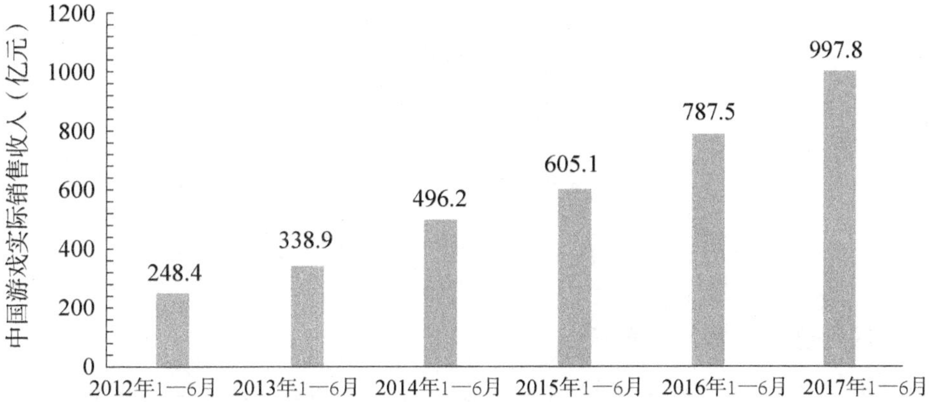

图 8－1　中国 2012—2017 年国内游戏实际销售收入

中国游戏用户规模 5.07 亿人，同比增长 3.6%，人数增长连续三年放缓，但消费金额仍然保持增长。2012—2017 年的游戏用户人数如图 8－2 所示。

截至 2017 年 6 月，中国上市游戏企业达 166 家，其中 A 股上市游戏企业占比 85.6%，港股上市游戏企业占比 9.6%，美股上市游戏企业占比 4.8%。与去年同期相比，美股、港股上市游戏企业占比减少，A 股上市已经成为游戏企业首选。各资本市场中游戏上市企业所占比重如图 8－3 所示。

① 资料来源；中国产业信息网 http：//www.chyxx.com/industry/201701/489846.html.

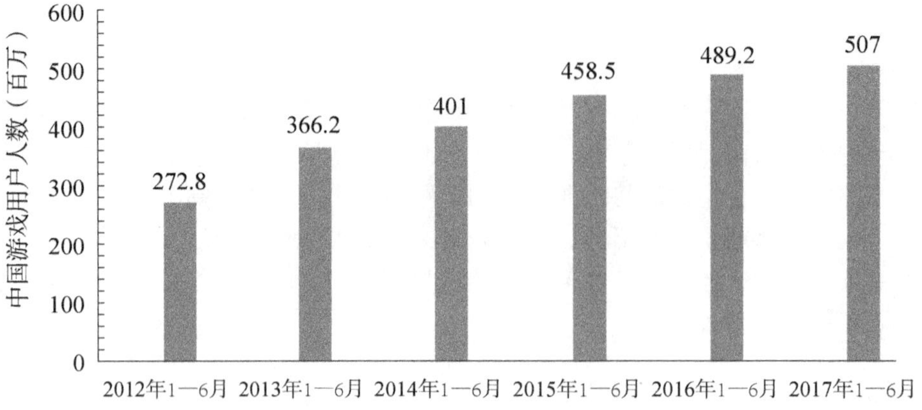

图 8－2　我国游戏用户规模

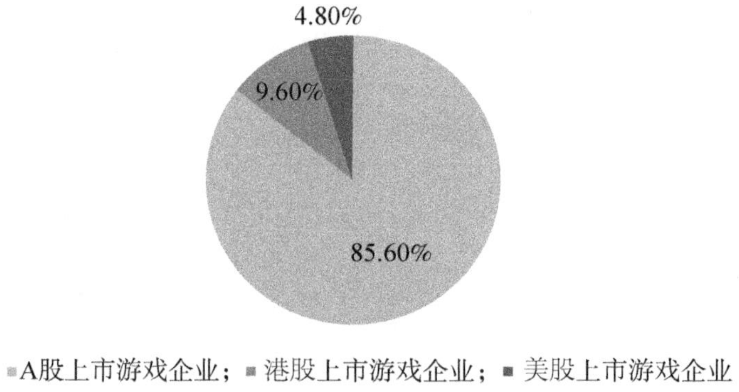

图 8－3　各资本市场中游戏上市企业所占比重

（二）现行会计准则的相关规定[①]

我国 2006 年发布的、与国际趋同的《企业会计准则第 14 号——收入》提出销售收入达到确认标准应该同时满足几个条件，其中最主要的是“企业已将商品所有权上的主要风险和报酬转移给购货方。”我国 2006 年发布的《企业会计准则应用指南》中进一步明确，“企业已将商品所有权上的主要风险和报酬转移给购货方，是指与商品所有权有关的主要风险和报酬同时转移。与商品所有权有关的风险，是指商品可能发生减值或毁损等形成的损失；与商品所有权有关的报酬，是指商品价值增值或通过使用商品等产生的经济利益。判断企业是否已将商品所有权上的主要风险和报酬转移给购货方，应当关注交易的实质，并结合所有权凭证的转移进行判断。”

为进一步规范我国收入确认、计量和相关信息披露，保持我国企业会计准则与国际财务报告准则的持续趋同，借鉴《国际财务报告准则第 15 号》并结合我国实际情况，财政部起草了《企业会计准则第 14 号——收入（修订）（征求意见稿）》（以下简称征求意见稿），正式准则自 2018 年 1 月 1 日起施行。征求意见稿与现行准则的主要变化在以下几

① 资料来源；中华会计网校 http：//www. chinaacc. com/shuishou/cszx/qi1707208389. shtml。

个方面：第一，将现行收入和建造合同两项准则纳入统一的收入确认模型。第二，以控制权转移替代风险报酬转移作为收入确认时点的判断标准。第三，对于包含多重交易安排的合同的会计处理提供更明确的指引。第四，对于总额法和净额法的区分给出了明确规定，并列出了判断的标准。

（三）货币沉淀概念以及理论[①]

“货币沉淀”指货币在商品交换中其媒介功能丧失而不能发挥流通手段职能的货币现象。沉淀货币的持有主体可以是居民，也可以是银行、企业或政府，不论其是否处于流通领域之中，亦不论其沉淀时间的长短，只要没有发挥其媒介商品交换的作用，这部分货币就属于沉淀状态的货币，这种现象就称为货币沉淀现象。由此可将货币沉淀分为动态的货币沉淀和静态的货币沉淀。所谓动态的货币沉淀指货币在一年以内丧失流通手段职能，可能处于商品流通领域之中（如企业账上暂时闲置的采购资金），抑或处于商品流通领域之外（企业或个人购买并持有的短期有价证券或短期持有的闲余现金）以及银行暂时闲余的资金。所谓静态的货币沉淀即指货币长期（一年以上）处于贮藏手段形式上，在一个较长时期内游离于商品流通领域之外，基本上不发挥流通手段的作用。[②]

二、案例概况

（一）网游企业收入来源

1. 时间收费收入

时间收费是指按照玩家的游戏在线时间进行收费，具体又分为计点收费和包月收费两种。计点收费是指玩家先用现金购买点卡，玩游戏时再按游戏时长消耗一定比例的点数。包月收费是指按固定时间段来收费，一般按月为单位，这种情况下玩家购买一张月卡，就可以在一个月的时间内随便玩游戏。同样，还有季卡、年卡等。此外，一些采用时间收费的网络游戏还存在混合制收费，即按照玩家的级别分类，在某一级别之下的玩家是免费用户，超过一定级别之后就需要按照游戏时长付费。如中青宝手机游戏最后一炮的价格如表8－1所示。

表8－1 最后一炮收费时长价格表

单位：宝币

游戏名称	商品名称	价格（宝币）
最后一炮	VIP（3天）	500
最后一炮	VIP（7天）	1000
最后一炮	VIP（30天）	4000

①② 资料来源：《论货币沉淀和与目前我国的通货治理》。

续上表

游戏名称	商品名称	价格（宝币）
最后一炮	VIP（90天）	10800
最后一炮	VIP（180天）	19800
最后一炮	VIP（360天）	32800

2. 出售虚拟道具收入

出售虚拟道具模式又称免费游戏模式，这种模式下玩家可以免费注册、参与游戏，公司的收入主要来自于玩家购买游戏内虚拟商品。玩家只要完成游戏账号注册即可参与公司的游戏，不需要额外支付任何费用。如果玩家希望在游戏中增强技能，需要购买游戏点卡并用点卡兑换虚拟货币，再用虚拟货币购买虚拟商品。虚拟商品一般表现为能够增加角色力量速度等技能的道具、有极大杀伤力的武器或是增加美感的华丽服装。因此，在游戏中会同时存在付费玩家和非付费玩家。目前该模式已成为中国网络游戏的主流收费模式。还是以中青宝手机游戏最后一炮作为例子。中青宝手机游戏最后一炮道具具体价格表如表8－2所示。

表8－2　最后一炮道具价格表

单位：宝币

游戏名称	商品名称	价格（宝币）
最后一炮	K1载具礼包	49800
最后一炮	89突（纪念版）载具礼包	37200
最后一炮	酋长（北约丛林）载具礼包	36000
最后一炮	88B（中原铁拳）载具礼包	40800
最后一炮	美洲虎（火线救援）载具礼包	34800
最后一炮	黄貂鱼（泰国陆军）载具礼包	24800
最后一炮	云豹步战车载具礼包	19800
最后一炮	蝎式侦察车载具礼包	15800

3. 其他收入

手续费收入是指玩家不仅能从游戏开发商那里购买虚拟道具，还能够从其他玩家那里购买其他玩家所拥有的道具，玩家之间进行道具购买时，游戏开发商按道具交易价格的一定比例收取手续费。

周边产品收入是指通过网游企业自行生产或授权其他企业生产或开发与网络游戏相关的实体产品，从而获取利润。例如将游戏中的人物做成玩偶进行出售或出售以某一游戏为主题的相关实体产品、书籍等。一般情况下，周边产品出售时会附带一项获得虚拟货币或商品的权利，通过扫二维码或在游戏官网输入一组数字即可获得。

广告收入是将产品或品牌信息嵌入游戏，在游戏中出现广告，玩家在游戏过程中会接触到广告产品，网游企业向广告商收取一定费用。游戏内置广告主要包括：游戏场景中的路牌广告、登录或退出时弹出的广告、游戏过程中出现的文字广告以及游戏官网上的广告等。

（二）网游企业收入特点

1. 收费模式不同采用不同的收入确认方法

按照时间收费盈利模式的收入确认相对来说要简单些，可以按照劳务收入的确认原则，网游企业履行了义务就可以确认销售收入。对于网游企业销售月卡、季卡、年卡方式获得销售收入的，可以参照完工进度百分比法，按玩家已使用时长来分期确认销售收入。

道具收费盈利模式下的收入确认相比普通商品确认而言复杂许多，网游企业通过销售游戏道具（即虚拟商品）获得收入。实际操作中就存在两种不同的确认方法。一种是在虚拟商品销售时点立即确认收入，与实物商品的销售收入确认相同。另一种是将销售虚拟商品视为提供服务，在虚拟商品消耗期间分期确认收入。

2. 风险报酬转移时点确认困难

游戏道具由于没有实物形态，只能在该游戏环境下使用，不同网游企业之间游戏道具没有可比性也不可以通用。因此，游戏道具不存在一般意义上的减值、增值或毁损，风险报酬的转移时点确定困难，企业判断是否满足收入确认条件时较为困难。

3. 价格确认困难

游戏环境和道具都是虚拟的，玩家购买道具时有些情况下不是直接使用现金购买，而是先使用现金购买游戏中的游戏券，再使用游戏券去购买道具。这使得游戏道具的价格需要进行换算，较难直接用现金衡量。而且，网游企业还有各种促销活动，活动中的价格都会比正常价格低，正常销售情况下适用的兑换比例会发生变化，更增加了虚拟商品价格衡量的难度。

此外，不同游戏的虚拟世界是相互隔离的，游戏道具只能用于某一款游戏。因此，游戏道具并不存在活跃的二级市场，无法获得其公允价值。

（三）案例企业简介

中青宝股份有限公司成立于2003年，成立至今已发展成为一家具有自主研发、运营能力、代理能力的专业化网络游戏公司。中青宝目前主营业务为网页网络游戏、移动网络游戏的研发和运营。经过多年的历炼，公司研发和发行运营人员积累了丰富的研发和运营经验，公司游戏业务保持了稳定的盈利能力，已成为国内领先的集研发和运营于一体的网络游戏厂商之一。2016年度，公司尝试以原有的游戏业务的技术作为支撑，以发展新业务、拓展新的稳定盈利点为目标，开启公司从游戏行业到泛娱乐平台的战略转型升级。报告期内，公司紧跟互联网发展的大趋势，为改变公司单一游戏业务的结构，主动布局产业链的上下游，于2016年9月2日发布《关于以现金收购宝腾互联股权暨关联交易公告》，以纯现金方式收购云服务公司深圳市宝腾互联股份有限公司，以期完善公司整体产业结构的构成。报告期末，中青宝股东大会已审议通过该收购事项，需待宝德科技集团股份有限公司召开股东大会审议通过后继续推进该项收购。

2016年，公司依靠多年在游戏和文化行业的技术沉淀，向文化旅游行业进行延展，紧密结合互联网的发展趋势，将如今互联网行业中主流的新兴技术VR/AR融入文化旅游中，走科技文旅路线，打造科技与文化相结合的主题公园。以上工作完成后，公司计划将主营业务发展为游戏、云服务（省略）、科技文旅（省略）三大支柱业务，具体描述如下：

公司专注于网络游戏尤其是移动游戏产品的开发、发行与运营。近年来，随着快速发展的行业大环境以及游戏行业的竞争加剧，公司寻求自身业务的突破创新，不断加强对新游戏的研究与开发，集中精力打造符合未来市场需求的精品游戏。2016 年公司在手游和端游方面都研发了多款产品：

手游（手机游戏）方面，2016 年手游方面上线的产品系列包括音乐休闲类游戏《梦中旅人》、ARPG 类游戏《战神传奇》、ARPG 类游戏《冒险战记》等产品，反响热烈，储备产品水墨风武侠 ARPG《武当剑》及公司首款 3D MMORPG 产品 BMT 已在最后研发 阶段，预计在明年上半年度推向市场；

端游（电脑游戏）方面，公司在传统的 MMORPG 市场有两款产品《天道》《抗战》，两款产品均保持良好的盈利能力。近年来，电竞赛事与主播行业发展迅猛。公司瞄准此契机，为《最后一炮》以适应未来竞技游戏与游戏直播的特点设计了精细化运营方案，将电竞赛事与主播深度结合，开辟了主播与电竞赛事的双线运营模式。在过去一年，中青宝投入大量资源筹备和举办精英联赛，希望通过长期举行的赛事，将装甲竞技这一个新颖的游戏概念带给国人。而赛事与人气主播相结合的方式，也为游戏吸引了更多关注，在游戏公测阶段，让《最后一炮》的人气有了明显提升。《最后一炮》VR 版本正在测试阶段，预计将于 2017 年内推出。

2016 年，公司实现营业收入 32 134.81 万元，同比下降 6.34%；实现利润总额 -4 747.77万元，同比下降 154.25%；实现归属于上市公司普通股股东的净利润 -4 972.93万元，同比下降 176.27%。中青宝 2013—2016 年财务状况如表 8 -3 所示。

表 8 -3 中青宝 2013—2016 年财务状况

单位：亿元

年份	资产总额	负债总额	所有者权益总额	营业收入	扣非净利润
2014	15.35	5.36	9.99	3.21	-7916.35
2015	12.56	2.21	10.35	3.43	-3.10
2016	12.96	1.53	11.43	4.90	-1.28

2016 年，公司同比 2015 年的业绩有所下滑，具体原因描述如下：一是公司对控股子公司上海美峰对环球互动数码科技有限公司应收账款进行全额计提减值准备；二是公司对持有的长期资产进行减值测试，计提减值准备；三是公司根据第三方评估公司对控股子公司上海美峰和深圳苏摩的估值对合并商誉计提减值准备；四是由于公司处于内部业务优化关键时期并进行新业务领域布局建设和投资，虽取得阶段性成果，但尚未盈利，从而对公司经营利润产生影响。2016 年，公司对自身持有长期资产及控股子公司的应收账款、商誉等计提减值准备，虽对归属于公司的净利润造成影响，但降低了商誉占净资产的比率，释放了部分风险。公司对长期资产及子公司商誉计提减值准备，虽对业绩有所影响，但从公司整体的角度而言，本次对子公司商誉计提减值准备后，公司商誉占净资产比重进一步下降，远低于行业平均水平。

（四）案例企业的收入核算情况

通过中青宝2016年的财务报告，公司营业收入主要涉及公司自主运营、与平台联合运营、分服运营和著作权转让等几种运营模式。其中公司自主运营占比高达58.69%，与平台联合运营模式也达到了28.97%。中青宝公司2015—2016年收入状况如表8－4所示。

表8－4　中青宝2015—2016年收入状况

单位：元

	2016年		2015年		同比增减
	金额	占营业收入的比重	金额	占营业收入的比重	
营业收入合计	321 348 057.16	100%	343 090 937.31	100%	－6.34%
分行业（分运营模式）					
公司自主运营	188 600 209.02	58.69%	85 900 510.49	25.04%	119.56%
与平台联合运营	93 084 963.84	28.97%	165 225 751.38	48.16%	－43.66%
分服运营	2 933 650.76	0.91%	6 512 471.09	1.90%	－54.95%
著作权转让	23 273 400.00	7.24%	40 941 400.00	11.93%	－43.15%
运营权转让			34 805 037.21	10.15%	－100.00%
其他服务	7 533 031.61	2.35%	4 269 107.66	1.24%	76.45%
其他业务	5 922 801.93	1.84%	5 436 659.48	1.58%	8.94%

1. 自主运营收入的确认原则、方式和流程

公司是通过游戏玩家在网络游戏中购买虚拟游戏装备、某些特殊游戏功能模块或为游戏在线时间支付费用的方式取得在线网络游戏运营收入。游戏玩家可以从公司的游戏点卡经销商处购得游戏点卡，也可以从公司的官方运营网站上通过银行借记卡、信用卡、手机支付以及银行转账等支付方式购得游戏点卡。游戏玩家可以使用上述游戏点卡进入公司的运营网络游戏中进行消费（如购买游戏虚拟装备及其他特殊游戏功能体验或购买游戏在线时间等）。公司在道具收费模式下，游戏玩家可以免费体验公司在线运营的网络游戏的基本功能，只有游戏玩家购买游戏中的虚拟道具时才需要支付费用。销售游戏虚拟道具所取得的收入在游戏玩家实际使用虚拟货币购买道具时予以确认。其自主运营收入的确认原则、方式和流程如图8－4所示。

2. 与游戏平台联合运营收入的确认原则、方式和流程

公司与多家大型网络游戏平台签订合作运营网络游戏协议，其玩家通过平台的宣传了解公司游戏产品，直接通过平台提供的游戏链接下载游戏客户端，注册后进入游戏。游戏用户通过购买平台发行的点卡充值到账户中兑换成虚拟货币，在游戏中购买道具等虚拟物品。虽然游戏玩家购买的是平台发行的点卡，并通过平台的链接进入到游戏，但是游戏的服务器由公司提供，游戏的维护、升级、客户服务等仍由公司负责。网络游戏平台将其在合作运营游戏中取得的收入按协议约定的比例分成给公司，在双方核对数据确认无误后，

公司确认营业收入。其与游戏平台联合运营收入的确认原则、方式和流程如图 8－5 所示。

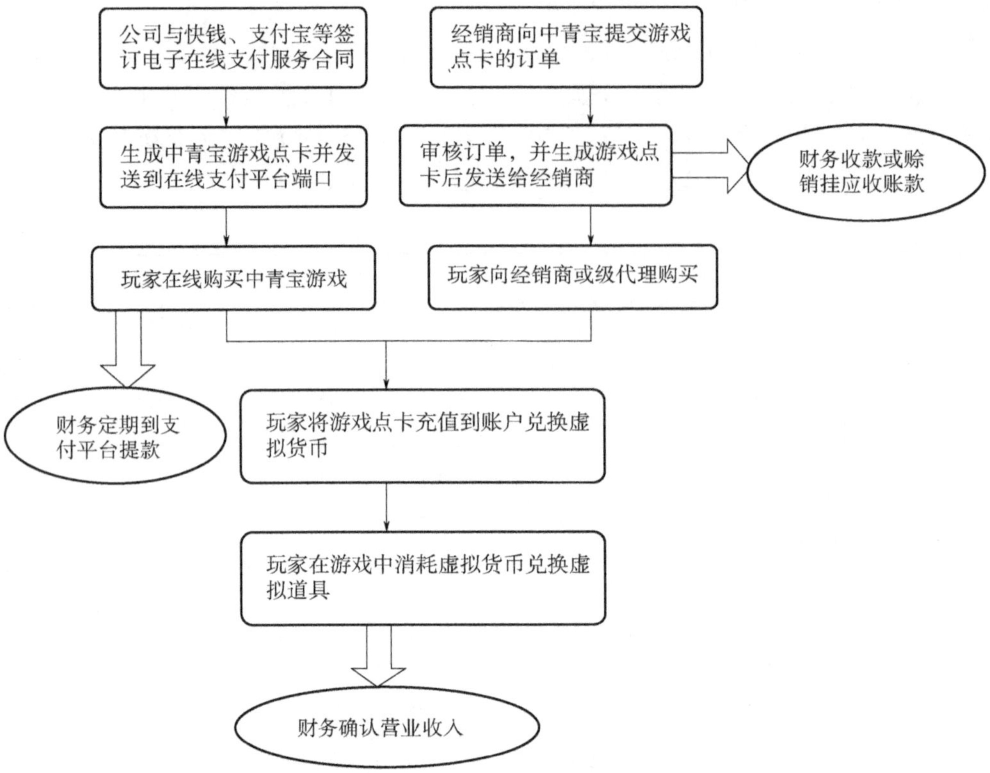

图 8－4　中青宝自主运营收入的确认原则、方式和流程

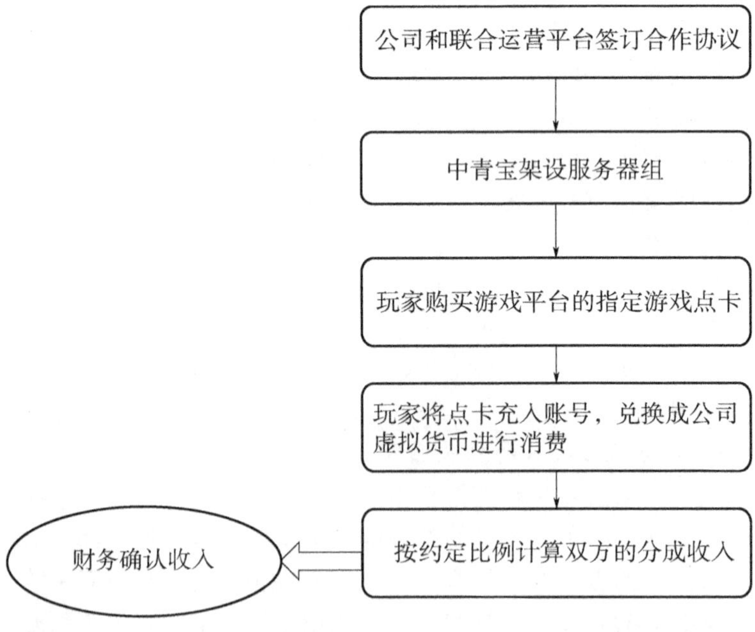

图 8－5　中青宝与游戏平台联合运营收入的确认原则、方式和流程

3. 分服运营服务收入的确认原则、方式和流程

公司与分服商签订合作运营协议，由公司为其提供约定的后续服务，分服商将其在合作运营游戏中取得的收入按协议约定的比例分成给公司，在双方核对数据确认无误后，公司确认营业收入。

公司与分服运营商签订合作运营网络游戏协议，由于公司需后续不断提供服务，将一次性收取的版权金予以递延并列为其他流动负债项下的递延收益，分别于协议约定的受益期间内对其按直线法摊销确认营业收入。中青宝公司分服运营服务收入的确认原则、方式和流程如图8－6所示。

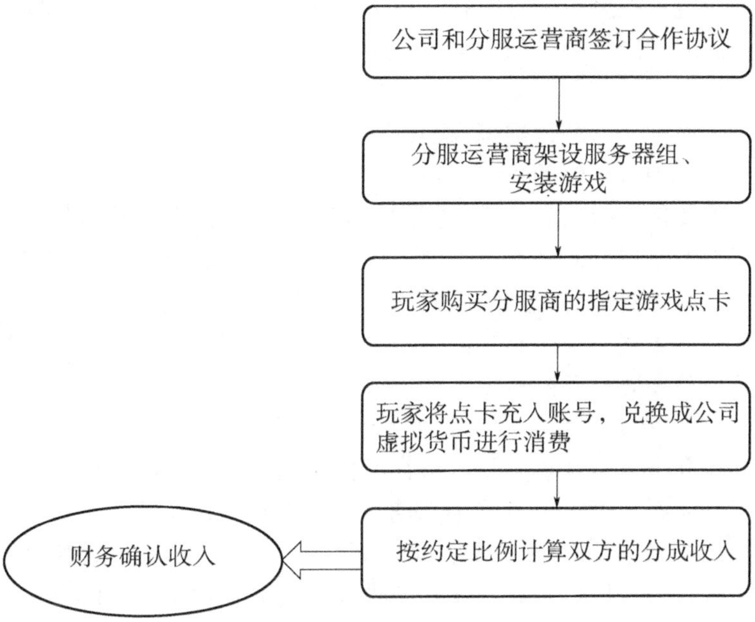

图8－6　中青宝与分服运营服务收入的确认原则、方式和流程

4. 游戏产品著作权、运营权转让收入的确认原则、方式和流程

公司按照合同条款将游戏产品交付对方后，由于公司不再提供与该款游戏相关的任何服务，同时也不再享有该游戏相关的权益，于对方验收合格后一次性确认营业收入。

5. 公司现有的货币沉淀的会计信息披露

公司推出了端游、页游等各种网络游戏，并且也将所有虚拟道具销售都运用在了各类游戏中，同时产生的货币沉淀的数额也是不容小觑的，公司针对货币沉淀在年度财务报告中的具体披露如表8－5所示。

表8－5　中青宝2016年货币沉淀数据

项　　目	期末余额（元）	期初余额（元）
预收的游戏卡未实现产生的递延收益	20 565 775.37	7 557 808.03
政府补助	2 558 133.13	4 755 600.07
特许费收入（授权金）	3 956 202.02	5 633 184.67
合计	27 080 110.52	17 946 592.77

三、案例分析过程

（一）虚拟道具的分类和会计处理

普通的零售企业销售商品后，一般没有后续的义务，所以物品的交付和风险报酬的转移往往是同步的，可以在销售时点确认收入。但是在网络游戏中，在玩家购买一项道具后，游戏发行商还有后续义务，即提供一个虚拟世界使得玩家在虚拟世界中使用这项道具，直至道具被消耗殆尽，发行商的义务才完成。

现行会计准则要求在风险和报酬转移后才能确认收入，至于如何判断风险是否转移，还要根据虚拟商品的不同类型采用不同的处理方法。根据消耗方式的不同，虚拟商品可以分为三种类型。

第一种是一次性虚拟商品，虚拟商品使用后发行商不需要再提供后续服务，应当在虚拟商品使用时点立即确认相应的收入。

第二种是有限使用虚拟商品，既包括虚拟商品的使用次数有限也包括虚拟商品仅在有限使用期间内有效的情况。对于使用次数有限的虚拟商品，由于随着玩家使用次数的减少，发行商承担的虚拟商品对应的风险和报酬也逐次减少，应该按照其使用次数采用直线法分次确认收入。对于使用期限有限的虚拟商品，发行商承担的风险报酬是在有效期内逐渐转移的，因此应该在虚拟商品有效期间内分期确认收入。

第三种是永久性虚拟商品，例如服饰，玩家可以在寿命期内一直使用。此种情况下，发行商承担的风险和报酬是在剩余玩家寿命期内逐渐转移的，收入应该在剩余玩家寿命期内分期确认。但是还要注意到，有些虚拟商品是可以自由转移的，可以在二级市场自由买卖或在玩家之间相互赠送。对于可以自由转移的永久性虚拟商品，使用期间大大延长甚至可以达到剩余游戏寿命。所以，如果某永久性虚拟商品在玩家之间的交换较为频繁，可以基本确定使用期间会达到剩余游戏寿命的，收入在剩余游戏寿命期内分期确认。

（二）三种模式，一个对策

根据中青宝公司关于收入确认原则的描述可知，对于端游、页游和自主运营的手游，企业都是在虚拟货币兑换成虚拟道具时确认收入，对于与游戏平台联合运营的手游，企业的处理与端游、页游和自主运行的手游确认原则类似，只不过需要在双方核对数据确认无误后，企业确认营业收入。如果年末未取得运营商提供的结算数据的，企业需要按比例暂估确认收入。

从上可以看出，企业将游戏道具认定为公司的存货。当玩家用虚拟货币转换游戏道具时，企业认为其不再管理和控制游戏道具，且转移了相关的风险和报酬，而经济利益在公司出售虚拟货币时已经流入企业，成本也可以可靠计量，所以可以确认这部分虚拟货币的收入。企业确认收入的方法是每年年末核算玩家购买的虚拟道具，将其兑换成人民币金额属于公司的部分确认收入。

虚拟货币的售出或者虚拟物品的售出并不意味着公司完成了其履约义务，相反，这只是公司履约义务的开始。所以，从本质上看，虚拟货币与商品本身都不是实物，而是玩家持有的凭证，代表公司将在以后向玩家转移经济资源的现时义务，是网游公司的负债。因此，当玩家购买虚拟货币时，公司应将收取的款项记入递延收益。在后续的处理中，如果玩家以虚拟货币兑换的虚拟道具不是立即被消耗，那么网游公司应该在虚拟物品被消耗的整个期间内以某种系统的方法（一般是直线法）确认收入。

因此，中青宝将虚拟商品销售时点作为风险和报酬转移时点并不合理，而应当在与虚拟商品相关的风险转移给玩家时确认收入。

（三）天下真有免费的赠品？

查阅了中青宝的年度财务报告并没有发现有披露关于公司有赠送的虚拟商品（或货币）的内容，但是，通过下载中青宝的手游、端游就可以发现，其实游戏中还是存在着赠送的行为。由此可以发现中青宝公司赠送的虚拟商品（或货币）没有进行会计处理。

1. 当玩家达到某一积分时，赠送给玩家一定的虚拟商品或货币

玩家在购买虚拟商品时除了确认本次销售的收入，并且应该就未来能兑换的虚拟商品或货币的权利确认一部分递延收益。中青宝没有确认递延收益，那么在未来玩家将积分兑换虚拟商品时，虚拟商品转移给玩家，风险报酬开始转移，但是虚拟商品对应的收入早已在获得积分时就确认了，收入确认时期远早于风险报酬转移时期。

2. 玩家购买一定数量的虚拟货币赠送虚拟商品

购买虚拟货币赠送虚拟货币或商品就是平时所说的满赠促销。如果是赠送虚拟货币的话，的确不需要进行会计处理，因为只有在销售虚拟商品时才开始确认收入，销售虚拟货币仅确认递延收益。但如果是赠送虚拟商品，则应该视同发生了虚拟商品的销售行为，应该在销售时点开始进行收入确认，需要按照购买的虚拟货币与赠送虚拟商品的公允价值分别确认递延收益和收入。中青宝没有进行会计处理，则赠送时虚拟商品转移给玩家，风险报酬开始转移，但是企业并没有进行收入确认，有违收入确认基本原则。

（四）沉淀的货币一直在沉淀

网络游戏公司在销售虚拟货币后还是有义务向玩家提供虚拟物品，风险并没有转移，因此不能在销售虚拟货币时直接确认收入。然而，经常玩家购买了虚拟货币后不会将所有的虚拟货币全部使用，有一部分虚拟货币长期存在于玩家的账户中而没有被用来购买虚拟商品，这部分虚拟货币一直存在于玩家账户中，当玩家退出游戏或游戏终止时，没有被使用的虚拟货币由于未转换为虚拟商品，所以一直没有被确认为收入。

中青宝的三种运营模式均存在虚拟货币长期未使用的情况。企业未对虚拟货币沉淀进行会计处理（公司年度财务报表中的其他流动负债披露）。中青宝 2016 年其他流动负债明细如表 8－6 所示。

表 8－6　中青宝 2016 年其他流动负债明细

项　　目	期末余额（元）	期初余额（元）
预收的游戏卡未实现产生的递延收益	20 565 775. 37	7 557 808. 03
政府补助	2 558 133. 13	4 755 600. 07
特许费收入（授权金）	3 956 202. 02	5 633 184. 67
合计	27 080 110. 52	17 946 592. 77

四、结语

随着互联网经济的日益发展，网游企业交易事项的日趋复杂，网游企业收入确认对已有的收入实现原则和收入确认方法提出了挑战。而网游作为新型行业，缺乏有针对性的准则应用指南，使得企业的收入确认存在很多问题，会计信息质量受到影响。本案例通过对中青宝网游收入的会计处理，分析中青宝收入计量产生的问题，以便能够找出更符合网游公司收入确认的方式。

五、讨论思考题

本案例通过对中青宝的收入确认流程来探讨网游企业的虚拟道具销售收入的会计处理。首先了解我国现行会计准则的相关内容和网络游戏企业的行业内部准则；其次梳理分析案例公司的收入模式，以及现行的收入确认准则；再次突出案例公司在面对不同盈利模式采用同一种会计处理方式所造成的缺陷，并且能够根据我国现行会计准则的要求来进行相关的判断。

1. 网游虚拟道具的特点为销售收入计量带来的特殊性有哪些？

2. 根据网游虚拟货币的收入来源，思考我国会计准则对其计量的规范应当怎样去运用分析？

3. 根据案例对中青宝的收入确认流程的分析，结合中青宝的主营业务特征，从公司经营者的角度分析公司不同的盈利模式下采用同一种会计处理方式是否合理？

4. 你认为中青宝应采用何种收入确认方法较为适合？若继续采用同样的直接销售时点确认模式，公司可以采取什么补救措施减少会计信息相关性不足的问题？另外，公司需要如何解决游戏道具产生递延收益分摊的问题？

5. 根据中青宝案例，思考对于虚拟游戏商品这类公允价值不确定的非实物性资产，不同的收入计量模式会给企业财务绩效带来什么样的影响？

六、参考资料

[1] 中国产业信息网：2017 年中国游戏行业市场容量及发展趋势分析，http：//www. chyxx. com/industry/201701/489846. html。

[2] 中华会计网校，http：//www. chinaacc. com/shuishou/cszx/qi1707208389. shtml。

[3] 中青宝股份有限公司 2014 年年度报告。

[4] 中青宝股份有限公司 2015 年年度报告。

[5] 中青宝股份有限公司 2016 年年度报告。

[6] 论货币沉淀与目前我国的通货治理，《新疆社会经济》，2000 年第 5 期。

[案例说明书]

一、教学目的与用途

本案例适用的课程有:《财务会计理论与实务》《财务管理理论与实务》。

本案例适用的授课对象为: MPAcc 学生, 拓展适用于所有管理类的专业硕士 (如工商管理专业硕士) 及学术性硕士。

本案例的教学目标是: 本案例旨在引导学员理解、探讨网络游戏公司的收入计量模式及其产生的财务影响。由于网络游戏具有虚拟属性, 其价值无法从公开的二级市场获得, 并且还受道具自身因素变化的影响, 这也导致了网游收入不同的收入计量模式下, 公司的财务状况和经营成果会产生较大的差异。根据本案例资料, 学员可以加深对网络游戏收入的理解与认识, 了解网络游戏收入各种不同计量模式在收入核算中的应用。

二、案例讨论的准备工作

为了有效实现本案例目标, 学员应该具备理论背景、行业背景和制度背景相关知识。现只介绍制度背景知识:

我国 2006 年发布的《企业会计准则第 14 号——收入》提出企业已将商品所有权上的主要风险和报酬转移给购货方是收入确认的主要条件。

财政部起草了《企业会计准则第 14 号——收入 (修订) (征求意见稿)》(以下简称征求意见稿), 正式准则自 2018 年 1 月 1 日起施行。

三、教学组织方式

(一) 问题清单及提问顺序、资料发放顺序

本次案例提问的题目依次为:

(1) 网游虚拟道具的特点为销售收入计量带来的特殊性有哪些?

(2) 根据网游虚拟货币的收入来源, 思考我国会计准则对其计量的规范应当怎样去运用分析?

(3) 根据案例对中青宝的收入确认流程的分析, 结合中青宝的主营业务特征, 从公司经营者的角度分析公司不同的盈利模式下采用同一种会计处理方式是否合理?

(4) 你认为中青宝应采用何种收入确认方法较为适合? 若继续采用同样的直接销售时点确认模式, 公司可以采取什么补救措施减少会计信息相关性不足的问题? 另外, 公司需要如何解决游戏道具产生递延收益分摊的问题?

(5) 根据中青宝案例, 思考对于虚拟游戏商品这类公允价值不确定的非实物性资产, 不同的收入计量模式会给企业财务绩效带来什么样的影响?

本案例的参考资料及其索引, 在讲授有关知识点之后一次性布置给学员。

（二）课时分配

本案例可供独立的案例讨论课使用。以下是按照时间进度提供的课堂计划建议，仅供参考。整个案例课的课堂时间控制在 90 分钟。

1. 课前计划

发放案例正文，提供研究问题给学生，请学生在课前完成阅读和初步思考，并了解绩效考核的方法和类型。

2. 课堂计划

（1）课堂前言：教师简要介绍案例主题（5 分钟）。

（2）案例故事回顾：采用随机提问形式对案例故事全貌做一回顾，使学生回顾案例事件要点，为下一步讨论打好基础（15—20 分钟）。

（3）案例分析与讨论：按照研究问题的顺序逐个提出问题并进行理论的讲解和引导分析；教师不断提出问题或追问问题，学生回答，参与回答的学生有助教记录，作为案例讨论部分计成绩的基础；1 ～ 2 题每题掌握在 5—6 分钟，3 ～ 6 题掌握在 10 分钟左右（50—55 分钟）。

（4）案例总结：教师对讨论进行归纳总结，并进一步启发大家从战略的角度对产品成本核算进行课后探讨（10 分钟）。

3. 课堂讨论总结

课堂讨论总结的重点是：根据小组发言情况进行归纳总结，教师对学员的讨论情况进行点评，就如何运用理论知识去解决实际问题提出建议并引导学员对案例跟踪后续发展。

案例 9

弃菌从医，从盈余管理角度看金针菇第一股为何不种菇*

* 1. 本案例由广东工业大学管理学院的陈沉、朱雨珠、谭少红等共同撰写，作者拥有著作权中的署名权、修改权、改编权。

2. 将本案例授权予广东工业大学产教融合 MPAcc 教学智库实验平台使用，广东工业大学产教融合 MPAcc 教学智库实验平台享有复制权、修改权、发表权、发行权、信息网络传播权、改编权、汇编权和翻译权。

3. 由于企业保密的要求，在本案例中对有关名称、数据等做了必要的掩饰性处理。

4. 本案例只供课堂讨论之用，并无意暗示或说明某种管理行为是否有效。

[案例封面]

专业领域： 财务会计

适用课程：《财务会计理论与实务》

选用课程：《财务会计理论与实务》

编写目的： 本案例旨在帮助学员通过研究、理解和掌握企业盈余管理动因和方法的相关知识，引导学员进一步关注运用盈余管理的意义和影响。学员可以在此基础上，结合公司运用盈余管理手段前后的经营指标分析，对公司运用盈余管理后产生的影响及财务绩效做出判断和评价，并将其运用到经营活动的实践当中去。

知 识 点： 盈余管理动因；盈余管理方法；财务绩效

关 键 词： 弃菌从医；盈余管理

中文摘要： 我国上市公司在其公布年报和半年报之后，很多公司会出现业绩大幅下滑的现象。上市公司在出现亏损后，都会寻找方法使公司扭亏为盈来避免退市，盈余管理就是这些公司实现扭亏为盈的手段之一。目前，上市公司运用盈余管理是国内外证券市场上普遍存在的现象。星河生物公司于 2010 年上市，2013 年至 2014 年亏损两年，在面临退市的情况下，2015 年扭亏为盈，2016 年退出原主营业务产业（食用菌业务），实现向医疗器械领域的战略转型。2014 年和 2015 年对于星河生物公司是意义重大的两年，在这两年中星河生物是如何运用盈余管理来扭亏为盈，实现弃菌从医的转型呢？

[案例正文]

一、盈余管理研究背景和意义

20世纪80年代以来，国内外学者对盈余管理的研究近乎疯狂，盈余管理成为国内外会计研究的重要领域。但该时期盈余管理的研究主要是针对企业个体行为，并且较多关注应计盈余管理。应计盈余管理行为被外部审计师发现的概率较高，影响利润在不同会计期间的分布，但不影响企业未来经营现金流量及未来经营业绩。从现有研究来看，对盈余管理的界定尚未统一，不同学者的界定存在差异。Schipper（1989）是给出盈余管理概念较早的学者，该学者认为，盈余管理是企业管理层迫于盈余目标等压力，在会计法律法规允许的范围内，操控对企业外财务报告及披露的过程，从而获得私有收益的行为。从Schipper的定义来看，主要是给出了应计盈余管理的概念，应计盈余管理主要是在会计法律法规允许的范围内，通过改变会计政策、会计估计，从而使不同会计期间盈余的分布发生改变，影响会计盈余当期及后期的分布的行为。这一行为会影响据此作出投融资决策的相关利益者的决策效率。

随着资本市场的完善，基于资本市场中管理层应计盈余管理及真实盈余管理行为，国内外学者进行了大量的理论及实证研究。现有研究主要分为两个分支：第一个分支是应计盈余管理的相关研究；第二个分支是真实盈余管理的相关研究。真实盈余管理的相关研究起步较应计盈余管理晚，主要是从Roychowdhury的研究之后开始增多。Roychowdhury认为，真实盈余管理是管理层通过放宽信用销售条件或者通过扩大生产规模，或者削减企业的研发支出、职工培训经费、销售费用、管理费用等，来实现调增企业当期的报告盈余的目的。后续学者借鉴了该种计量思路，对真实盈余管理进行了大量研究，取得了一系列成果。随着外部监管环境的不断完善，应计盈余管理被外部发现的概率增加。部分研究发现，管理层为了实现资本市场中的股权和债务融资、避亏等目的，应计盈余管理的实施降低，但增加了真实盈余管理的程度。表现为管理层从偏好应计盈余管理转向偏好真实盈余管理的现象。还有部分研究认为，盈余管理不应该只分为应计盈余管理和真实盈余管理，还应该区分是机会主义效应的还是信息传递效应的。信息传递效应的盈余管理更多的是为传递给投资者等相关利益者信号，以降低公司面临的融资成本等。机会主义效应的盈余管理则更多的是为了避免亏损、盈余下滑等目标而实施的未来实现概率几乎为零的行为。这一行为损害了股东的相关利益，给企业发展带来负面经济后果，也会损害投资者等的决策效率。现有盈余管理虽然取得了一系列的成果，但较少研究真实盈余管理与应计盈余管理的异质性。

研究盈余管理具有重要的理论及现实意义，对提高上市公司财务信息质量、降低沟通摩擦，提高会计信息透明度，从而提高会计信息有用性。盈余管理不只受内部因素影响，还与外部因素息息相关。

二、国内外研究综述

近年来，我国资本市场的发展不断加速，资本市场规模不断增加，我国资本市场在资源配置、完善资本市场的发展及资本结构调整等方面发挥了重要的作用。但与较发达的资本市场相比，我国资本市场仍然存在较多的不足之处。基于我国特殊的制度背景，企业要实现增发和配股，必须达到相应的利润指标。管理层存在资本市场动机、政治成本动机、薪酬契约动机、税收动机等。

（一）资本市场动机

Burgstahler 和 Eames 的研究表明，上市公司股票价格受分析师预测能否达到的显著影响。如果当期业绩未能达到分析师预测的值，会给企业及管理层等带来严重的负面经济后果，甚至造成企业的股票价格下跌。因此，为了迎合分析师预测的盈余目标，管理层存在向上操控的盈余管理的动机，增加了其正向盈余管理的程度。Badertscher 与 Burgstahler 和 Eames 的结果一致，发现应计盈余管理和真实盈余管理存在替代关系，当应计盈余管理受到显著限制时，管理层会通过操控企业真实活动，来实现股票价值持续高估，避免股价下跌给企业及管理层带来负面经济后果。Tech et al. 基于 IPO 上市公司为研究对象，发现上市当年及随后几年，管理层更可能通过操控企业折旧处理方法及折旧年限、操控企业坏账准备等项目，最终达到操控企业报告盈余的目的。

（二）政治成本动机

政治成本动机是盈余管理的三大诱因之一，被国内外学者广泛认可。当上市公司面临反垄断监管和行业管制等，管理层更可能基于政治成本动机实施盈余管理，如向下操控企业报告盈余，避免监管及反垄断审查等，以表现出更低盈利能力或获取更高优惠及政策性补贴。Watts 和 Zimmerman 的研究认为，对较小企业来说，大企业的政治敏感性程度更高，该学者提出政治成本假说，认为政治敏感度高的企业受外部相关部门更高程度的关注，增加了企业的部分成本。因此，为降低外部监管增加给企业及管理层带来的相关成本，对较小企业来说，大企业更可能实施向下操控的盈余管理行为，以降低财富转移。国内学者李增福等人的研究发现，规模与管理层的盈余管理行为也有显著的关系，规模较大的上市公司，其管理层应计盈余管理程度低于小规模上市公司，但其真实盈余管理程度却显著高于大规模上市公司。公司的规模与应计及真实盈余管理的影响在不同控股企业存在显著的差异。

（三）薪酬契约动机

Watts 和 Zimmerman 的研究发现，契约并不会降低管理层和股东之间的代理成本，也不能降低二者之间的利益冲突，但在契约各方确定契约被违反时，这一问题得到解决。由于薪酬契约、债务契约等大多基于上市公司的财务相关数据，如盈余、股票价格等。因此，管理层在制定和执行各种契约时，基于自身私有收益最大化的目标，会通过变更会计政策、通过选择其他的会计估计方法、通过将借款费用及研发支出等项目作为资本化处理，以降低当期报告盈余的抵减项，增加当期的报告盈余。这一盈余管理行为也被一些学者称之为“契约动机的盈余管理行为”。Somnath et al. 基于薪酬契约视角，发现管理层为获得高薪酬激励，存在盈余平滑动机和行为，以增加自身获得的相关收益，盈余平滑程度和自身薪酬增加幅度存在显著正相关关系。李延喜的研究发现，管理层契约的制定和执行大多依赖于业绩指标，为了获得较高薪酬激励，管理层存在正向真实盈余管理的动机及行为，这一结论在控制上市公司负债及规模后依然成立。张娟和黄志忠的研究与上述不太一样，该学者将高管薪酬分为高管货币薪酬激励及高管股权激励，发现两种薪酬激励对管理层机会主义盈余管理的影响不同。

（四）税收动机

Zang的研究表明，通过削减企业的研发支出、销售费用、管理费用等酌量性费用，或者是通过扩大化生产，降低单位产品成本，以达到提升企业报告盈余的目的，最终影响管理层对税收总额的操控程度，降低企业的税收支出。具体来说，通过正向的酌量性费用操控和成本操控的真实盈余管理行为，增加了企业的报告盈余，增加了企业的税收支出；通过向下的酌量性费用操控及成本操控的真实盈余管理行为，会降低企业的报告盈余，最终降低企业的税收支出，为企业保留现金流。李增福和郑友环及李增福等基于我国税收改革，特别是所得税改革制度背景，发现如果预期税率上升，则管理层实施真实盈余管理的程度更高，而如果预期税率下降，那么其管理层实施应计盈余管理的程度更高。

三、上市公司资本运作中常见的盈余管理方法

近几年，我国上市公司的数量越来越多，在上市公司中存在的盈余管理现象也越来越多。保上市、保配股、保盈利成为我国上市公司实施盈余管理的主要动机。盈余管理只能在会计准则或制度的范围内进行，不能超越会计准则及制度的规定，我国上市公司实施盈余管理的途径复杂多样，不同背景不同行业的上市公司具有不同的盈余管理模式和手段。一般来说，上市公司盈余管理的途径主要包括关联交易、虚假确认收入与费用、会计政策选择与变更等。

（一）利用关联方交易

会计准则中定义关联方交易是指在关联方之间发生转移资源或义务的事项，不论是否收取价款。关联方主要指在企业的财务和经营决策中，有能力直接或间接控制、共同控制另一方或另一方施加重大影响的有关各方，主要有母子公司、同受母公司控制的子公司、合营企业和联营企业等。

1. 关联购销

关联购销是关联交易中最常见的形式，很多上市公司的原材料供应和市场销售依赖于集团公司和大股东，这些上市公司在经济上并不是完全独立的个体。所以交易有可能偏离市场公平交易的原则。

2. 计收资金占用费

按照我国现有法规，企业之间是不允许相互拆借现金的，但这种现象出现在我国目前的经济环境下是非常多的。资金占用费是通过向关联方提供利率高于同期银行贷款利率的巨额款项，调节财务费用，获得高额利润。通常做法是上市公司将募集资金拆借给母公司使用，再由母公司向上市公司支付一定的资金占用费用。上市公司与关联公司发生的资金占用的金额、收费标准均未事先公告，投资者无法对此合理性给出恰当的判断和估计。

（二）虚假确认收入与费用

收入是指企业在销售商品、提供劳务及让渡资产使用权等日常活动中形成的经济利益的总流入。费用是指企业为取得收入所发生的各种耗费，具体表现为货币资金的流出。

1. 提前确认收入和费用

收入通常在交易已经发生后才可以确认和记录，管理层有时会在过程完成之前确认和记录收入。提前确认收入的方式有提前开具销售发票、在未来存在重大不确定性时仍确认收入、在仍需进一步提供服务时确认收入等。

上市公司将有可能以后期间发生的损失提前确认，以提高以后年度的盈利水平。例如，中科建在1996年提前确认科技开发费、递延费用等1470万元，致使该公司在当年净资产收益率为-27.99%，但1997年底反弹为10.19%。

2. 延后确认收入和费用

延后收入是将应由本期确认的收入推迟到未来期间确认，推迟确认收入可以平滑上市公司的收益，使上市公司呈现一种稳定上升的趋势，误导投资者。延后费用是指上市公司对当期实际发生的费用暂不确认，以提高当期的盈利水平。

3. 制造虚假收入项目

上市公司有时会为了达到增加利润的目的而制造经济业务，人为地增加收入事项。一些上市公司为了提高利润会通过签订虚假合同的方式将其产品销售给母公司，或者通过将其商品高价出售给其关联方，从而使其主营业务收入和主营业务利润增加。例如，上市公司在第一年年底做一笔销售，到了第二年再进行退货，从而达到虚增当年利润。

（三）会计政策的选择与变更

会计政策是指企业在会计核算时所遵循的具体原则以及企业所采纳的具体会计处理方法。会计政策变更是指企业对相同的交易或事项由原来采用的会计政策改用另一会计政策的行为，即在不同的会计期间执行不同的会计政策。由于企业管理当局在会计政策选择及其变更方面具有自主权，他们的立场便成为会计政策选择及其变更的关键。在信息不对称的屏障作用下，作为经济人的企业管理当局，当其与外部各缔约方发生利益冲突时，便会在会计准则允许的范围内（有时甚至违背会计准则）选择或变更会计政策，使生成的会计信息对己有利。

1. 改变折旧政策

折旧政策的变更是最为常见的一种会计政策变更。固定资产在企业的资产总额中占有非常大的比例，且固定资产的使用具有长期性，因此固定资产折旧政策的确定与变更能极大影响企业利润。

2. 变更存货计价方法

变更存货计价方法是通过对一定的成本费用在时间期间上的不同安排来影响企业利润。常见的存货计价方法有个别计价法、先进先出法、加权平均法、移动平均法等。

3. 变更长期股权投资的核算方法

企业长期股权投资采用成本法或权益法进行核算。在权益法下，无论被投资企业是否分配利润，投资企业都应根据被投资企业的盈亏情况和投资比例确认收益或损失，计入当期利润总额。而在成本法下，只是根据被投资企业的利润分配情况，投资企业按所分得的利润计入当期的投资收益，不考虑被投资企业实际发生的盈亏。两种方法的互相更改都会对上市公司的利润产生较大影响。

四、公司简介及行业背景

（一）公司简介

星河生物公司成立于1998年（表9－1），2000年涉足食用菌产业化生产，2015年，为了适应新经济形势对企业的客观要求，公司积极调整产业结构。目前，公司已完成了资产重组，剥离食用菌业务，并完成向医疗健康领域的转型。

表9－1　星河生物公司基本情况

中文名：广东星河生物科技股份有限公司
成立时间：1998年8月6日
性质：专业从事食用菌研发、生产、销售的现代化农业企业
类别：广东省农业龙头企业
主营业务：鲜品食用菌的研发、生产和销售，主要产品包括金针菇、真姬菇和白玉菇等鲜品食用菌。
生产规模：公司现拥有东莞市塘厦基地、韶关市曲江基地、东莞市清溪一基地、东莞清溪二基地4个生产基地。目前日产鲜品食用菌40吨，是国内食用菌十大龙头企业之一。
上市时间：2010年12月9日
股票代码：300143
曾更名：广东菇木真生物科技股份有限公司
现用名：广东星普医学科技股份有限公司

数据来源：Choice数据。

星河生物公司的经营范围为医疗器械的研发和经营、医疗行业投资、对外投资、股权投资、货物及技术进出口；为成员企业及关联企业提供经营决策和企业管理咨询、财务管理咨询、资本经营管理和咨询。星河生物公司主要业务见图9－1。

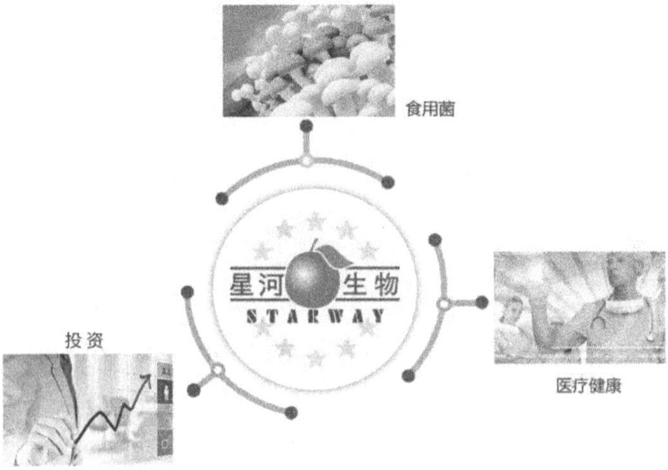

图 9 - 1　星河生物公司主要业务

（二）行业背景

1. 食用菌行业

食用菌是伴随我国改革开放快速形成的一项新兴产业，由于其营养、美味、保健三大特点所带来的巨大市场需求，刺激了产业规模快速扩张，目前我国已成为全球食用菌产量第一大国，占世界总产量的 70%。2008 年，在国家产业调整和惠农政策带动下，我国食用菌工厂化生产得到快速发展，到 2012 年企业数量和年产量等都达到历史峰值。

2012 年，由于企业数量大幅增加，导致我国食用菌行业产能过剩。之后，受生产成本不断上涨、产品价格和企业利润同比下滑等因素影响，我国食用菌工厂化企业数量从 2013 年开始连续呈现下降趋势，由 2012 年的 788 家下降到 2016 年的 590 家（含在建企业 27 家），年均降幅达到 6.88%。2014 年由于整体经济低迷，行业产量下降了 3.2%，2015 年回升了 6.3%。而从产值来看也由爆发期每年 20% 以上增长放慢到 10% 左右。

2. 医疗健康行业

近几年来，我国医疗行业保持稳速增长。行业的平稳发展与国民经济的快速发展以及居民生活水平的提高密切相关。由于医疗保健制度的完善和人们生活水平的提高，居民的消费需求将进一步被释放出来。随着社会的发展，人们对自身健康重视程度的提高，健康医疗服务行业将会迎来高速发展时期。

自 2000 年以来，国家连续出台一系列政策，一方面鼓励和引导民营资本进入医疗服务市场，扩大供给，另一方面在于国家建立覆盖全体国民的基本医疗保险制度，提高支付能力。随着市场准入逐渐放开，民营资本主动进入医疗服务行业。随着医疗行业体制的不断完善，医疗行业将朝着更好的方向不断发展。

五、星河生物运用的盈余管理方法

（一）2014 年星河生物所运用的盈余管理

1. 背景

2010 年 12 月 9 日，星河生物在深交所创业板上市，A 股市场迎来金针菇行业第一股。上市之时，星河生物以 138.46 倍的市盈率一度刷新创业板市盈率纪录，上市当年，公司营业收入 1.68 亿元，净利润 4220 万元，增速分别高达 75% 和 107%，业绩亮眼，股价醒目，在业绩与新股的炒作下，星河生物的股价冲上了历史最高点，每股 80 元。

2011 年，星河生物业绩同样令人满意，营收增长 24%，利润增长 39%，然而在扣除非经常性损益之后，实际净利润仅增长了 12%，星河生物股价开始出现滑坡现象。2012 年大批新建的食用菌生产企业成立，导致我国食用菌行业产能过剩，市场竞争压力大，行业内整体利润率下降，星河生物盈利能力急剧下滑。

伴随着食用菌工厂化产量的提高，市场竞争愈发激烈，产品价格持续下滑。据星河生物 2013 年年报称，2013 年国内几个主要农产品批发市场的金针菇价格仅为 2012 年同期平均价格的 78%，扣除运输费用和经销商利润后，生产厂家的收益所剩无几。食用菌工厂化行业竞争激烈，金针菇等工厂化鲜品食用菌市场价格在低位徘徊的月份较多，公司产品利润空间受到挤压，产品毛利率大幅下降，使公司陷入内外煎熬的困境，在这种行业竞争激烈的背景下，星河生物公司开始试图运用盈余管理手段来修饰报表。

星河生物公司在 2013 年的净利润为 -1.67 亿元，在这巨额亏损中，除了由于行业竞争激烈而导致的主营业务收入增长缓慢，营业利润不高；还有来自于子公司新乡市星河生物科技有限公司的 8085.13 万元的巨额亏损，新乡星河公司亏损的形式几乎全部为资产减值的计提。

2. 星河生物计提大量减值准备

2015 年初，星河生物公司发布了关于计提资产减值准备的公告。该公告解释了计提资产减值准备的原因，第一，由于星河生物公司旗下子公司清溪分公司、清溪第二分公司及塘厦基地生产规模小，人力成本高等原因将停止投入生产。清溪分公司在 2013 年亏损为 1400 万元左右，而 2014 年前三季度再次亏损。清溪第二分公司在 2010 年至 2013 年间，每年亏损额度也在 400 万元左右。而塘厦生产基地设施设备陈旧，存在消防安全隐患，同时受成本影响，运营情况类似。为避免这三个生产基地对上市公司经营业绩造成长期影响，公司决定将进行相应的资产处理及计提减值准备。第二，其全资子公司新乡市星河生物科技有限公司①已经在 2013 年 11 月就停止投资建设，资产一直处于闲置状态。虽然在这期间星河生物公司曾经多次努力寻找合作方重新启动新乡基地的建设，但至今均无结果。新乡星河的食用菌厂房专用性强，通用性较差，而且也在持续闲置中，已出现减值迹象。根据目前食用菌行业市场竞争及公司自身经营资源等状况，为盘活闲置资产，经公司于 2015 年 1 月 30 日召开的第三届董事会第十一次会议、第三届监事会第十次会议、

① 新乡市星河生物科技有限公司。该公司于 2011 年 1 月 14 日成立，是星河生物全资子公司。占地面积 346 698.21 平方米（520.047 亩），地价总额为 4 121.1238 万元。

2015年2月16日召开的2015年第二次临时股东大会审议通过，公司决定对新乡星河的设备及厂房进行处置并计提相应的减值准备。星河生物公司拟对新乡星河的房屋建筑物以2014年12月31日为基准日按快速变现折扣系数50%进行减值测试。2014年星河生物公司资产减值损失数据对比见表9－2。

表9－2　2014年星河生物公司资产减值损失数据对比

单位：元

项　目	本期发生额	上期发生额
坏账损失	1 095 629. 10	138 708. 79
存货跌价损失	8 641 949. 14	4 979 522. 65
固定资产减值损失	68 627 693. 51	490 769. 69
在建工程减值损失	152 481 294. 09	77 833 429. 56
合计	230 846 565. 84	83 442 430. 69

数据来源：星河生物公司2014年年报。

（二）2015年星河生物所运用的盈余管理

1. 重组背景

2012年，受到行业影响，星河生物盈利能力急剧下滑。再加上子公司计提的大量资产减值损失，2013年和2014年星河生物均出现重大亏损，在2012年至2014年间，公司重组两次，均未成功。

第一次重组发生在星河生物频繁变更名称期间。2012年11月13日，星河生物公司宣布筹划重大资产重组事项停牌。因未能与中介机构和被重组方就收购事宜达成一致，2012年12月31日星河生物公司发布终止重组公告。星河生物第一次重组以失败告终。

第二次重组在2013年11月，星河生物再次停牌，筹划以通过发行股份与支付现金相结合的方式，购买洛阳伊众合计93%股权，交易作价4. 65亿元，并定增募资不超过1. 55亿元，用于支付股权转让款及投资项目运营。2014年10月，星河生物公司取得证监会对该重大资产重组事项的核准批复，但2015年1月星河生物公司因标的资产业绩低于预期，这与星河生物公司原本是为增强持续经营能力、盘活新乡资产的目的不符，经双方同意决定终止此次重组相关事项。星河生物公司股票于2015年1月7日复牌。第二次重组也由于无法实现重组目的而失败。

2. 星河生物公司第三次资产重组

2015年8月24日，星河生物公司发布公告，拟通过11. 25亿元高溢价收购玛西普100%股权，玛西普截至2015年6月30日未经审计的账面净资产约4445万元，较其净资产账面价值增值10. 73亿元，增值率高达24倍。此次交易中，星河生物公司募集了配套资金6. 8亿元，其中1880万元用于支付中介机构费用，6120万元用于补充玛西普流动资金，剩余的6亿元准备用于投入玛西普的立体定向放射外科设备综合供应商项目，同时，交易对方承诺玛西普2015年度、2016年度、2017年度的净利润数不低于6 000万元、10 187万元、12 866万元。

根据星河生物公司在2015年9月召开的董事会决策和中国证券监督管理委员会的核准通过，公司向刘岳均发行16 736 538股股份、向马林发行28 401 923股股份、向刘天尧发行16 736 538股股份、向叶运寿发行15 576 900股股份、向徐涛发行4 543 369股股份、向王刚发行3 245 200股股份、向纪远平发行1 298 076股股份购买其合计持有的玛西普医学科技发展（深圳）有限公司（以下简称“玛西普”）100%股权。公司总股本变更为233 938 544.00股。2015年12月29日完成了收购玛西普的过户手续，玛西普成为星河生物公司的全资子公司，星河生物也由此正式转型进入医疗健康领域。按照相关财务准则的规定，在星河生物公司2015年报告期内合并玛西普期末资产负债表，不合并其损益。

星河生物第三次重组终于成功，虽然此次重组并不能大幅改善星河公司目前状况，但是为星河生物开始放弃食用菌行业而转型医疗器械行业埋下伏笔。但由于重组成功时间接近2015年末，星河生物还需要其他盈余管理手段改善盈利水平，实现扭亏为盈。

3. 星河生物公司变更会计估计

2015年4月22日，星河公司召开的第三届董事会第十二次会议审议通过了变更会计估计的决策，确定本次星河生物公司会计估计变更日期为2015年1月1日，采用未来适用法。星河生物公司对符合办理房屋产权登记条件的房屋建筑物，变更了该类固定资产的会计估计，折旧年限由20年变为40年（见表9－3）。

星河生物在其2015年年报中解释了该变更理由，星河生物公司符合办理房屋产权登记条件的房屋建筑物均采用了较高的建筑设计和施工标准，大多为钢架结构和钢筋混凝土框架结构，建筑质量大幅提高，预计使用寿命相对较长；而星河生物公司修建的简易及临时的建筑物及构筑物，由于其修建的技术要求和质量要求相对较低，预计使用年限相对较短。

表9－3　星河生物公司变更后采用的会计估计

类别：房屋建筑物	折旧年限（年）	预计残值率（%）	年折旧率（%）
符合办理房屋产权登记条件的房屋建筑物	40	5	2.375
其他房屋及建筑物	20	5	4.75

资料来源：星河生物公司2015年年报。

据星河生物公司2015年年报披露，根据变更后的坏账准备计提方法和折旧年限，经公司财务部门以2015年12月末的基数测算，假设折旧全部计入当期损益，扣除企业所得税的影响后，本次会计估计变更将导致2015年少计提折旧473.71万元左右，预计将增加本公司2015年度的净利润473.71万元左右，增加归属于母公司2015年度的净利润365.36万元左右，增加2015年末归属于上市公司所有者权益约365.36万元左右。

4. 星河生物公司出售新乡星河生物公司

新乡星河生物公司一直处于未使用状态，处置该资产不会对星河生物公司的整体经营状况产生不利影响，相反，处置该公司消除了闲置资产拖累公司业绩的风险，使公司食用菌产业的资产结构得到明显改善。2015年10月，星河生物公司将新乡市星河生物科技有限公司以26 263 900元转让给天水众兴菌业科技股份有限公司。2015年10月29日，完成资产过户手续。星河生物公司的投资收益在2015年比上年增加794 535.64元。

（三）盈余管理的影响

2014年，星河生物实现营业收入为307 842 534.93元，同比增长20.80%；营业利润为－299 025 265.66元，同比下降76.64%；利润总额为－295 700 367.25元，同比下降76.84%；基本每股收益为－1.98元，同比下降78.38%；加权平均净资产收益率为－64.37%，同比下降40.42个百分点（见表9－4）。

表9－4　2014年星河生物公司主要财务数据和指标

项　目	本报告期	上年同期
营业总收入（元）	307 842 534.93	254 837 544.23
营业利润（元）	－299 025 265.66	－169 285 934.20
利润总额（元）	－295 700 367.25	－167 213 112.77
基本每股收益（元/股）	－1.98	－1.11
加权平均净资产收益率（%）	－64.37	－23.95

数据来源：星河生物2014年业绩快报。

星河生物公司在其披露的2014年年报中称，由于处理数个亏损基地资产需计提相应资产减值准备等原因，公司在2014年实现净利润为亏损2.99亿元。其中，计提资产减值准备总计2.3亿元。本次资产减值准备的计提将导致星河生物公司在2014年度合并报表中归属母公司所有者的净利润减少至－2.93万元。

2015年，星河生物公司实现营业收入为280 137 234.37元，同比下降9%，这是由于星河生物公司终止了清溪分公司、清溪第二分公司及塘厦基地三个未能达到规模效益的生产基地业务，只保留最具成本和市场优势的韶关和西充两个生产基地。营业利润为－5 043 173.98元，同比增长98.33%，星河生物公司在报告期内处置了食用菌产业的闲置存量资产，压缩生产费用，加强资金回笼，使成本大幅下降。利润总额为14 970 112.08元，同比增长105%；基本每股收益为0.07元，同比增长103.52%；加权平均净资产收益率为3.39%，同比上升68.12%（见表9－5）。

表9－5　2015年星河生物公司主要财务数据和指标

项　目	本报告期	较上年同期增减变动幅度
营业收入	280 137 234.37元	－9.00%
营业利润	－5 043 173.98元	98.33%
利润总额	14 970 112.08元	105.00%
基本每股收益	0.07元/股	103.52%
加权平均净资产收益率	3.39%	上升68.12%

数据来源：星河生物2015年业绩快报。

经历了两年的连续亏损，2015年，星河生物归属于上市公司股东的净利润终于为正。2015年星河生物净利润为1 057.66万元（见图9－2），比上年同期增长103.61%。盈余管理对于星河生物的影响主要有：第一，通过调整会计估计政策、计提大量减值准备等方法帮助星河生物公司度过暂时的财务危机；第二，对于星河生物两年净利润亏损的状况，实施利润平滑手段，有助于星河生物公司长远发展。

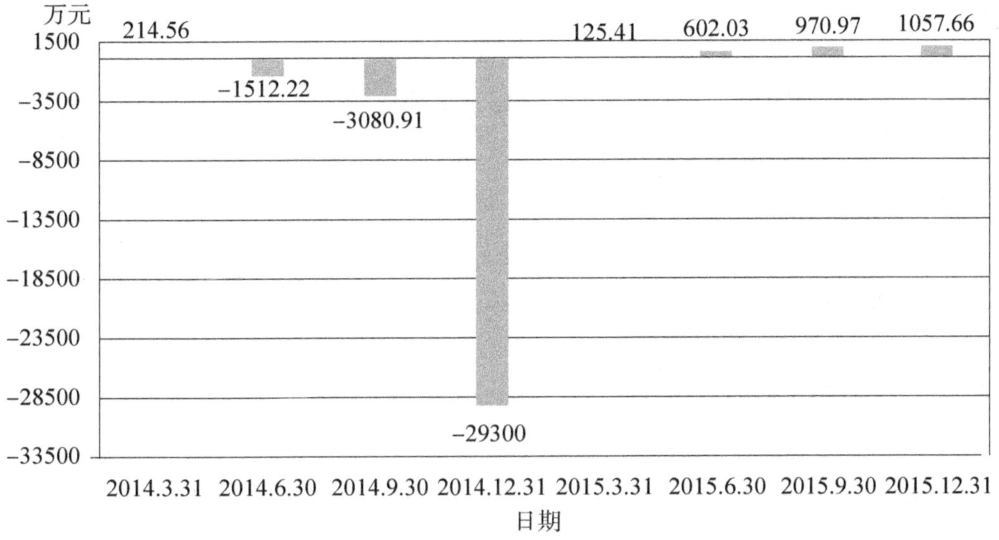

图 9－2　2014—2015 年星河生物归属于上市公司股东的净利润

数据来源：同花顺。

六、小结

盈余管理一直都是一把“双刃剑”。由于我国证券市场还不是很发达，上市公司中有许多公司的盈余管理完全是一种机会主义行为，已经影响到其资源的优化配置，损害了投资者的利益。利用盈余管理披露会计信息并不能改变公司本身的不良状况，管理层应该谨记只依靠盈余管理来发展企业无异于“饮鸩止渴”。合理有度地利用盈余管理的手段，才能保证经济往更健康的方向发展，掌握好这个度，是我们用好盈余管理的关键所在。

综上所述，星河生物企业盈余管理的存在有其必然性。一定范围的盈余管理对星河生物的影响是积极的，可以帮助公司暂时度过财务危机。但星河生物公司想持续盈利稳定发展，就必须要确立产业转型的战略思路，调整原有食用菌产业的生产布局和规模，实施并购重组，推动公司由单一的食用菌产业向多产业并行发展。2015 年是星河生物公司起死回生的一年，也是其发展历程中具有重要战略性意义的一年。面对前两个会计年度连续亏损、两次重组都失败、主营业务形势不景气等不利局面，星河生物公司总结前两年的不足，结合市场经济的变化，认真寻找方法，成功实现转型。

七、讨论题目

1. 企业盈余管理有什么方法，星河生物运用何种盈余管理的方法？
2. 通常企业进行盈余管理的动因有哪些？星河生物进行盈余动因是什么？

3. 根据财务指标和市场反应应如何评价星河生物盈余管理的案例?
4. 同行业企业能从星河生物的盈余管理案例中获得哪些启示或者借鉴?

八、附录

星河生物 2016—2017 年盈利指标

科目\时间	2017.9.30	2017.6.30	2017.3.31	2016.12.31	2016.9.30	2016.6.30	2016.3.31
基本每股收益	0.45 元	0.29 元	0.18 元	0.22 元	0.13 元	0.06 元	0.03 元
净利润	1.26 亿元	8110.36 万元	5109.16 万元	5508.04 万元	3092.84 万元	1382.92 万元	814.11 万元
净利润同比增长率	307.11%	486.47%	527.58%	420.78%	218.53%	129.71%	549.17%
扣非净利润	7842.12 万元	3624.17 万元	965.07 万元	4112.74 万元	2505.03 万元	1116.38 万元	761.64 万元
扣非净利润同比增长率	213.05%	224.64%	26.71%	740.74%	536.91%	243.66%	1660.33%
营业总收入	2.44 亿元	1.29 亿元	3884.39 万元	4.32 亿元	2.96 亿元	1.73 亿元	8099.24 万元
营业总收入同比增长率	-17.47%	-25.76%	-52.04%	54.37%	48.71%	39.29%	14.26%
每股净资产	8.07 元	7.89 元	8.07 元	7.65 元	7.56 元	6.22 元	6.20 元
净资产收益率	5.59%	3.56%	2.27%	3.16%	1.93%	0.95%	0.56%
资产负债比率	9.73%	13.07%	5.03%	13.35%	16.12%	17.76%	18.24%
每股经营现金流	0.35 元	0.20 元	0.0064 元	0.16 元	-0.19 元	-0.07 元	-0.02 元
销售毛利率	64.00%	66.46%	75.69%	40.23%	40.33%	38.03%	43.31%
存货周转率	2.33	1.4	0.36	6.73	4.72	2.96	1.25
销售净利率	55.82%	65.71%	131.53%	11.16%	8.08%	5.34%	11.40%

九、参考资料

[1] Schipper K. Commentary on earnings management [J]. Accounting Horizons, 1989, 3 (04): 91-102.

[2] Roychowdhury S. Earnings Management Through Real Activities Manipulation [J]. Journal of Accounting and Economics, 2006, 42 (03): 335-370.

[3] Burgstahler D, Eames M. Management of earnings and analysts forecasts. Working paper [D]. University of Washington, 1998.

[4] Teoh S, Welch I, Wong T J. Earnings management and the under-performance of seasoned equity offerings [J]. Journal of Financial Economics, 1998, 50 (1): 63-99.

[5] Watts R. L. Conservatism in accounting part I: explanations and implications [J]. Accounting Horizons, 2003, 17 (12): 207-221.

[6] Somnath Das, Keejae Hong, Kyonghee Kim. Earnings smoothing, cash flow volatility, and CEO cash bonus [J]. Financial Review, 2013, 48 (1): 123-150.

[7] Zang A. Y. Evidence on the Trade-Off between Real Activities Manipulation and Accrual-Based Earnings Management [J]. The Accounting Review. 2012, 87 (2): 675-703.

[8] 李增福，林盛天，连玉君．国有控股、机构投资者与真实活动的盈余管理 [J]．管理工程学报，2013，03：35-44.

[9] 李增福，郑友环，连玉君．股权再融资、盈余管理与上市公司业绩滑坡——基于应计项目操控与真实活动操控方式下的研究 [J]．中国管理科学，2011，02：49-56.

[10] 魏明海．盈余管理基本理论及其研究述评 [J]，会计研究，2000.

[11] 范海峰，胡玉明．R&D 支出、机构投资者与公司盈余管理 [J]．科研管理，2013，07：24-30.

[12] 李延喜，包世泽，高锐等．薪酬激励、董事会监管与上市公司盈余管理 [J]．南开管理评论，2007，06：55-61.

[13] 吴联生，薄仙慧，王亚平．避免亏损的盈余管理程度：上市公司与非上市公司的比较 [J]．会计研究，2007，02：44-51.

[14] 徐焱军，刘国常．上市公司股权再融资前后季度的盈余管理 [J]．经济与管理研究，2009，08：44-49.

[15] 戴德明，毛新述，邓璠．中国亏损上市公司资产减值准备计提行为研究 [J]．财经研究，2005.

[16] 张金霞，2009，中国食用菌产业科学与发展 [N]．北京：中国农业出版社，2009：49-50.

[案例说明书]

一、教学的目的与用途

（1）本案例通过对盈余管理的涵义、动因、方法的学习，分析了星河生物公司在2014年至2015年这两年所运用的盈余管理方法，由星河生物公司在2014年至2015年的主要财务指标分析中，查看星河生物公司所运用盈余管理的绩效。

（2）本案例适用于MBA（EMBA）、MPAcc等研究生和高年级本科生层次的教学实践，希望本案例能够为教学案例库增添素材，完善教学体系。

（3）本案例属于描述性案例，教学目的如下：

①希望通过对本案例的学习，能够提高学生对问题的分析能力，提高学生多方面看待问题的能力，以及理论与实际相结合的能力。

②希望案例使用者能够从案例分析中得到启发，能够了解并学习到盈余管理的概念、特点、形成动因和上市公司在资本运营中常用的盈余管理方法。

二、关键要点

案例使用者在对案例进行分析研究过程中，应该着重把握星河生物公司所运用的盈余管理这个特殊的关键点，从星河生物公司在当时所面临的环境和条件出发，思考其扭亏为盈的方法。

（1）把握盈余管理相关理论知识。学会分析企业常用的盈余管理类型、盈余管理在我国的动因理论等。

（2）学会对企业年报、半年报中的经营绩效进行分析和评价。结合企业的内外部状况，从报表中看出哪一项指标受到企业盈余管理的影响。

三、案例讨论的准备工作

为了有效实现本案例目标，学员应该具备下列相关知识背景：

（一）理论背景

学员应通过本案例的学习，把握盈余管理的涵义、动机及方法。在此基础上对星河生物的盈余管理进行分析。

（二）食用菌行业背景（略）

四、教学组织方式

（一）问题清单及提问顺序、资料发放顺序

本案例讨论题目依次为：

（1）企业盈余管理有什么方法？星河生物运用和何种盈余管理的方法？

（2）通常企业进行盈余管理的动因有哪些？星河生物进行盈余管理的动因是什么？

（3）根据财务指标和市场反应应如何评价星河生物盈余管理的案例？

（4）同行业企业能从星河生物的盈余管理案例中获得哪些启示或者借鉴？

本案例的参考资料及其索引，在讲授有关知识点之后一次性布置给学员。

（二）课时分配

（1）课前计划

发放案例正文，提供思考问题给学生，请学生在课前完成阅读，了解相关理论知识，并对案例中涉及的问题进行讨论，以小组为单位形成初步观点。

（2）课堂计划

①课堂前言：教师简要介绍案例主题（5分钟）。

②案例故事回顾：采用随机提问形式对案例中的要点进行回顾，为下一步讨论打好基础（15—20分钟）。

③案例分析与讨论：按照研究问题的顺序逐个提出问题并进行理论的讲解和引导分析；提问面向小组，给出一定讨论时间，然后由小组选出代表回答（约定每位代表只能回答一个问题），同一问题可视情况请多个小组回答（所有问题的讨论和回答控制在100分钟）。

④案例总结：教师对讨论进行归纳总结，并进一步启发大家从更深层次、利用最新资料对案例进行跟踪和分析（10分钟）。

（3）讨论方式

本案例可以采用问题导向进行讨论，通过分小组进行讨论。

（4）课堂总结

课堂讨论总结的关键是：归纳发言者的主要观点；重申其重点及亮点；提醒大家对焦点问题或有争议观点进行进一步思考；建议大家对案例素材进行扩展研究和深入分析。

案例 10

对赌协议是天使或魔鬼：掌趣科技并购案例研究*

* 1. 本案例由广东工业大学管理学院的陈文涓、岳薪卉等共同撰写，作者拥有著作权中的署名权、修改权、改编权。

2. 将本案例授权予广东工业大学产教融合 MPAcc 教学智库实验平台使用，广东工业大学产教融合 MPAcc 教学智库实验平台享有复制权、修改权、发表权、发行权、信息网络传播权、改编权、汇编权和翻译权。

3. 由于企业保密的要求，在本案例中对有关名称、数据等做了必要的掩饰性处理。

4. 本案例只供课堂讨论之用，并无意暗示或说明某种管理行为是否有效。

[案例封面]

专业领域： 财务会计

适用课程：《财务会计理论与实务》

选用课程： 适用于会计专业硕士、工商管理硕士财务管理方向《高级财务管理理论与实务》《企业并购》等相关课程的教学研讨

编写目的： 通过本案例的教学和讨论，帮助学员了解企业并购中的对赌协议条款约定，探究对赌协议是否实现预期目标，引导学员深入分析对赌协议的内在机制，认清其中存在的利弊和风险，评价企业并购后的财务绩效并讨论企业是否得益于成功运用对赌协议而获得快速发展，让学员提高辨别以及剖析并购风险的能力，从而未来将其运用到企业经营活动的实践当中去。

知 识 点： 对赌协议；商誉；商誉减值；并购

关 键 词： 掌趣科技；对赌协议；商誉；并购动因

中文摘要： 近年来，随着我国经济的快速发展，企业并购活动日益增多。而并购中信息不对称问题普遍存在，致使并购风险、特别是溢价风险居高不下。在此背景下，对赌协议在企业并购中应运而生。对赌协议在企业并购中的使用也越来越多。很多企业得益于成功运用对赌协议而获得快速发展，但是也存在许多对赌失败的企业，最终导致诉讼、股权纠纷、企业易主等后果。因此，能够正确合理地运用对赌协议的内在机制、认清其中存在的利弊和风险，这对于企业成功运用对赌协议，最大限度地发挥对赌协议的作用，有着重要的意义。当前，我国游戏行业迅速发展，游戏企业因其高成长性成为上市企业转型发展布局的首选。并购案例背后究竟存在哪些风险因素？对赌协议到底是天使还是魔鬼？对赌协议能否给企业带来效率的提升？对赌协议约定的条款是否合理？自 2013 年起成功上市以来，掌趣科技连续并购了多家游戏公司。针对上述问题，本文利用掌趣科技收购动网先锋、玩蟹科技和上游信息这三家公司的案例进行分析研究。

[案例正文]

一、背景简介

在掌趣科技的早期经营业务中，传统手机游戏业务占比很大，达到了企业营业收入的50%以上，互联网页面游戏和传统手机占经营业务的主要部分。随着手机行业的更新换代，掌趣科技如果还是依靠“互联网页面游戏+传统手机”的传统发展模式，不重视智能手机游戏的发展，那么它在市场上将处于被动地位，也不利于企业的战略发展。在2012年末，掌趣科技的传统手机游戏经营业务量仍占50%以上，已经表现出了市场反应的滞后性。这时，适时提高智能手机游戏在经营范围内的比例，做到及时转型，对于企业的发展来说非常重要。但是市场资源毕竟相对有限，企业仅仅依靠自主创新这一条路已经难以维持长期的竞争优势，这时企业需要通过外延式的扩张发展来增强其行业竞争力。因此，掌趣科技通过“重磅产品” + “广泛覆盖” + “可持续化”的战略发展模式，来面对经济环境快速的发展压力和行业间的竞争压力。自2013年起成功上市以来，掌趣科技在几年的时间内先后连续并购了多家不同领域的公司，使自己的发展更加全面化，也使公司走上了快速发展的道路。

（一）四家公司概况

1. 掌趣科技简介

掌趣科技（股票代码：300315）是落户于北京的一家大型网络游戏公司，它2004年8月2日成立于中关村。作为国家高新技术产业，其在研发投入、产品创新上颇有成绩。掌趣科技的主要公司业务集中于网络游戏产品链的运作、手机游戏产品的推广以及新型产品的研究开发。旗下拥有丰富的游戏产品资源，例如《玩具战场》《九州战魂》等广受游戏玩家的热捧。掌趣科技经过多年的发展，最终于2012年5月11日在深圳交易所创业板上市。至此掌趣科技成为国内首家手机游戏上市公司，发展前景一片光明。公司是国家高新技术企业和双软认证企业。主营业务有游戏开发、代理发行和运营。公司员工1500多人，已自主研发或代理发行游戏产品200余款。公司2016年主营业务收入3.81亿元人民币，主营利润10.41亿元人民币。掌趣科技2016年部分产品营业收入如表10－1、图10－1所示。

表10－1　掌趣科技2016年产品营业收入

项　目	金额（万元）	占营业收入占比（%）
移动终端游戏	157 824	85.09
互联网页面游戏	24 637	13.28
其他	3 008	1.63
合计	185 469	100.00

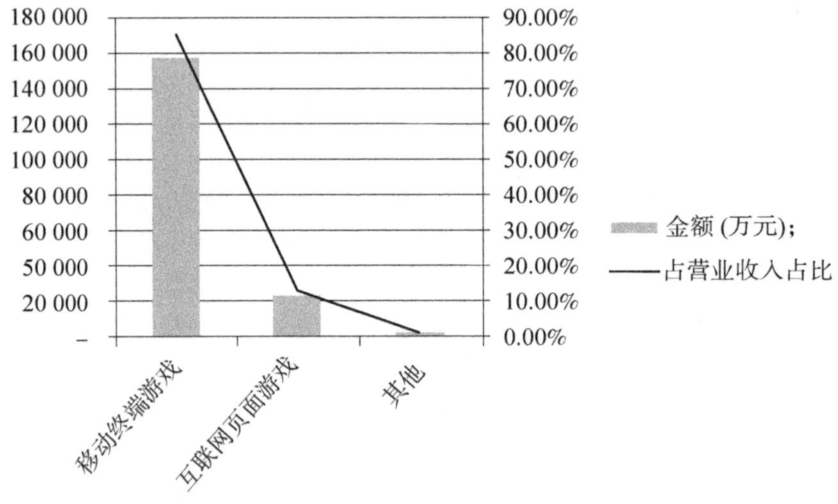

图 10－1　掌趣科技 2016 年产品营业收入及占比

2016 年市场竞争格局趋于稳定，腾讯、网易等大厂继续主宰移动游戏市场，掌趣科技虽然作为移动游戏市场中排名第三的公司，市场份额却远远低于腾讯、网易的市场份额，即使是掌趣科技引以为傲的两款游戏《拳皇 98》和《全民奇迹》，在腾讯和网易面前，也难以有太大的作为。另外，和腾讯游戏、网易游戏同时运营数十款游戏相比，掌趣科技目前运营的游戏数量非常有限，收入情况和腾讯、网易也不在一个量级上。再加上许多端游大厂陆续转战手游市场，行业集中进一步提高，掌趣科技的市场份额正在逐渐缩水（见表 10－2、图 10－2）。

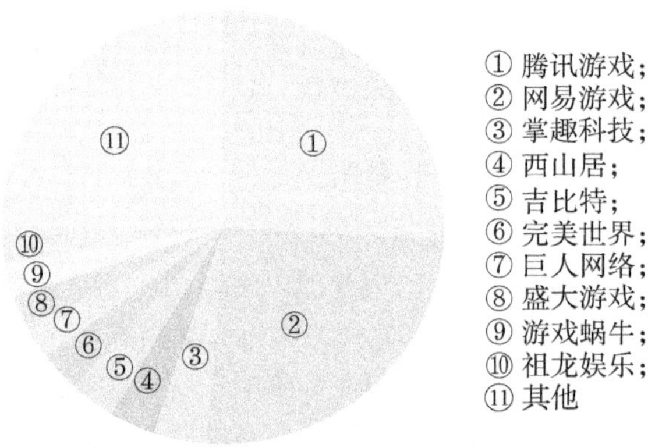

图 10－2　2016 年中国移动游戏研发企业市场排行

表 10－2　2016 年中国移动游戏研发企业市场排行表

排名	游戏名称	市场份额（%）	排名	游戏名称	市场份额（%）
1	腾讯游戏	25.80	6	完美世界	3.20
2	网易游戏	25.60	7	巨人网络	2.70
3	掌趣科技	3.70	8	盛大游戏	2.50
4	西山居	3.40	9	游戏蜗牛	2.30
5	吉比特	3.30	10	祖龙娱乐	2.10

数据来源：wind 数据库。

2. 动网先锋简介

2002 年 10 月 24 日，动网先锋成立于海口，是中国知名的网页游戏公司，动网先锋着手研发和运营了许多知名网页游戏产品，例如在行业内部颇具名气的页面游戏《武道破天》，一经上线就受到游戏用户的追捧。经过长期的发展，动网先锋推出的网页游戏《寻侠》《三分天下》《富人国》《海岛大亨》等游戏取得了傲人的成绩。至2013年11月末，累计注册玩家数量超过1亿，累计充值金额达到5.6亿元。在游戏发行、运营渠道方面动网先锋不仅通过自有的网页游戏平台、优玩游戏平台和DOVOGAME游戏平台自主运营游戏，还通过与腾讯开放平台、360游戏平台、开心网、运气游戏等国内外优秀网页游戏运营平台合作进行运营，并根据客户需求力求为用户提供全方位的产品服务，满足用户多元化的需求和个性化的体验。动网光锋2012年股权结构见表10－3，图10－3。

表10－3　动网先锋2012年股权结构

序号	股东名称	出资金额（万元）	出资比例（%）
1	宋海波	347.2223	25.00
2	李锐	138.8889	10.00
3	李智超	56.25	4.05
4	王贵青	200	14.40
5	韩常春	13.8889	1.00
6	广州联动商务咨询服务有限公司	300	21.60
7	广州肯瑞企业投资咨询有限公司	250	18.00
8	张洁	41.6667	3.00
9	陈嘉庆	13.8889	1.00
10	澄迈锐杰科技咨询服务中心	27.0833	1.95
合计		1 388.8889	100

数据来源：巨潮资讯网。

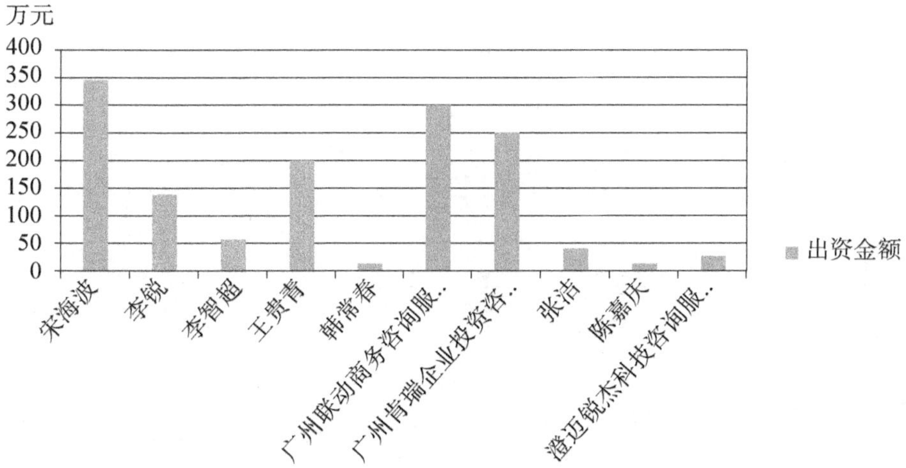

图10－3　动网先锋股权结构图

3. 玩蟹科技简介

北京玩蟹科技有限公司（Play crab）成立于2009年10月10日，注册资本1100万元，在设立之初主要从事社交网络游戏的研发。玩蟹科技成功开发了《幸福旅馆》《购物天堂》《我的冒险》等社交游戏，并通过腾讯、人人网、Facebook 等知名社交网站运营。2012 年初，以智能手机游戏为主的移动网络游戏市场空间快速打开，玩蟹科技迅速将公司研发重点调整为移动网络游戏，并成功于当年 9 月推出了第一款移动网络游戏《大掌门》。《大掌门》自 2012 年 9 月上线以来，截至 2013 年 11 月末，累计注册玩家数量超过 870 万，累计充值金额达到 4.3 亿元。而后公司陆续推出《忍将》《拳皇 98 终极之战 OL》《穿越吧！主公》等多款手游大作。

玩蟹科技目前致力于全球移动网络游戏产品的开发与运营，旗下产品涉猎历史、武侠、魔幻等多种题材，涵盖角色扮演、策略、卡牌、动作等多种类型手机网络游戏，同时还推出了中、英、俄、法等多语言版本，支持 iOS、android、windows phone 等平台，是中国手游研发商与运营商中的佼佼者。玩蟹科技 2013 年股权结构见表 10－4、图 10－4。

表 10－4　玩蟹科技 2013 年股权结构

序号	股东名称	出资金额（万元）	出资比例（%）
1	陈麒麟	97.4994	9.50
2	胡磊万城	213.5346	20.87
3	欧阳刘彬	92.2813	9.02
4	叶凯	294.2895	28.97
5	吴世春	97.4994	9.50
6	尹力炜	21.8958	2.14
7	分播时代	110	10
8	亿辉博远	103	10
合计		1030	100.00

数据来源：巨潮资讯网。

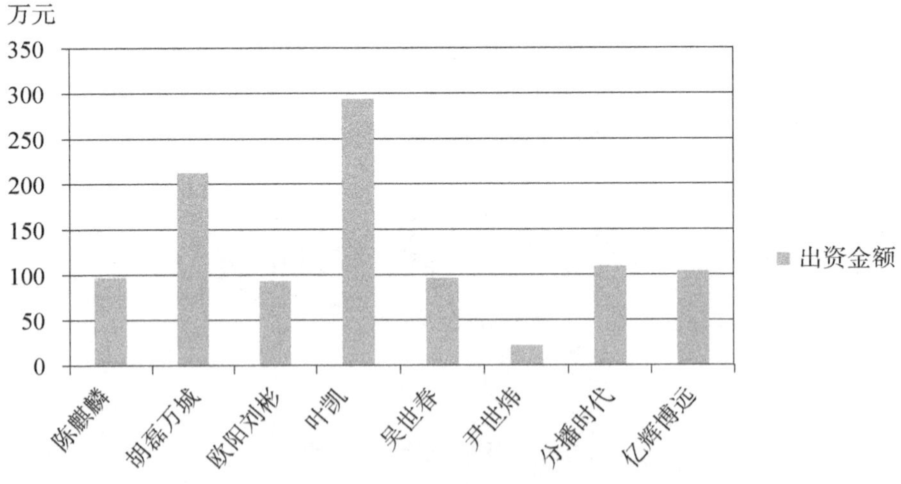

图 10－4　玩蟹科技股权结构图

4. 上游信息简介

上游信息科技（上海）有限公司成立于2012年12月26日，注册资本1000万元，是国内最新锐的社交游戏及社交应用开发商之一，主营业务为网页游戏和移动网络游戏的开发与运营。首款塔防类网页游戏产品《塔防三国志》，截至2013年11月末，累计注册玩家近6 000万人，累计充值金额超过2.8亿元。此外，上游网络还成功开发并运营的游戏包括《回到三国志》《Hero Defense》等。目前上游网络的强项在于网页游戏开发，公司网页游戏收入占比达到80%以上。上游信息2013年股权结构见表10－5，图10－5。

表10－5　上游信息2013年股权结构

序号	股东名称	出资金额（万元）	出资比例（%）
1	刘智君	693	69.30
2	至高投资	200	20
3	朱晔	50	5
4	田寒松	50	5
5	马晓光	7	0.70
合计		1000	100.00

数据来源：巨潮资讯网。

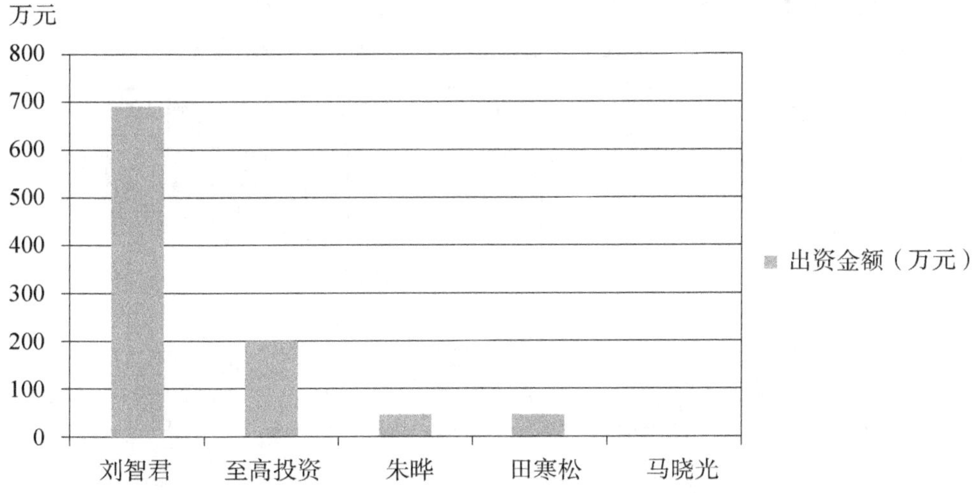

图10－5　上游信息股权结构图

（二）游戏行业的发展概述

1. 网络游戏行业概况

电子游戏又被称为视频游戏或者电玩游戏，是指所有依托在电子设备平台上运行的交互游戏。从电子游戏出现至今，按照运行平台不同，可以分为单机游戏和网络游戏，而按照游戏所处的媒介不同分为PC游戏、电视游戏、街机游戏、移动终端游戏。PC游戏主要是指在电脑平台上运行的游戏，细分为互联网页面游戏，互联网客户端游戏以及单机游戏。而移动终端游戏则主要是指手机游戏。当前电子游戏细分如图 10－6 所示。

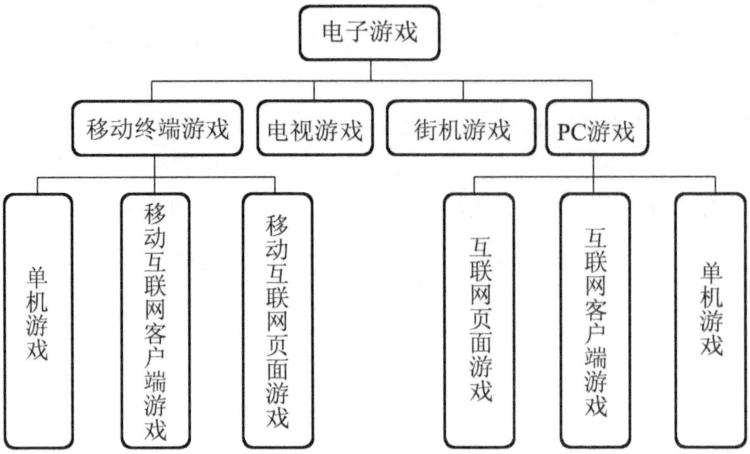

图 10－6　电子游戏细分图

游戏行业每一段时间都会用新的内容和玩法来重新引爆市场，从而刺激对原有内容感到厌倦的玩家进行新的消费，这就是每一次内容的变迁引发游戏市场的小爆发。回顾整个手机游戏发展历程，从最早的卡牌点燃整个手游，之后随着手机硬件性能的提升和网速的提升，游戏内容创新得以释放，从卡牌、SLG、ARPG、MMORPG、MOBA，直到现在的《口袋妖怪 GO》为代表的 AR，都是这个路径的完美体现（见图 10－7、图 10－8）。

图 10－7　手机游戏内容的演变

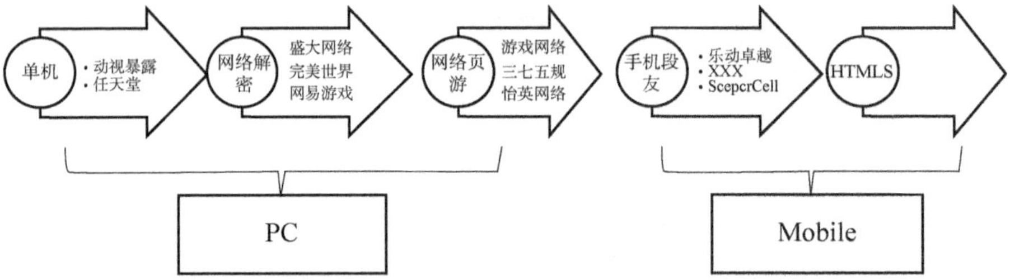

图 10－8　游戏平台演变

2. 我国游戏产业的市场规模

2016 年中国游戏市场收入规模达到 1407 亿元，同比增长 22.9%，其中，端游、页游、移动游戏、手游的收入占比分别为 43.5%、4.3%、15.6% 和 36.6%，移动游戏逐渐成为增长的主要动力。2015 年手游市场的增长规模相比于 2014 年增长超过 100%，推动游戏行业规模突破 1400 亿元，预计在 2017 年手游市场份额将超过端游。

手游在市场占比不断扩大的同时，随着用户人口红利的逐步消失，用户增长趋缓，数据显示，相比于2013年248.5%的爆发式增长，2015年和2016年市场逐渐趋于饱和，增长率迅速下降。同时移动游戏市场的收入增长率也相比之前下降了两个台阶，并且页游与端游的用户增长几乎停滞，由此可见在没有新形式出现的情况下，未来网络游戏市场即将进入平台期。

截至2015年12月，我国手机网民规模已达6.79亿，智能手机用户已达6.17亿。随着智能手机的普及，国内智能手机规模的增长速率近几年一直处在明显的下降通道，整个智能手机占联网手机的总量已达到91%。同时“换机”已成为智能机出货的主要动力，并且用户年龄结构向两端延伸，非目标年龄的用户开始入场，都标志着手机增量的放缓，也意味着手游市场的规模逐渐饱和（见图10－9、图10－10）。

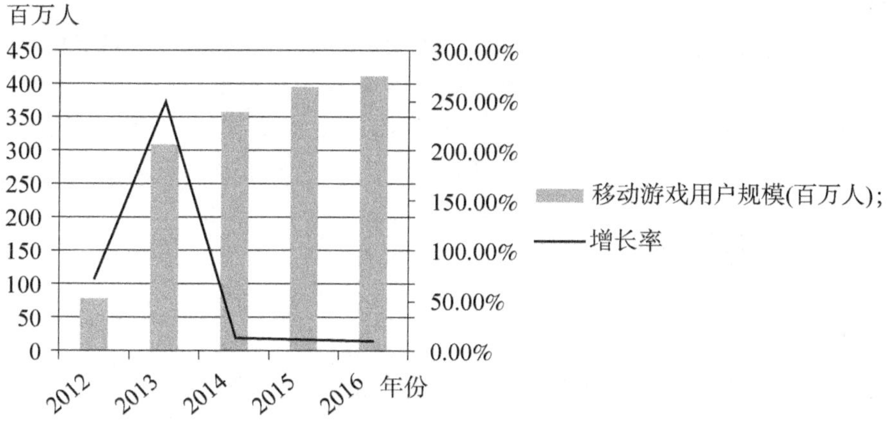

图10－9　中国移动2012—2016年游戏用户规模及增长趋势

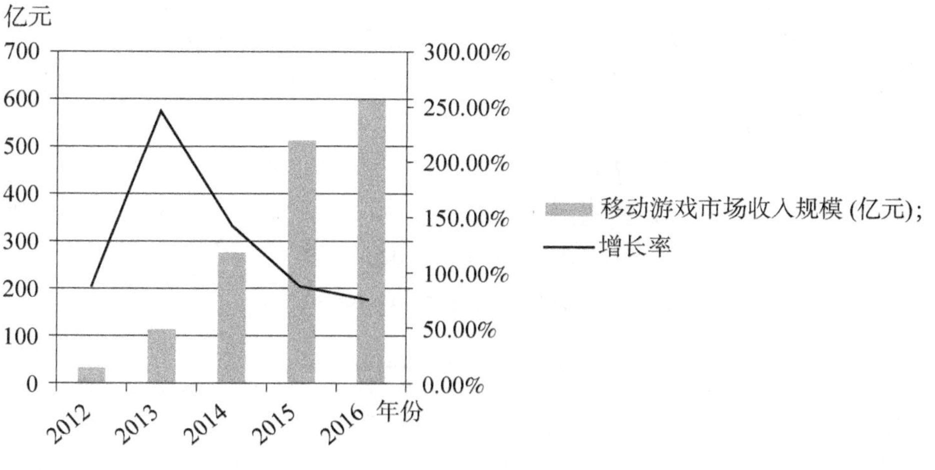

数据来源：Wind数据库。

图10－10　中国移动2012—2016年游戏市场收入规模及增长趋势

3. 我国游戏行业发展趋势

移动互联网的高速发展给移动游戏产业带来了巨大的潜在市场，使得移动互联网成为商家必争之地。传统的客户端游戏企业或者网页游戏企业纷纷向移动游戏布局，甚至全面转型为移动游戏企业。平台模式给移动游戏与网页游戏行业带来巨大的变革，平台整合了互联网用户资源和游戏开发资源，比如以百度、腾迅、360等为代表的平台，展开了与游戏开发商的合作，通过监测自有用户群体，搜集他们的使用习惯、游戏偏好等方面的数据，并将这些数据用于游戏开发，以开发出更符合用户需求的游戏产品，扩大市场份额。

娱乐方式的多样化也为游戏行业带来了新的商机。随着互联网的深入发展，游戏早已经突破了电脑的限制，进入了手机、平板电脑、电视，甚至于近几年发展起来的阅读器、可穿戴设备等领域。百度、腾讯等纷纷推出自己的Wi-Fi硬件产品，抢夺互联网入口，腾讯的Wi-Fi硬件直接集成游戏加速功能，足见其推出硬件的目的也是在游戏上。小米科技、极路由、迅雷等纷纷跨界推出自己的路由产品，意图抢夺家庭网络入口，争夺未来新娱乐市场机会。

资本市场越来越青睐优秀的游戏企业。自2007年起，巨人网络、完美世界、金山等游戏企业先后上市，还有我国首家登陆纳斯达克的手游企业中国手游集团，国内创业板上市的掌趣科技等。2013年又有一大批游戏企业上市，如IGG、云游科技等在港交所上市。不少游戏企业迎来上市的机会，而移动游戏成为上市的一个重要的题材。

（三）掌趣科技对赌事件

1. 主要对赌事件

（1）收购动网先锋100%股权

2013年2月，掌趣科技以8.1亿元人民币的代价并购了海南动网先锋公司，此次并购中8.1亿元人民币的支付采用的是现金加股票结合的方式。动网先锋注册资本1389万元人民币。本次并购中，掌趣科技购买动网先锋100%股权，动网先锋股东合计持有掌趣科技公司5.68%的股份。公司以发行股份及支付现金方式购买宋海波等10名股东持有的动网先锋100%的股权，交易对价合计81 009.00万元。其中，以支付现金方式购买王贵青、李智超、广州肯瑞、广州联动持有的动网先锋全部股权，以50%发行股份及50%支付现金的方式购买宋海波、李锐、张洁、陈嘉庆、韩常春、澄迈锐杰持有的动网先锋全部股权。现金对价总额为56 275.50万元，其中，向王贵青、李智超、广州肯瑞、广州联动支付现金对价31 542.00万元，向宋海波、李锐、张洁、陈嘉庆、韩常春、澄迈锐杰支付现金对价24 733.50万元。动网先锋资产收益评估汇总表见表10-6。

表10-6　动网先锋资产收益评估汇总表

单位：万元

	账面价值A	评估价值B	增减值$C=B-A$	增值率$D=C/A\times 100\%$
净资产	5 916.62	83 772.02	77 855.40	1315.88%

数据来源：动网先锋《资产评估报告》。

（2）收购玩蟹科技100%股权和上游信息70%股权

2013年10月15日晚，北京掌趣科技股份有限公司发布重大资产重组事项草案的公告，掌趣科技拟用173 900万元收购玩蟹科技100%股权，同时拟用81 400万元收购上游网络70%股权，并购总金额255 300万元。本次并购以发行股份及支付现金相结合的方式，其中玩蟹科技76 760万元对价和上游网络46 514.29万元对价，共计123 274.29万元将以现金支付；其余132 025.71万元对价将由掌趣科技非公开发行股票支付，价格确定为19.83元/股。掌趣科技同时拟以不低于17.84元/股的价格进行配套融资85 100万元，用于支付收购玩蟹科技、上游网络现金对价款的部分来源。

2014年4月15日，掌趣科技发布公告称，已完成标的资产北京玩蟹科技有限公司100%股权和上游信息科技（上海）有限公司70%股权过户手续及相关工商登记，玩蟹科技和上游网络正式成为掌趣科技的子公司（见表10－7、表10－8）。

表10－7　玩蟹科技资产收益评估汇总表

单位：万元

	账面价值 A	评估价值 B	增减值 $C=B-A$	增值率 $D=C/A\times100\%$
净资产	7 421.10	174 336.34	166 915.24	2249.20%

数据来源：玩蟹科技《资产评估报告》。

表10－8　上游信息70%资产收益评估汇总表

单位：万元

	账面价值 A	评估价值 B	增减值 $C=B-A$	增值率 $D=C/A\times100\%$
净资产	6 987.12	122 883.16	115 896.04	1658.71%

数据来源：上游信息70%《资产评估报告》。

（3）收购上游信息30%股权

掌趣科技2016年2月13日晚间公告，公司拟向刘智君非公开发行股份购买其持有的上游信息科技（上海）有限公司（上游信息）30%股权；发行上市公司股份的价格为11.54元/股，上游信息30%股权交易对价为36 364万元（见表10－9）。

表10－9　上游信息30%资产收益评估汇总表

单位：万元

	账面价值 A	评估价值 B	增减值 $C=B-A$	增值率 $D=C/A\times100\%$
净资产	13 207.08	122 111.57	108 904.49	824.59%

数据来源：上游信息30%《资产评估报告》。

2. 并购方式选择和对价支付

（1）创新的分级收购

创新的分级收购，同股不同价。本次交易中，掌趣科技通过“股权＋现金”的方式购买动网先锋全体股东持有的动网先锋100%的股权，收购总对价为8.1亿元。上市公司将标的公司动网先锋的全体股东分为投资性股东和管理型股东，并针对不同的股东采取同股不同价的分级收购方式。

具体如下：

第一类：投资型股东。投资型股东的交易价值略低于经营管理层的股东，因为投资人股东不承担业绩的对赌，按时间点支付现金即可。

第二类：管理型股东。管理型股东的价格略高，因管理层需签署业绩对赌协议，承担相应风险，并需要付出更大的努力和责任。管理型股东签署的对赌协议的主要条款如下：

①承诺动网先锋2013年、2014年、2015年实现的净利润分别不低于人民币7 485万元，9 343万元，11 237万元。上述承诺利润均不低于《评估报告》确定的各年度净利润预测值。

②如动网先锋在承诺期内未能实现承诺净利润，则管理型股东应在承诺期内的各年度《专项审核报告》在指定媒体披露后的十个工作日内，向上市公司支付补偿。如管理型股东当年度需向上市公司支付补偿的，则先以其于本次交易中未获得的现金对价冲抵，不足部分以其因本次交易取得的尚未出售的股份进行补偿，仍不足的部分由其以现金补偿。

③宋海波领导的动网先锋高管团队等如果能够完成对赌协议的增长额度，将会获得最高1亿元的奖金分红。

（2）同股不同价

对管理型股东支付50%现金，50%股权的方式，而且管理型股东的价格略高，为了满足管理型股东取得投资收益的要求，同时更重要的是促使其更好地继续管理企业。管理层签署业绩对赌协议，承担相应风险，并需要付出更大的努力和责任。投资型股东的交易价值略低于经营管理层的股东，因为投资人股东不承担业绩的对赌，按时间点支付现金即可。投资型股东的目的就是要通过整合企业、降低成本、提高效率来追求价值投资和长期投资。对投资型股东而言，现金支付无疑是成本最低效率最高的支付方式，相对于股权支付无需承担股权未来收益不确定的风险。

掌趣科技通过“股权+现金”的方式并购动网先锋全体股东持有的动网先锋100%的股权。此次交易总对价为81 009.00万元。其中，向王贵青、李智超、广州联动、广州肯瑞支付31 542.00万元人民币收购其持有的动网先锋58.05%股权，支付方式为现金支付；向李锐、陈嘉庆、澄迈锐杰、宋海波、张洁、韩常春等人支付49 467.00万元，收购其持有的动网先锋41.95%的股权。其中现金对价24 733.50万元，其余的24 733.50万元由掌趣科技非公开发行股票募集资金支付。其现金对价中29 272.50万元由上市公司以超募资金支付，剩余27 003.00万元以向其他不超过10名特定投资者发行股份募集的配套资金支付（见图10-11）。

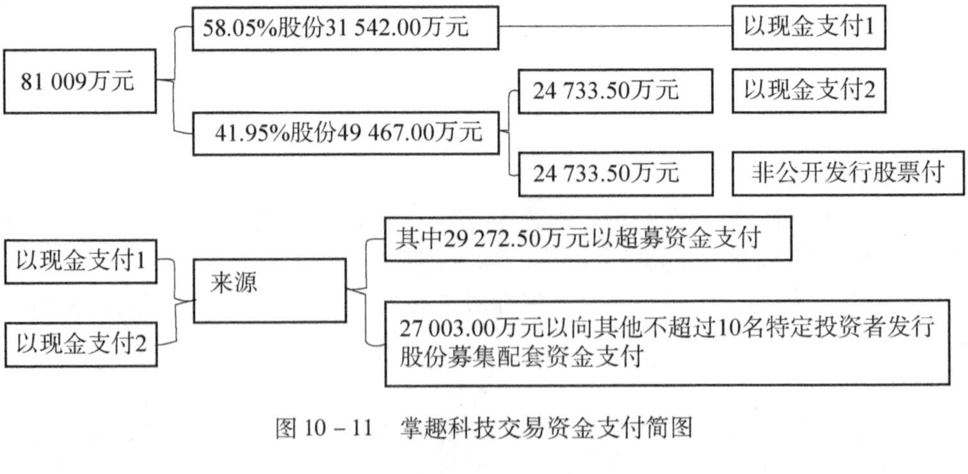

图10-11　掌趣科技交易资金支付简图

（3）对交易对方（仅针对管理型股东）的奖励性安排

为充分考虑到交易完成后动网先锋实际经营业绩可能超出评估报告中收益法各年预测净利润、目前对动网先锋的估值结果低于其实际价值的可能，同时也为避免交易对方各年在实现承诺利润后缺乏动力进一步地发展业务，本次交易方案中包括了对交易对方的奖励对价安排：交易各方约定在各年经营业绩达到承诺利润的前提下，如果动网先锋2013年、2014年、2015年实际实现的净利润总和高于承诺期承诺净利润的总和，超出部分作为奖励对价由上市公司向截至2015年12月31日仍在动网先锋留任的管理层股东支付，但该等奖励对价最高不高于10 000万元。

二、案例概况

（一）对赌过程

1. 对赌协议内容

（1）动网先锋对赌协议内容

根据动网先锋交易对方与掌趣科技签署的《发行股份及支付现金购买资产协议》，动网先锋交易对方中的宋海波、李锐、张洁、陈嘉庆、韩常春、澄迈锐杰承诺动网先锋2013年度、2014年度、2015年度实现的净利润分别不低于人民币7 485万元、9 343万元、11 237万元。其中净利润指合并报表中扣除非经常性损益（特指除动网先锋根据《海南省鼓励和支持战略性新兴产业和高新技术产业发展的若干政策（暂行）》第五条第34项取得的政府补助以外的非经常性损益）后归属于母公司股东的净利润。

（2）玩蟹科技对赌协议内容

交易价格参考北京中企华资产评估有限责任公司出具的中企华评报字［2013］第1231号《北京掌趣科技股份有限公司拟收购北京玩蟹科技有限公司股权项目评估报告》的评估结果并经各方友好协商后确定为173 900万元。如玩蟹科技2013年度、2014年度、2015年度、2016年度实现的净利润之和高于承诺净利润的，则公司向截至2016年12月31日仍留任的管理层股东支付业绩超额实现的30%作为奖励对价。同时丁方承诺玩蟹科技2013年、2014年、2015年、2016年经审计的报表中扣除非经常性损益后归属于母公司股东的税后净利润分别不低于人民币12 000万元、16 000万元、20 000万元、24 000万元。如果实际净利润低于上述承诺净利润的，则丁方将按照签署的《发行股份及支付现金购买资产协议》的规定进行补偿。2016年12月31日，叶凯、胡磊万城、欧阳刘彬、尹力炜、亿辉博远出具声明函，同意公司无需向玩蟹科技团队支付超额利润的现金奖励。

（3）上游信息对赌协议内容

①上游信息70%的股权。本次交易价格参考北京中企华资产评估有限责任公司出具的中企华评报字（2013）第1232号《北京掌趣科技股份有限公司拟收购上游信息科技（上海）有限公司70%的股权项目评估报告》的评估结果并经各方友好协商后确定为81 400万元。如上游信息2013年度、2014年度、2015年度、2016年度实现的净利润之和高于承诺净利润的，则公司向截至2016年12月31日仍留任的管理层股东支付业绩超额实现的30%作为奖励对价。同时戊方及朱晔承诺上游信息2013年、2014年、2015年、2016年经审计的报表中扣除非经常性损益后归属于母公司股东的税后净利润分别不低于人民币7 500万元、12 500万元、15 600万元、19 000万元。如果实际净利润低于上述承

诺净利润的，则戊方及朱晔将按照签署的《发行股份及支付现金购买资产协议》的规定进行补偿。

②上游信息30%的股权。本次交易价格参考中联资产评估集团有限公司出具的中联评报字［2015］第932号《北京掌趣科技股份有限公司拟发行股票购买刘智君所持有的上游信息科技（上海）有限公司30%股权项目评估报告》的评估结果并经各方友好协商后确定为36 364万元。同时刘智君承诺上游信息2015年、2016年经审计的报表中扣除非经常性损益后归属于母公司股东的税后净利润分别不低于人民币11 000万元、13 400万元。如果实际净利润低于上述承诺净利润的，则刘智君将按照签署的《发行股份及支付现金购买资产协议》的规定进行补偿。本次协议中的盈利补偿约定，独立于公司前次购买目标公司70%股权时双方达成的盈利补偿约定。如果刘智君没有完成2015年或2016年的业绩承诺，刘智君应当按照两次的约定分别向公司进行补偿。

（二）掌趣科技对赌动因分析

1. 公司战略规划的进一步实施

掌趣科技于2012年5月登陆创业板，在公司的招股意向书说明书中确立的发展目标为“发展成为领先的、跨平台的移动终端游戏、互联网页面游戏的开发商、发行商和运营商”。掌趣科技的战略目标是通过资金、技术、人才的持续投入和经营模式的不断创新，增强自身游戏开发能力，创建面向全球的发行渠道，逐步扩大市场份额，成为领先的跨平台的移动游戏和网页游戏的开发商、发行商和运营商。掌趣科技一直以来坚持以“内生+外延”作为发展战略，通过对于研发投入、人才的培养以及不断更新经营模式来提升企业自身实力。

上市之前，掌趣科技就先后完成了三次并购（见表10-10），被收购方均是自主研发能力很强的游戏开发商。在以往的并购活动中，掌趣科技管理层在并购以及并购后的整合上积累了丰富的经验。此外，多次成功的并购为公司带来的收益使得掌趣科技在外延式的发展道路上越走越好。此次掌趣科技的并购从业务上弥补了其在互联网页面游戏上的不足，促进了发展的战略转型。对于行业趋势的把握使得掌趣科技以跨平台发展作为战略目标，希望实现网游和手游“双驱并进”局面。并且获得动网先锋丰富的技术、人才和渠道资源，实现了页面游戏和移动游戏的双向发展，有助于掌趣科技的战略转型。

表10-10 掌趣科技上市前部分并购情况

时　间	被收购企业	领　域	收购方式
2009年8月	九月科技	手游	全资收购
2009年12月	卧龙科技	游戏	全资收购
2010年10月	富姆乐	体育页游	全资收购

2. 增强公司页面游戏开发、发行、运营能力

（1）游戏研发能力

掌趣科技作为专业的移动游戏和网页游戏开发商、发行商和运营商，在移动游戏的开

发、发行和运营方面具有一定的领先优势。2013 年完成对动网先锋的收购之后，其在网页游戏的开发、运营和发行方面的能力大幅提升，一举成为网页游戏行业内的领先企业。主要运营的互联网页面游戏产品有《冠军足球》《热血成吉思汗》《足球经理世界》和《篮球经理世界》，联合运营的有《魔镜》《天地英雄》等。动网先锋依靠自主研发先后推出的多项网页游戏明星产品是吸引上市公司的主要原因，其中比较引人注目的是《商业大亨 Online》，单单此款游戏就创造了累计充值金额 3.8 亿元的记录，在国内的模拟经营类网页游戏中充值收益是首屈一指的。《寻侠》和《三分天下》两款游戏累计充值金额均超过 1 亿元，《富人国》等三款游戏的累计充值金额总和达到 7000 万元以上。2012 年，动网先锋所有游戏产品充值金额合计约 4.7 亿元，目前有十余款网页游戏产品运营。

在完成并购后，掌趣科技将获得动网先锋已经投入到市场的游戏产品以及动网先锋正在研发的游戏产品，这在很大程度上增加了掌趣科技在网页游戏领域的产品线。通过并购，掌趣科技不仅获得了现成的网页游戏产品，还获得了动网先锋的核心技术人员以及管理人员，这使得掌趣科技在网页游戏上的研发和运营能力得到大大提升。此外，动网先锋在多年的经营下，积累了较多的供应商和游戏运营渠道，通过并购，掌趣科技在供应商方面增加了讨价能力，降低了企业的采购成本，并且增加了多条游戏推广渠道。

（2）游戏发行和运营能力

在游戏发行运营渠道方面，掌趣科技有包括苹果 App Store、腾讯开放平台、360 平台、91 手机助手、当乐等主流的第三方专业游戏运营平台；以中国移动游戏业务平台为主的电信运营商平台；以欢畅游戏、游戏豆子、手游大联盟和自有游戏平台为主的发行、运营渠道。玩蟹科技和上游信息作为手机游戏和网页游戏的开发、运营企业，其发行、运营渠道与掌趣科技具有较高的重合性。通过此次交易，一方面并购方将增强面对手机游戏和网页游戏发行、运营平台的话语权，增加同合作渠道的议价能力；另一方面，并购方与被并购方可以共享发行、运营经验，利用各自的活跃游戏玩家群体交叉推荐游戏。

3. 产生协同效应，实现双赢

从图 10－12 掌趣科技的并购业务图可以看出，掌趣科技和动网先锋（收购标的企业）是两个十分互补的企业，动网先锋所擅长的互联网页面游戏业务恰好是掌趣科技所欠缺的。因此并购之后需要双方在运营渠道、产品、客户资源等方面进行整合，整合之后定会产生 2＋2＞5 的协同效应。

发挥合并的协同效应主要体现在两个方面，一是在游戏研发上可以取长补短，利用彼此的优势，降低人力成本和时间成本。在目前移动网络游戏与网页游戏不断融合的大前提下，双方可利用较低成本在对方已有游戏产品的基础上开发出网页版形式或移动版形式的游戏产品，为公司带来额外收益。二是在于游戏的发行和运营上可以降低发行和运营成本。在游戏发行及运营上，掌趣科技是中国移动游戏评级排行靠前的公司，而动网先锋除了自主运营以外，还和腾讯开放平台等知名网页平台合作；在游戏研发方面，掌趣科技在手机游戏上具有较强优势，而动网先锋则集中于网页游戏研发，双方通过技术上的互补可以较低成本在对方已有的产品上研发网页版本或移动版本，为公司带来额外收益。此次并购完成之后，被并购公司的游戏可以获得更好的发行和推广渠道，降低发行和运营成本。同时对并购方而言丰富的游戏产品在也可以提升自有推广、运营平台对玩家的吸引能力，增强与合作平台的议价能力。

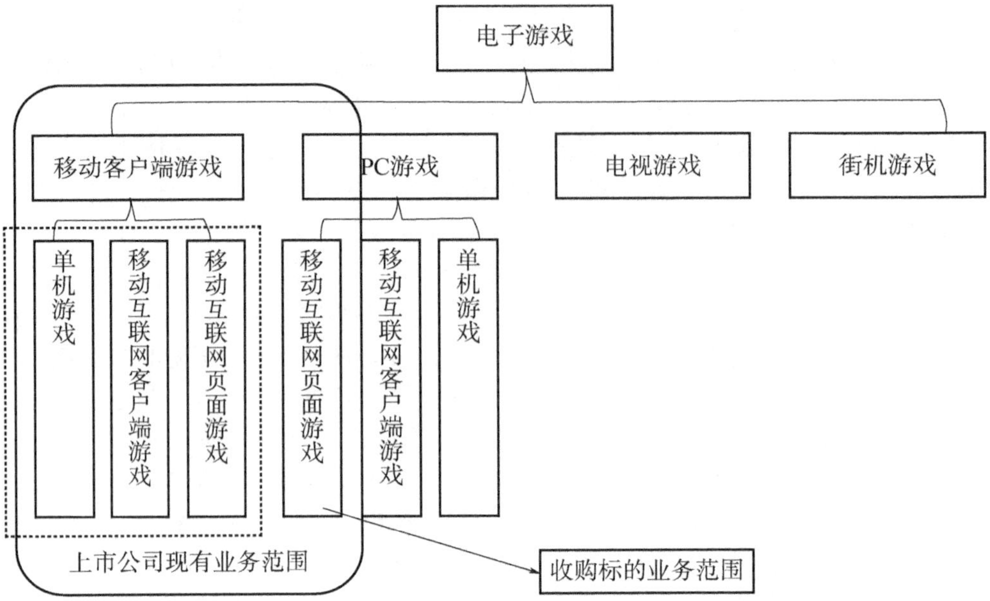

图 10－12　掌趣科技的并购业务图

4. 提升上市公司现有业务规模和盈利水平

移动网络游戏和网页游戏是网络游戏中增长速度最快的细分行业。并购之前，掌趣科技主要经营的是移动终端游戏的开发和运营，其在互联网页面游戏的布局相对较晚，而动网先锋在互联网页面游戏领域的发展是非常迅速的，并且业绩增长也是非常快的。合并后上市公司的业务板块规模扩大。根据并购方与被并购方 2012 年、2013 年 1—6 月的财务数据，两家被并购公司营业收入合计数分别相当于同期掌趣科技营业收入的 5.18% 和 103.92%，合计净利润分别相当于同期掌趣科技归属于母公司股东净利润的 4.19% 和 217.33%（见表 10－11）。2011 年，动网先锋营业收入相当于当期上市公司营业收入的 45.53%，归属于母公司股东净利润相当于当期上市公司归属于母公司股东净利润的 26.27%，到了 2012 年，该数据分别上升到 67.47% 和 69.36%。本次收购有利于掌趣科技业务规模的扩大和盈利水平的提高。

表 10－11　掌趣科技经营以及并购业务范围

时间	主体	营业收入（万元）	净利润（万元）
2013 年 1—6 月	动网先锋（A）	13 343	9 781
	掌趣科技（B）	12 840	4 501
	A/B	104.10%	217.33%
2012 年度	动网先锋（A）	11 66	345
	掌趣科技（B）	22 536	8 230
	A/B	5.18%	4.19%

（三）对赌协议下并购整合财务分析

1. 对赌协议下的掌趣科技财务分析

（1）并购前后掌趣科技成长能力分析

并购不仅能扩大企业经营规模，还能更好地形成规模效应从而降低企业成本，达到经营上的效应。下面首先从营业收入和成本的角度来看掌趣科技并购前后的变化，如表10－12、表10－13、图10－13、图10－14所示。

表10－12　掌趣科技2012—2016年主要财务数据

财务指标	2012年	2013年	2014年	2015年	2016年
营业收入（万元）	22 536	38 050	77 476	112 378	185 469
利润总额（万元）	9 535	17 249	36 850	53 553	56 992
净利润（万元）	8 230	15 362	33 059	39 720	50 859

数据来源：2012—2016年掌趣科技财务报表。

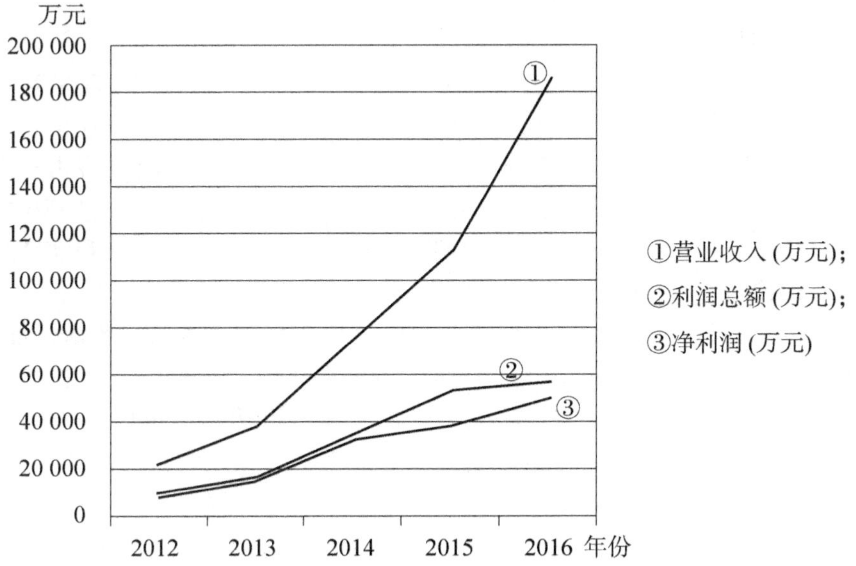

图10－13　掌趣科技主要财务数据变化趋势图

表10－13　掌趣科技2012—2016年成长能力指标

财务指标	2012年	2013年	2014年	2015年	2016年
净利润增长率（%）	47.79	86.66	128.13	43.01	11.17
总资产增长率（%）	25.74	110.93	160.61	56.84	32.03
营业收入增长率（%）	22.72	68.84	339.37	45.05	65.04
经营活动现金流量增长率（%）	－4.25	168.65	190.95	18.6	80.72

数据来源：2012—2016年掌趣科技财务报表。

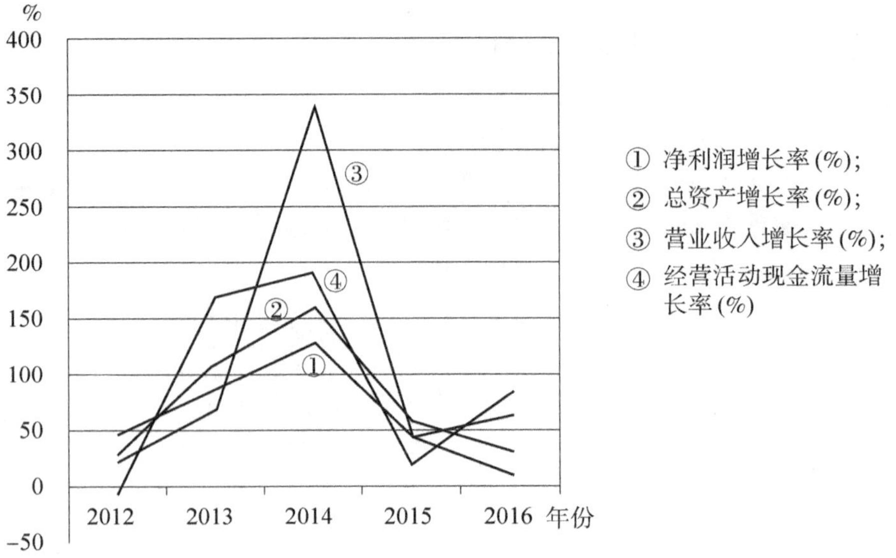

图 10－14　掌趣科技 2012—2016 年成长指标分析图

2016 年，掌趣科技实现营业收入 185 469 万元，同比增长 65.04%；归属于公司普通股股东的净利润为 50 859 万元，比上年同期增长 11.17%。单从利润角度来看掌趣科技的这份年报相当亮眼。在不断并购以及内生式研发基础上，掌趣科技已经在市场上占据了一定份额。据 Wind 数据库报告，在 2016 年移动游戏厂商竞争中，掌趣科技占有的市场份额为 6.6%，仅次于腾讯和网易。加之成本端的渠道分成支出下降，更体现了掌趣作为内容方议价能力的提升。通过并购，掌趣科技保持了连续两年以上的两位数利润增长。相比较 2012 年而言，2013 年掌趣科技页面游戏营业收入比重上升 46.12%，营业收入金额同比增长 184.63%。从成长能力指标可以看出，2013 年掌趣科技并购后，各指标都快速增长，2014 年营业收入增长率达到 339.37%，净利润增长率达到 128.13%，净利润增长率仅用两年时间就提升近 3 倍，特别是经营活动现金流量增长率达到了 190.95% 的高度，到了 2015 年由于市场低迷等原因，各项指标增长水平都有所放缓，但到 2016 年随着股市行情的好转，各项指标又开始快速增长。

（2）并购前后掌趣科技偿债能力分析

企业的偿债能力是衡量企业财务风险的重要能力之一，因此企业的管理者十分重视。作为衡量企业支付短期债务能力指标，本文选用了流动比率和现金比率。而衡量企业财务安全与保障的长期偿债能力，则选取资产负债率作为考察对象。一般而言，流动比例为 200% 时为优，过低说明企业缺乏短期偿债能力，而过高，虽然偿债能力强，但说明企业可能存在闲置资产或流动负债利用不足。如表 10－14、图 10－15 所示。

表 10－14　掌趣科技 2012—2016 年偿债指标分析

项　目	2012 年	2013 年	2014 年	2015 年	2016 年
流动比率（%）	25.11	3.57	1.67	1.57	2.26
现金比率（%）	23.04	3.25	1.3	0.88	2.86
资产负债率（%）	3.48	20.91	19.75	18.48	17.11

数据来源：掌趣科技 2012—2016 年财务报表。

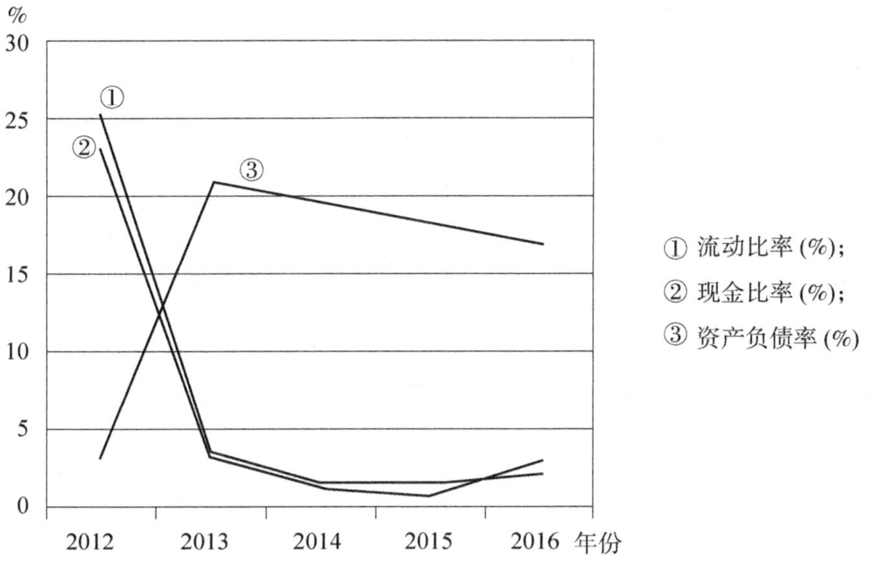

图 10－15　掌趣科技 2012—2016 年偿债指标分析图

在 2012 年末由于掌趣科技上市，当年募集了大量资金，从表 10－14 中可以看到反映短期偿债能力的流动比率和现金比率很高，但在之后的一段时间中，募集到的资金被广泛用于公司的其他日常活动中，因此这些指标也有所降低。随着掌趣公司规模的不断扩大，并购次数逐渐增多，为了获取更多的资金支持，掌趣也进行了大量的债务融资，这使得公司的短期借款、应付账款等流动负债也随之增大，使得公司的短期偿债能力略有下降。与此同时，近几年来掌趣科技用于日常经营、技术开发、并购整合等活动的现金支出不断，大量的现金支付会对其短期偿债能力造成一定的影响。在长期偿债能力上，掌趣科技的资产负债率近五年也增长很大，2012 年并购之前为 3.48%，在 2013 年并购活动开始之后上升到 20.91%，并且随着之后几年的并购不断，2014 年、2015 年、2016 年资产负债率都维持着较高的比例。此种现象主要是由于公司并购活动不断、产品的研发与维护、对员工的培养与激励都需要大笔资金，这就需要掌趣公司积极引入债务融资（包括公开发行债券等），使得在公司的负债结构中非流动负债所占据的比例增大，资产负债率增大。

（3）并购前后掌趣科技盈利能力分析

通过对公司的盈利能力进行分析对比可以看出，2012 年，掌趣科技的主营业务利润率为 52.14%，到了 2013 年为 43.92%，指标出现下降的趋势，这可能是由于掌趣科技在完成并购活动后快速进入网页游戏领域，但由于其自身技术条件水平不够、竞争力不足、无法适应快速转型或者是没有获得充足的市场份额所造成的，同时，掌趣科技通过并购涉足新领域获得的利润也可能低于原来的领域，但到了 2014 年又发展到 59.67%，说明并购后的新产品获得了市场的认可并占据了一定的市场份额，盈利能力开始增大。但从 2015 年开始，公司整体的盈利能力又有所下降，这可能是由于当时市场不景气、同行业中竞争压力过大造成的。销售毛利率与主营业务利润率变化类似，且较为平缓。净资产收益率（ROE）从 2012 起就出现了一定回落，主要是由于公司在并购时增发股份或者引入大量负债造成的。如表 10－15、图 10－16 所示。

表 10 - 15　掌趣科技 2012—2016 年盈利能力指标分析

年　份	2012	2013	2014	2015	2016
主营业务利润率（%）	52. 14	43. 92	59. 67	49. 18	37. 71
销售毛利率（%）	53. 38	54. 44	61. 75	61. 43	61. 31
净资产收益率（%）	13. 56	13. 26	11. 15	11. 1	7. 01

数据来源：掌趣科技 2012—2016 年财务报表。

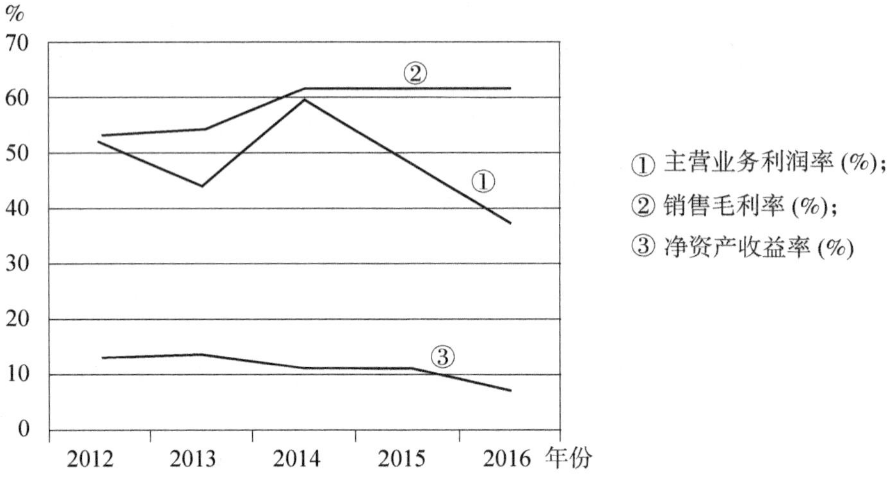

图 10 - 16　掌趣科技 2012—2016 年盈利能力指标分析图

2. 承诺业绩完成情况

（1）对赌完成情况

为了降低由于标的公司估值过高带来的未来经营能力下降的风险，掌趣科技和标的公司签订了严格的对赌条款，玩蟹科技方承诺，2013 年、2014 年、2015 年、2016 年扣除非经常性损益后的净利润分别不低于 1. 2 亿元、1. 6 亿元、2 亿元、2. 4 亿元。上游信息方则承诺，2013 年、2014 年、2015 年、2016 年扣除非经常性损益后的净利润分别不低于 0. 75 亿元、1. 25 亿元、1. 56 亿元、1. 90 亿元。如果实际净利润低于承诺，标的公司将按约定进行补偿；如果承诺期实际实现的净利润总和高于承诺期承诺利润的总和，超出部分的 30% 作为奖励对价，由上市公司向截至 2016 年 12 月 31 日仍在玩蟹科技和上游网络留任的管理层股东支付。如图 10 - 16 所示。

表 10 - 16　承诺业绩完成情况

单位：万元

公司名称	项　目	2013 年	2014 年	2015 年	2016 年	合　计
动网先锋	承诺值	7 485. 00	9 343. 00	11 237. 00	—	28 065. 00
	实际值	8 367. 52	9 359. 05	11 126. 31	—	28 852. 88
	完成百分比	111. 79%	100. 17%	99. 01%	—	102. 81%

续上表

公司名称	项　目	2013 年	2014 年	2015 年	2016 年	合　计
玩蟹科技	承诺值	12 000.00	16 000.00	20 000.00	24 000.00	72 000.00
	实际值	18 158.50	12 479.82	18 089.81	36 248.66	84 976.79
	完成百分比	151.32%	78.00%	90.45%	151.04%	118.02%
上游信息（70%）	承诺值	7 500.00	12 500.00	15 600.00	19 000.00	54 600.00
	实际值	7 922.57	10 254.17	11 116.20	13 012.57	42 305.51
	完成百分比	105.63%	82.03%	71.26%	68.49%	77.48%
上游信息（30%）	承诺值	—	—	11 000.00	13 400.00	24 400.00
	实际值	—	—	11 116.20	13 012.57	24 128.77
	完成百分比	—	—	101.06%	97.11%	98.89%

数据来源：巨潮资讯网。

2013 年动网先锋、玩蟹科技均完成了承诺业绩，并且玩蟹科技完成百分比达到151%，但是在接下来的两年时间里，两家公司均未完成任务。特别是上游信息的业绩完成情况呈现逐年下降的趋势，2015 年只完成 71%。将三年数字合计来看，玩蟹科技完成情况达到 118%，能够保证平均满足，但是上游信息三年平均完成 77.48%。总体来说业绩完成情况不是非常理想。

（2）对赌补偿情况

根据《发行股份及支付现金购买资产协议》，业绩承诺补偿义务人刘智君、马晓光、田寒松、至高投资应补偿股份合计 12 706 853 股由公司以 1 元对价回购并进行注销。根据《发行股份购买资产协议》，业绩承诺补偿义务人刘智君应补偿股份 175 138 股由公司以 1 元对价回购并进行注销。如表 10 - 17 所示。

表 10 - 17　对赌协议补偿方式及金额

补偿义务人	业绩补偿				
	上游信息 70% 股权交易				上游信息 30% 股权交易
	以自有现金补偿（万元）	股份补偿（股）	返还现金股利（万元）	股份补偿（股）	返还现金股利（万元）
刘智君	—	7 682 789.00	38.94	175 138.00	0.3
至高投资	—	3 909 748.00	19.82	—	—
朱晔	637.61	—	—	—	—
田寒松	—	977 472.00	4.95	—	—
马晓光	—	136 844.00	0.69	—	—
合计	637.61	12 706 853.00	64.4	175 138.00	0.3

在上游信息原股东进行业绩补偿承诺的过程中，还出现了业绩补偿方式变更的“小

插曲”。

根据掌趣科技在2016年1月发布的《关于调整上游信息70%股权收购交易之业绩承诺补偿方式的公告》中，公司拟将原业绩补偿的股权补偿部分更改为全部以现金方式进行补偿，其解释为：“由于协议中原补偿方案涉及股份补偿的部分，需要经过股东大会审议通过并得到债权人的同意，因此存在一定的不确定性并且方案的实施周期比较长。以现金补偿的方式操作起来相对简单且易于执行。”

虽然变更方案经过董事会及监事会的通过，但在最后并没有实施，业绩补偿以股份补偿方式完成。截至2016年底，上游信息相关补偿股份及款项已全部完成过户工作。

（四）对赌协议下并购风险分析

1. 商誉减值风险

通过大量并购，掌趣科技的商誉不断增长，但一旦收购的公司业绩出现下滑，就有可能造成商誉减值，届时将对公司业绩造成不小影响。据2016年财报数据显示，掌趣科技的商誉已达56亿元，公司归属于母公司所有者权益82.5亿元，商誉占股东权益的67.8%。如表10－18、表10－19所示。

表10－18　2016年掌趣科技商誉账面价值

被投资单位名称	期初余额（元）	本期增加 企业合并形成	本期减少 处置（元）	期末余额（元）
北京华娱聚友科技发展有限公司	2 886 245.39			2 886 245.39
广州市好运通讯科技有限公司	5 021 389.28			5 021 389.28
大连卧龙科技有限公司	1 631 302.20		1 631 302.20	
北京富姆乐信息技术有限公司	11 978 207.60			11 978 207.60
海南动网先锋网络科技有限公司	719 661 410.07			719 661 410.07
北京玩蟹科技有限公司	1 527 986 390.12			1 527 986 390.12
上游信息科技（上海）有限公司	721 048 722.29			721 048 722.29
北京天马时空网络科技有限公司	2 611 554 653.94			2 611 554 653.94

数据来源：掌趣科技2016年财务报表。

表 10－19 玩蟹科技和上游信息网络评估情况表

交易标的	母公司账面净资产（万元）	评估值（万元）	评估增值率
玩蟹科技 100% 股权	5 984.80	174 336.34	2812.98%
上游网络 100% 股权	3 144.89	122 883.16	3807.40%

数据来源：巨潮资讯网。

根据企业会计准则，掌趣科技收购玩蟹科技 100% 的股权和上游信息 70% 股权属于非同一控制下的企业合并，合并对价超出可辨识资产公允价值的部分将确认为商誉（见表 10－20、图 10－17）。根据掌趣科技合并财务报表，交易完成后，在掌趣科技合并资产负债表中将增加约 25.52 亿元的商誉，商誉占总资产的比例将达到 71.39%。虽然此次交易形成的商誉不作摊销处理，但需在未来每年年度终了进行减值测试。由于游戏行业竞争愈加激烈，游戏产品的盈利能力受到多方面因素的影响进而可能存在较大波动，如果标的资产未来经营状况未达预期，则存在商誉减值的风险，商誉减值会直接影响上市公司的经营业绩，减少上市公司的当期利润，若一旦集中计提大额的商誉减值，将对上市公司盈利水平产生较大的不利影响。

表 10－20 掌趣科技 2013—2016 年商誉

财务数据	2012 年	2013 年	2014 年	2015 年	2016 年
商誉（万元）	2 237	74 118	299 021	560 014	560 884
资产（万元）	91 376	192 741	502 309	787 825	1 040 142
商誉占比（%）	2.45	38.45	59.53	71.08	53.92

数据来源：掌趣科技 2012—2016 年财务报表。

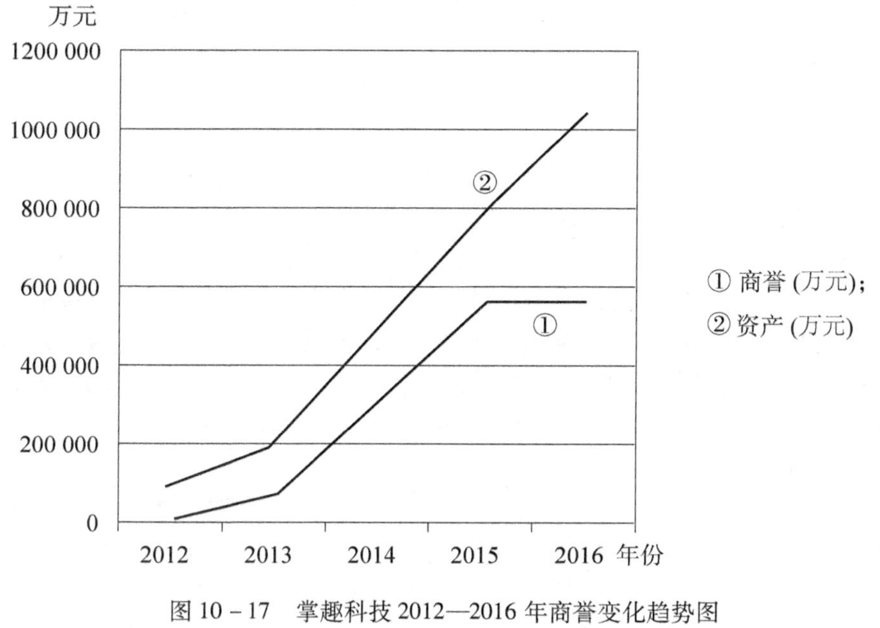

图 10－17 掌趣科技 2012—2016 年商誉变化趋势图

掌趣科技的商誉从上市之初的0.22亿元迅速攀升到2016年底的56亿元，从图10-17中可以清晰地看出公司上市之后的前三个年度，2013年度、2014年度、2015年展开了疯狂的并购，这同时也是上市公司利润大幅增长的三年。

根据上市公司2017年4月25日发布的公告，玩蟹科技、上游信息和动网先锋仅上游信息存在业绩承诺未完成的情况。根据上市公司同日发布的《减值测试审核报告》，动网先锋、玩蟹科技和上游信息均顺利通过了大华会计师事务所减值测试，未发生减值。

动网先锋以及承诺期截止到2015年度，玩蟹科技和上游信息的业绩承诺期都是截止到2016年度，也就是说业绩承诺期已经结束了，对原公司股东而言再无业绩承诺未完成的补偿压力。掌趣科技上市以后四个会计年度共实现利润14.64亿元，形成商誉56亿元。未来只要标的公司业绩出现大幅下滑，对商誉稍微减值，就可以吞掉前面四年的净利润。当然，最恐怖的是，截至目前，56亿元商誉还未进行减值，而标的公司的业绩承诺期却已经结束了。所以，这应该是在基金抱团的市场背景下，业绩突出的掌趣科技反而遭到机构抛弃的根本原因。“商誉对掌趣科技而言是个不得不重视的问题。56亿元的商誉只要减计10%就是5.6亿元，而2016年掌趣科技的净利润不过5亿元。”巨额商誉可能会是影响掌趣科技业绩的一个未知因素，作为投资者应对其影响进行充分考虑。

2. 人力资源整合风险

在轻资产高科技企业，人才显得更加重要，企业通过并购，实质上是为了获取被并购的管理层、核心技术人员，所以在并购完成后，对被并购企业的人力资本进行整合是非常重要的。

对关键管理人员、员工的挽留和沟通，以及增强目标公司员工的鼓励与收益是企业战略并购能否成功的主要因素。掌趣科技与动网先锋所经营业务同属于轻资产、重人才的游戏行业，两家公司在发展过程中形成的企业文化具有较大的相似性，均具有以人为本、鼓励创新的特征。在本案例中，掌趣科技以混合支付的方式完成对动网先锋的并购，以现金和股票的方式收购动网先锋的核心管理人员所持有的股份，在给其一定现时收益的同时，给予动网先锋管理人员一定量的掌趣科技的股份，此外，在混合支付中还设计了对赌条约，动网先锋在2013年、2014年、2015年完成承诺的净利润后，对于超额的净利润可以取得不超过1亿元的分红，这在很大程度上激励了管理人员的积极性，防止了关键管理人员的流失。此外，澄迈锐杰作为动网先锋的员工持股平台，代表了动网先锋员工的利益，在此次并购中，也获得相应的股份和超额的现时收益。

以混合支付方式完成并购后，很好地解决了动网先锋核心管理人员流失的风险，这给人力资本的后续整合创造了一定的基础。掌趣科技和动网先锋可以相互吸收对方在内部管理制度、员工福利制度、企业文化建设方面的良好经验，继续保持原有的以人为本、鼓励创新的企业文化宗旨，为公司、员工个人发展创造良好的氛围。

3. 业务整合风险

在企业文化方面，虽然掌趣科技在之前收购动网先锋的过程中积累了一定的收购整合经验，但是此次收购和之前不同，规模上比之前的动网先锋大，而且此次同时收购两家标的公司，收购完成之后两家子公司能否很好地融入掌趣科技大家庭并且发挥协同效应具有一定的不确定性。每家企业都有各自的企业文化和管理体系，掌趣科技在一年之内购入三家公司，在之后的融合过程中肯定会存在诸多问题，会不会存在员工关系不协调，核心骨干互不相容的情况还具有不确定性。

在经营管理方面，玩蟹科技和上游信息都是刚成立的新企业，其规范程度远不及一家上市公司，在以后的规范化运作过程中，之前习惯了随意散漫的运作模式的新企业能否严格执行上市公司严格的规范管理制度也存在不确定。同时在技术方面的磨合也存在一定的风险，掌趣科技旗下有专业网页游戏的研发团队也有专业移动游戏的开发团队，新并入的团队和之前团队的业务模块以及采用的开发工具和语言等不一致可能需要较长一段时间的协调。

4. 创业投资退出风险

掌趣科技在宣布并购动网先锋之后，创业投资基金纷纷退出，从机构重仓情况看来，到2016年年底，重仓掌趣科技的基金只有三家，掌趣科技前十大流通股已经没有了一些基金的身影，上市公司的股价也因此而产生了较大的波动，从此种情况来看，掌趣科技的股价很可能被资金左右着，后来又发生的股东接连抛售股份的行为对公司股价也产生了不小的影响，这些行为很可能给公司其他股东产生影响，对公司的长期发展产生不利影响。

5. 核心管理层减持风险

截至2016年，掌趣科技经历了四次减持潮，公司8位股东27次减持，共减持2.76亿股，套现金额为29.85亿元。这其中包括姚文斌、叶颖涛、董事宋海波、副董事长邓攀、总经理胡斌、董秘李好胜。现在除了董秘，其他各位领导都已经辞职。另外，大股东华谊兄弟经过11次减持，套现资金达到9.84亿元，持股比例已经从22%降低到1.4%，几乎清盘。

公司实际控制人姚文斌先生在2016年共进行了6次减持，减持时间分别为3月15日、3月16日、5月3日、5月4日、7月13日、7月14日，减持股份数量分别为1300万股、1300万股、1300万股、2300万股、2500万股和2550万股，累计套现约12.36亿元（见表10－21）。姚文斌先生在卖得只剩限售股之后，于2016年8月2日辞去董事长之位。另一实际控制人（后与姚解除一致行动协议）叶颖涛表现也“不俗”，合计套现约6.58亿元。其中最大的一笔减持发生在2015年5月，也就是首发原始股刚解禁的时候，叶颖涛把能流通的部分全卖了。目前叶颖涛同样不在上市公司担任任何职务。根据掌趣科技2016年财务报表，净利润5.08亿元。虽然说公司的业绩表现不错，按照2016年的5.1亿元的净利润计算，29.75亿元的套现金额还是卷走了上市公司近6年的利润。

表10－21　2015—2016年掌趣科技股东减持表

公告日期	股东	职务	变动数量	变动后持股比例（%）	变动部分参考市值（万元）
2015/3/2	邓攀	董事、高管	－409.00	2.52	－11 402.92
2015/3/2	宋海波	董事	－1 007.85	2.33	－27 810.42
2015/3/6	邓攀	董事、高管	－92.71	2.45	－2 598.34
2015/3/10	邓攀	董事、高管	－418.50	2.13	－12 355.04

续上表

公告日期	股东	职务	变动数量	变动后持股比例（%）	变动部分参考市值（万元）
2015/3/17	华谊兄弟股份有限公司	—	-830.00	6.87	-24 526.50
2015/5/14	叶颖涛	董事	-1 250.00	6.32	-44 871.38
2016/3/11	华谊兄弟股份有限公司	—	-1 000.00	5.75	-11 557.50
2016/3/11	华谊兄弟股份有限公司	—	-1 000.00	5.39	-10 815.40
2016/3/15	姚文彬	董事、高管	-1 300.00	19.56	-14 547.39
2016/3/15	宋海波	董事	-1 436.19	1.63	-16 071.42
2016/3/16	姚文彬	董事、高管	-1 300.00	19.09	-14 317.42
2016/3/18	华谊兄弟股份有限公司	—	-1 077.80	5	-12 169.69
2016/3/24	叶颖涛	—	-1 000.00	5.26	-12 559.70
2016/5/3	姚文彬	董事长	-1 300.00	18.63	-14 961.31
2016/5/4	姚文彬	董事长	-2 300.00	17.8	-26 584.09
2016/7/13	姚文彬	董事长	-2 500.00	16.9	-27 773.50
2016/7/14	姚文彬	董事长	-2 550.00	15.98	-29 114.12
2016/7/14	叶颖涛	—	-750.00	4.99	-8 332.05
2016/9/1	华谊兄弟股份有限公司	—	-260.00	4.91	-2 652.86
2016/9/7	华谊兄弟股份有限公司	—	-1 000.00	4.19	-10 209.40
2016/9/7	华谊兄弟股份有限公司	—	-1 000.00	4.55	-10 165.18
2016/9/9	华谊兄弟股份有限公司	—	-1 000.00	3.47	-10 167.60
2016/9/9	华谊兄弟股份有限公司	—	-1 000.00	3.83	-10 119.40
2016/9/14	华谊兄弟股份有限公司	—	-1 000.00	3.11	-9 833.50
2016/10/13	华谊兄弟股份有限公司	—	-1 000.00	1.76	-9 517.20
2016/10/13	华谊兄弟股份有限公司	—	-1 000.00	2.48	-9 606.40
2016/10/13	华谊兄弟股份有限公司	—	-740.00	2.84	-7 080.84
2016/10/13	华谊兄弟股份有限公司	—	-1 000.00	2.12	-9 566.60
2016/10/21	华谊兄弟股份有限公司	—	-1 000.00	1.4	-9 505.50

数据来源：巨潮资讯网。

在掌趣科技的高管离职公告中，高管辞职的原因包括：公司战略发展及人才队伍建设需要、个人原因等模糊不清的原因解释。因而，对于持股的高管来说，他们可能存在着套现行为，高管辞职后抛售股票的行为也恰恰印证了这一观点。高管离职事件本身加上套现动机分析，我们有动机推断公司未来的发展存在疑问。通常来说，我们认为大股东减持可能反映了上市公司盈利能力弱或价值被高估。但是从财务报表来看，掌趣科技的营业收入和营业利润却均实现了较大幅度的增长。那么高管相继离职、大股东频频减持套现的本质原因有以下几个方面。

（1）限售股解禁

从公司的年报中我们可以获知，自2015年以来，控股股东所持有的限售股相继开始大规模解禁。通常来说，限售股解禁之后都会出现减持套现的情况。因而，解禁为大股东的减持提供客观的机会。

（2）商誉估值过高

掌趣科技的资产负债表中，由于不断的并购行为，商誉估值大幅度上升。2016年报中商誉估值为56多亿，占总资产的54.9%。而商誉作为公司的无形资产，很容易受到负面信息的影响而遭到减值。目前市场上所流通的高管辞职、大股东减持、子公司业绩承诺未完成等信息，势必会对掌趣科技造成进一步较大的影响。因而，过高的商誉值将掌趣科技带入一个财务危险地带。

（3）分红力度小

另外，研究发现：较之不分配或者较少分配现金股利的公司，分配现金股利较多的公司中大股东减持规模更小，即股利政策会影响股东的减持意向。而掌趣科技的现金股利发放、股利支付率、股价近几年都在下降（见图10－18）；与同行业相比，掌趣科技的分红率也是出于股利分配政策，并没有很强的吸引力，股东会更加倾向于通过出售股票来获利。

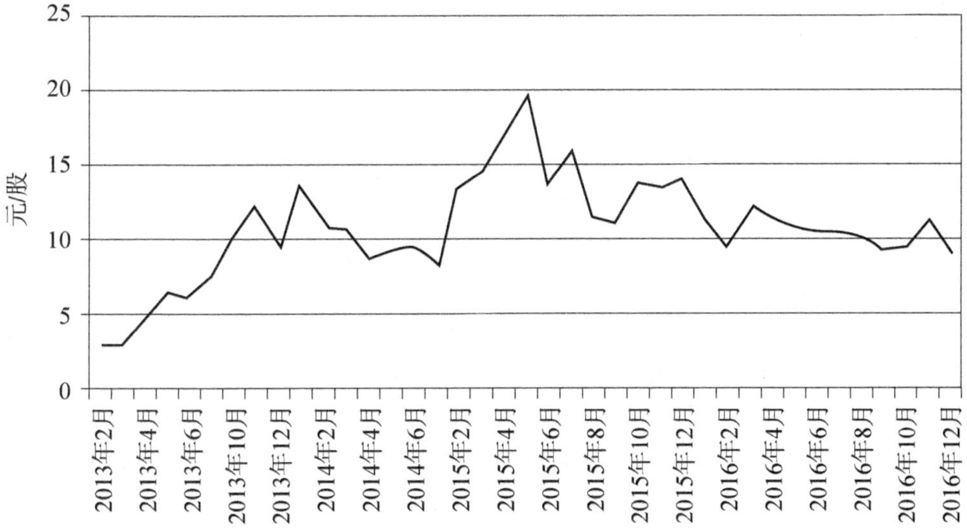

图10－18　2013—2016年掌趣科技股价变动趋势图

数据来源：巨潮资讯网。

6. 业绩补偿变更合规性风险

据掌趣科技在《关于调整上游信息70%股权收购交易之业绩承诺补偿方式的公告》中，拟以“现金补偿方式操作相对简单易于执行”的原因将原业绩补偿的股权补偿部分更改为全部以现金方式进行补偿。虽然官方公告解释变更方式原因仅仅是“操作简单”，但其实现金补偿与股份补偿相比，产生影响仍有差异。

补偿方式可分为股份补偿及现金补偿两种。股份补偿指被并购方利用交易获得的并购方股票对未完成的业绩指标进行补偿；现金补偿是指被并购方利用现金直接补偿未完成的业绩指标。通过股份进行补偿，将不干扰企业日常现金流，但由于上市公司股份有较大的升值空间，对于被并购方来说其代价可能大于直接现金补偿。通过现金进行补偿，其操作流程较股份补偿的方式来说更快，对并购方而言，能够直接弥补投资所付出的现金流。在补偿方式的选择上，应考虑与并购的支付方式进行结合。若在并购中支付了股份作为对价，又想采用较为严厉的补偿方式，则可选择用股份补偿方式；若在并购中直接采用了现金作为支付手段，且并购资产占用了并购方较大的现金流，则现金补偿方式更为恰当。

在收购上游信息过程中，现金补偿代替股份补偿主要差异表现在以下三方面。其一，对于被并购方而言，股份赔偿较现金赔偿更为严厉，由于股票存在升值空间，1元回购被并购方原股东所得股票，消除了其资产增值的空间；其二，对于上市公司而言，回购股票并注销减少了原被并购方的持股数量，改变了其上市股东资本结构，增加了上市公司的每股收益率，从而保护中小股东的权益；其三，适应性原则要求对赌协议与并购协议相适应，现金补偿方式与并购中股权支付方式不相适配，对标的的资金流影响较大。

因此，将补偿方式变更为现金，其严厉程度减轻，不利于激励目标的实现，也不利于中小股东的权益保护，且不符合对赌协议设计中的适应性原则：仅以“简化操作”为由变更补偿方式的做法不可取。

从以上分析来看，掌趣科技面临着对商誉减值、人力资源以及对业务板块的整合问题，还有就是关注创业投资基金的退出，这些问题必将是掌趣科技需要首先解决的问题。

三、研究启示建议及结论

（一）研究启示及借鉴意义

1. 同股不同价的创新性支付方式值得其他企业学习

目前，考虑到我国特殊资本市场环境，大多数企业在进行并购时主要还是以现金支付方式为主。但是，单纯地使用现金支付也有很大的局限性，即对企业的现金流造成很大的负担，也不利于企业的后期整合，同时，也无法满足企业越来越多的并购交易数量和规模。因此，在并购活动中，企业应该及时准确地了解并购双方的自身条件和需求，选用不同的融资方式及支付模式进行组合，以此来提高并购效率，保证并购活动顺利开展。

掌趣科技在此次并购中以“股份 + 现金”的方式收购了动网先锋100%股权，总对价为8.1亿元，玩蟹科技以及上游信息在收购时也延续这种方式，上市公司对标的公司的投资型股东和管理型股东采用了同股不同价的分级收购方式，管理型股东的交易价值高于投资型股东，这是由于管理型股东所承担的风险要高于投资型的股东，这种支付方式在以往的企业并购中并没有被采用过，属于创新性的支付方式，这充分体现了上市公司在并购重组方面的创新性，上市公司设计的这种交易方式有效地激励了动网先锋的管理团队，为双方的长远发展开启了良好的开端。这种创新性的交易方式对交易双方是非常有利的，对其他企业来说具有极强的参考价值。

2. 应对资产减值的分期支付措施值得其他企业借鉴参考

在本次交易当中，掌趣科技资产账面净值为5 115.68万元，评估价格为83 772.02万元，标的资产评估增值1537.55%；玩蟹科技资产账面净值为5 984.80万元，评估价格为174 336.34万元，标的资产评估增值2812.98%；上游信息资产账面净值为3 144.89万元，评估价格为122 883.16万元，标的资产评估增值3807.40%。

鉴于这种现象，上市公司对资产减值风险做出了相应的应对措施，采取了非常谨慎的交易对价支付节奏，对股东的现金对价为保险起见采用了分期支付的方式。在承诺期届满后三个月内，公司应聘请具有证券期货业务资格的会计师事务所依照中国证监会的规则及要求，对标的资产出具《减值测试报告》。

如标的资产期末减值额 > 已补偿股份总数 × 对价股份的发行价格 + 已补偿现金，则戊方及朱晔应对公司另行补偿。补偿时，先以本次交易中其各自尚未获支付的对价现金冲抵，不足部分以其因本次交易取得的尚未出售的对价股份进行补偿，仍不足的部分由其以自有或自筹现金补偿。

因标的资产减值应补偿金额的计算公式为：应补偿的金额 = 期末减值额 - 在承诺期内因实际利润未达承诺利润已支付的补偿额。无论如何，标的资产减值补偿与盈利承诺补偿合计不应超过标的资产总对价。以发行股份及支付现金方式购买丁方持有的玩蟹科技90%股权，对价的40%以现金方式支付，其余60%对价以公司向丁方定向发行股份方式支付；以支付现金方式购买分播时代持有的玩蟹科技10%股权；以发行股份及支付现金方式购买戊方持有的上游信息65%股权，对价的54.89%以现金方式支付，其余45.11%对价以公司向戊方定向发行股份方式支付；以支付现金方式购买朱晔持有的上游信息5%股权。并且2013年至2015年各期的现金对价要与标的企业各年承诺利润实现情况挂钩。并且如果在业绩承诺期届满后三个月内标的股权期末没有达到要求的话，标的企业管理型股东要对上市公司另行补偿。采取这种方式，上市公司对资产减值风险进行有效控制，值得其他并购企业借鉴。

3. 未来业绩发展困难重重

从表面上看，掌趣科技的公司年报所展示的公司业绩非常可观，但是通过深入分析公司的财务报表并且结合公司其他方面的信息可以发现，掌趣科技在发展过程中存在较多隐患。

首先，从报表上来看，掌趣科技的盈利状况虽然表现很好，但是深究其来源，我们发现营业收入实现大幅度增长的主要来源是其所并购的多家子公司，而母公司的营业收入和营业利润的情况并不乐观。2016年报可以看出，营业利润产生大幅度下降。掌趣科技作为一家网络游戏公司，我们在对其进行分析时要明确该行业的某些特点。首先，游戏产品更新快、可模仿性高，这意味着公司无法形成固定的消费群体，并且要持续推出受大众认可的游戏产品，这对公司的运营会产生很大的挑战。因而，本身的行业特征就加大了网络游戏公司持续发展的难度。而目前中国的游戏市场上，腾讯和网易两家大企业形成了一定程度的垄断，使得掌趣科技等其他中小企业的发展愈加艰难。

（二）建议

1. 合理选择并购对象

在当下，并购逐渐成为一个企业变大变强不可缺少的一步。但因为信息不对称等问题，上市企业应该强化并购前后的披露信息，并建立以风险为导向管理机制。对并购可能存在的风险及时向中小股东公示。同时，要优化并购中业绩补偿承诺的方式，在更有效激励被并购方管理层的同时，加强对投资者的保护。由于网游行业以智力资本作为企业的主要资本，同时企业的研发投入较大，因此在选择并购对象时，除了要结合企业自身发展需求外，更多地注重企业的人才资产和研发水平。此次掌趣科技选中动网先锋作为并购对象，除了双方业务上存在互补以外，掌趣科技更是看中了动网先锋拥有丰富的网页游戏研发团队和技术。动网先锋带来的人才和技术不仅丰富了业务领域，也为掌趣科技自身开拓移动端游戏领域奠定了基础。

2. 注重企业并购后的整合

并购的成功与否关键在于企业并购后各方面的整合。对网游企业而言，研发部门和销售部门是整个企业体系的重中之重。由于网游行业的特殊性，网游公司的运营、研发团队、客户资源及市场平台对于企业的发展尤为重要。因此网游行业进行同行业企业的并购时要注重对其运营、研发团队、客户资源以及市场平台的整合，才能实现并购后的规模效应和协同效应。

在经营管理方面，并购后掌趣科技股份有限公司要统筹安排主并企业与目标企业的发展方略，根据自身的发展需求选择和制定合适的商业计划并合理实施相关计划，比如综合考虑接管后目标公司的实际状况，对落后的产业进行转型和升级，提高各子公司的运营效率。掌趣科技在过去几年连续并购了多家公司，在并购后期的整合过程中，可以发现动网先锋、玩蟹科技、上游信息等与掌趣科技相比在管理、技术等方面都有很大不同，这时，公司更应该合理安排好并购后公司的发展模式和发展方向，统筹安排，降低并购后的风险，以期发挥经营管理的协同效应。

在人力资源整合方面，目前，我国网游行业迅猛发展，网络游戏行业要想保持长期稳定的发展，就需要拥有优质的技术团队，只有通过人才的竞争，才能加强企业自主创新的力度和能力，才能使企业不断开发出高质量的产品。但是，如今在游戏行业中高端人才缺口巨大，高质量的研发人才严重不足，这就需要企业提高对人才的重视度。这里就要求掌趣科技树立良好的品牌形象，利用灵活的人才招聘模式不断吸引高端人才的加入，建立合理的人才资源引进机制；同时，创立轻松和谐的企业文化氛围，建立行业人才自身的培养模式，不断提高员工的学习能力和创新能力等；另外，还要为管理层和员工制定相应的激励措施，明确晋升渠道和奖励方式。通过这些方式，可以更好地发挥大家工作的积极性，提高员工的归属感和对企业的责任感，从而可以减少由于跳槽所造成的人员流失。通过对人力资源的合理利用，可以对掌趣科技以后的发展产生重大的促进作用。

3. 结合企业特点设计业绩承诺及补偿

通过研究，可以看出，案例中存在后期利润不达标、轻易变更补偿方式等问题。目前，并购对赌协议设计较为成熟，其设计通常可借鉴较为固定的设计模块与步骤，但为更好地发现并解决上述问题，在进行对赌协议设计时，应考虑标的企业所处行业特点及经济环境，结合其自身特殊性进行业绩承诺及补偿设计。

倘若业绩目标过高，被并购方管理层将承受过大的压力，可能对企业采取竭泽而渔式的短期过度开发，以未来的可持续发展为代价而换取眼前业绩的疯狂增长，结果必然是企业丧失持续盈利能力，严重影响其长远发展；反之，如果目标过低，则起不到应有的激励作用。善用对赌协议，一方面是出于降低自身收购风险的角度，减少企业因业绩变脸给公司带来的损失，另一方面激励并购公司不断保持良好业绩。因此，鼓励并购双方签订业绩承诺或对赌协议，区分标的公司不同业绩实现程度下的补偿方式和超额业绩表现下的激励机制，让并购方最大限度地规避经营风险，对被并购方也会产生适当的经营压力。这样能够减小对并购风险的担忧，促成并购重组交易顺利进行，使交易定价更体现市场性，更加公平、合理，有利于促成交易达成。但是，对赌不足以解决所有的问题，除了法律上的约定、对赌的安排，前期的尽职调查与后期相互之间的沟通磨合也非常重要。

被并购企业作为年轻企业，其自身发展尚不稳定，未来收益易出现波动；而其所处的手游行业，有着产品生命周期较短且发展迅速的特点。若在设计对赌协议时考虑上述特点，则能使并购方更好地控制并购风险，同时使标的资产把握发展机会，从而实现双赢，符合双方博弈特点，这也符合对赌协议设计中的全面性与合理性原则。

（三）结论

通过对掌趣科技连续并购的案例分析，我们可以看到，一方面，并购对于并购双方来说都是有利的，对掌趣科技来说，在财务、经营、业务上都产生了协同效应。当然，对被并购企业来说，通过并购这种方式，实现了上市的梦想，并且以后借助掌趣科技这个强有力的后盾，对公司页面游戏的开发方面将产生积极的有利影响；另一方面，从掌趣科技并购案例分析获得对其他企业并购的启示，发现其在并购过程中的同股不同价的创新性支付方式和应对资产减值而采取的措施很值得其他企业学习和参考。然而掌趣科技还应当重点关注企业在并购后商誉减值、人力资源整合、业务整合、创业投资退出等方面的风险，这些问题必将是掌趣科技需要首先解决的问题。

同股不同价的支付方式符合掌趣科技的并购需求，对于并购协同效应有一定的促进作用。同股不同价的支付方式不仅降低了企业的收购风险，同时在对管理层股东的激励方面有显著效果，这为今后双方更好地发展合作奠定了基础。掌趣科技对资产减值风险做出了相应的应对措施，采取了非常谨慎的交易对价支付节奏，对股东的现金对价为保险起见采用了分期支付的方式，采取这种方式，上市公司对资产减值风险进行有效控制，值得其他并购企业借鉴。

高溢价并购背景下，高溢价的收购并没有换来目标公司很好地实现业绩承诺。高额的并购商誉也未必会给企业带来预期良好的经济效果。可能在短视范围内，并购当期和下一会计期间上市公司的业绩会有大幅攀升，甚至体量瞬间可在业内名列前茅，随着对赌业绩相继不达标、巨额商誉的形成、核心管理人员的减持以及创业者的退出等诸多问题的出现，在并购后的整合和运营过程中企业将会面临诸多风险。

四、讨论题目

1. 对赌协议究竟是天使还是魔鬼？原因是什么？

2. “对赌协议”下的并购运作方式给企业带来哪些思考？

3. 掌趣科技五年总资产增90亿元，为何高管纷纷离职？掌趣科技为什么翻不过网易腾讯这两座大山？

4. 巨额商誉会成为掌趣科技的不定时炸弹吗？这枚炸弹何时会被引爆？

5. 掌趣科技连续并购动网先锋、玩蟹科技和上游信息这三家公司，其部分对赌协议的业绩没有完成。对赌协议的业绩设定条款是否存在问题？

6. 对赌协议完成以后，如何规避上市公司的并购风险？

7. “一路买、买、买”的掌趣科技，业绩会有持续大幅度的增长吗？

五、参考资料

[1] 王宇，刘勇．从证券及司法实践看补偿承诺在股权投资中的适用——兼论“对赌协议”的法律效力［J］．金融理论与实践．2013（08）.

[2] 中房报记者周翔宇、李栋、李燕星．万达融创“世纪并购”中的交易谜团与对赌游戏［N］．中国房地产报，2017－07－17（008）.

[3] 林章军．对赌协议防范并购风险研究［D］．深圳：深圳大学，2017.

[4] 刁雅．对赌协议防控估值风险的有效性研究［D］．北京：北京交通大学，2016.

[5] 杨洋．并购业绩补偿承诺的激励效应研究［D］．济南：山东大学，2016.

[6] 陈东耀．对赌协议在企业并购中运用的风险及应对研究［D］．成都：西南财经大学，2016.

[7] 胡经天．对赌协议在企业并购中的应用与风险防范［J］．现代商贸工业，2015，36（15）：100－103.

[8] 余宛泠．上市公司并购支付方式与并购方绩效研究［D］．北京：中央财经大学，2015.

[9] 缪洁．关于股权投资并购过程中的业绩对赌的探讨［J］．新会计，2014，(01)：5－8.

[10] 陈翔．对合并商誉会计处理的若干探讨——基于有对赌协议的分步并购方式［J］．新会计，2015（05）：26－28.

[案例说明书]

一、本案例要解决的关键问题

通过本案例的教学和讨论，帮助学员了解和熟悉对赌协议。掌趣科技花费重金购入动网先锋、玩蟹科技和上游信息这三家公司，引导学员探究对赌协议能否实现预期目标，深入分析对赌协议的内在机制，认清其中存在的利弊和风险，评价企业并购后的财务绩效并讨论企业是否得益于成功运用对赌协议而获得快速发展，让学员提高辨别以及剖析并购风险的能力，从而引导学员未来在企业中通过建立自身的技术优势来形成技术壁垒并在竞争中不断发挥自身优势，整合各方资源、降低成本并规避整合风险。

二、教学组织方式

（一）问题清单及提问顺序、资料发放顺序

本案例讨论题目依次为：

1. 对赌协议究竟是天使还是魔鬼？原因是什么？
2. “对赌协议”下的并购运作方式给企业带来哪些思考？
3. 掌趣科技五年总资产增 90 亿元，为何高管纷纷离职？掌趣科技为什么翻不过网易腾讯这两座大山？
4. 巨额商誉会成为掌趣科技的不定时炸弹吗？这枚炸弹何时会被引爆？
5. 掌趣科技连续并购动网先锋、玩蟹科技和上游信息这三家公司，其部分对赌协议的业绩没有完成。对赌协议的业绩设定条款是否存在问题？
6. 对赌协议完成以后，如何规避上市公司的并购风险？
7. “一路买、买、买”的掌趣科技，业绩会有着持续大幅度的增长吗？

（二）课时分配

1. 课后自行阅读资料：约 2 小时；
2. 小组讨论并提交分析报告提纲：约 2 小时；
3. 课堂小组代表发言，进一步讨论：约 2 小时；
4. 课堂讨论总结：约 0.5 小时。

（三）讨论方式

本案例可以采用小组式进行讨论。

（四）课堂讨论总结

课堂讨论总结的关键是：归纳发言者的主要观点、重申其重点及亮点、提醒大家对焦点问题或有争议观点进行深入思考，建议大家对案例素材进行扩展研究和深入分析。

案例 11

强强“联姻”的背后：青岛金王分步合并杭州悠可[*]

* 1. 本案例由广东工业大学管理学院的陈文涓，吴维琪等共同撰写，作者拥有著作权中的署名权、修改权、改编权。

2. 将本案例授权予广东工业大学产教融合 MPAcc 教学智库实验平台使用，广东工业大学产教融合 MPAcc 教学智库实验平台享有复制权、修改权、发表权、发行权、信息网络传播权、改编权、汇编权和翻译权。

3. 由于企业保密的要求，在本案例中对有关名称、数据等做了必要的掩饰性处理。

4. 本案例只供课堂讨论之用，并无意暗示或说明某种管理行为是否有效。

[案例封面]

专业领域：财务会计

适用课程：《财务会计理论与实务》

选用课程：《财务会计理论与实务》

编写目的：本案例旨在帮助学员通过讨论长期股权投资、非同一控制下的会计核算问题，研究多次交易分步实现非同一控制下企业合并给企业带来的影响，分析商誉、利润、现金流量等因素的变动，从而帮助解决企业实际经营活动中可能遇到的问题。

知 识 点：长期股权投资；非同一控制下企业合并；分布合并；商誉

关 键 词：青岛金王；杭州悠可；企业合并；利润；现金流量

中文摘要：企业合并对上市公司扩大规模作用非常明显，但是合并是否能达到企业价值最大化、实现长期增长目标？合并对企业财务状况的影响如何？本文研究青岛金王并购杭州悠可的案例，探讨多次交易分步实现非同一控制下企业合并给企业带来的影响，分析商誉、利润、现金流量等因素的变动，并将其与两个拟上市企业金枪新材料和智业软件进行对比，分析青岛金王合并杭州悠可背后所存在的风险，讨论利润与现金流量对企业的影响孰轻孰重，以及被投资企业预期业绩完成对投资企业商誉的影响，以期能对企业并购业务带来的财务问题提出相关建议。

[案例正文]

一、背景介绍

（一）我国电子商务发展现状

电子商务通常是指在全球各地广泛的商业贸易活动中，在因特网开放的网络环境下，基于浏览器或服务器应用方式，买卖双方不谋面地进行各种商贸活动，实现消费者的网上购物、商户之间的网上交易和在线电子支付以及各种商务活动、交易活动、金融活动和相关综合服务活动的一种新型商业运作模式。

近年来，我国电子商务行业发展迅猛，产业规模迅速扩大，电子商务信息、交易和技术等服务企业不断涌现。2015 年中国电子商务市场交易规模达 16. 2 亿，增长 21. 2%，其中本地生活 O2O 交易规模增速达到 38. 4%、网络购物增速达到 37. 2%，拉动了电子商务整体的增长。2015 年全国网上销售额 38 773 亿元，比上年增长 33. 3%，其中网上商品零售额 32 424 亿元，增长 31. 6%。2016 年中国电子商务市场交易规模 20. 2 万亿元，增长 23. 6%。其中网络购物增长 23. 9%，本地生活 O2O 增长 28. 2%。[①]

在电子商务时代的背景下，我国很多传统企业也借助电子商务进行升级转型。进一步拓宽了企业销售渠道，不仅提高了供应链效率，还提高了用户满意度。面向市场直接进行生产，不仅在很大程度上降低成本，还加快产业进一步升级转型。

（二）我国电子商务发展趋势

随着物联网技术与信息技术的快速发展，商品也从传统的实体市场转变为实体与虚拟市场相结合的模式，这也推动了电商互联网市场的发展。

1. 实体经济与网络经济融合发展

随着电子商务的兴起，不仅颠覆了传统流通企业的交易支付模式，而且对企业管理模式与作业流程的革新起到了巨大推动作用，企业朝着技术密集型方向快速发展。线上与线下同步协调进行，线上购买、线下体验是未来商业发展的主要趋势。

2. 移动终端应用将成为电子商务市场新领域

随着互联网技术发展，移动终端将逐渐普及。由于移动终端具有便携性与及时性等特点，已经是当今人们查询信息的主要途径之一。微信与二维码的出现，促进了我国商业模式的革新，这些移动终端可以给人们提供不同的个性化需求。

3. 跨境电子商务将加快贸易方式的转变

电子商务打破了传统市场的地域限制，可以将国内与国外市场有机融合，跨境电商应运而生。跨境电商转变了国家与国家之间的时空间隔，让贸易真正实现全球化，这也是世界经济发展的主要动力之一。跨境电商的经营模式为多维立体，不仅拓展了市场销售渠道，还优化了资源配置，真正实现企业合作共赢。

---

① 数据来源：国家统计局。

二、“联姻”过程介绍

（一）“新郎”——青岛金王集团介绍

1. 基本信息

青岛金王应用化学股份有限公司（以下简称青岛金王），1993 年始创于青岛，于 2006 年 12 月 15 日在深圳证券交易所上市，股票代码为 002094。目前，青岛金王的主营业务分为化妆品业务、新材料蜡烛及工艺制品业务和油品贸易业务三大板块，青岛金王 2012—2016 年营业收入构成表如表 11－1、图 11－1 所示。

表 11－1　青岛金王 2012—2016 年营业收入构成表

	2016 年		2015 年		2014 年		2013 年		2012 年	
	金额（万元）	占营业收入比重（%）	金额（万元）	占营业收入比重（%）	金额（万元）	占营业额收入比重(%)	金额（万元）	占营业额收入比重(%)	金额（万元）	占营业额收入比重(%)
营业收入合计	237 099. 63	100	147 688. 84	100	122 351. 00	100	145 400. 14	100	142 507. 43	100
新材料蜡烛及工艺品等	57 028. 94	24. 06	55 254. 62	37. 50	57 635. 36	47. 11	65 449. 32	45. 01	74 138. 12	52. 02
贸易行业	113 503. 00	47. 89	75 032. 03	50. 93	64 715. 64	52. 89	79 950. 83	54. 99	68 369. 31	47. 98
化妆品	66 567. 70	28. 05	17 402. 19	11. 57	—	—	—	—	—	—

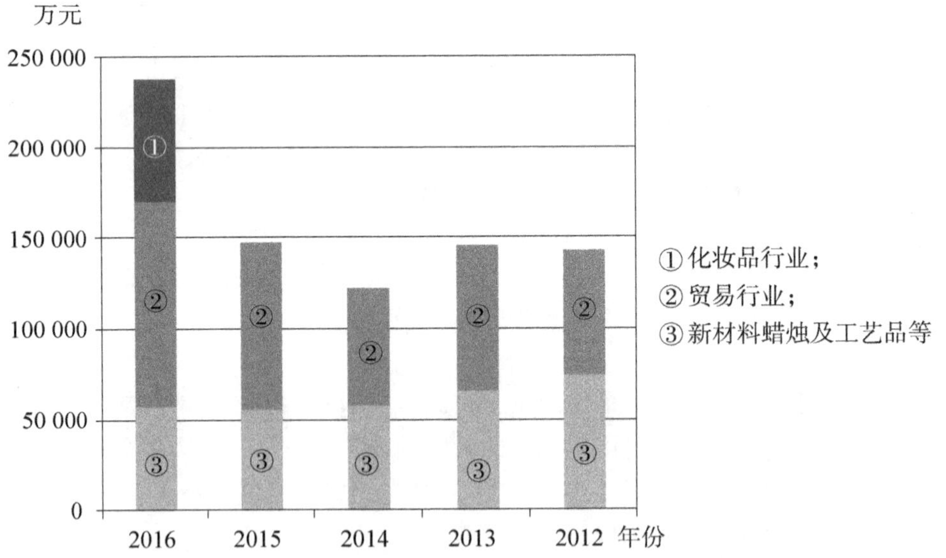

图 11－1　青岛金王 2012—2016 年营业收入构成图

数据来源：青岛金王 2012—2016 年年报。

从上述数据可以看出，青岛金王在2015年开始进入化妆品行业，2016年化妆品行业营业收入同比2015年增长282.05%，可谓发展迅速。另外公司的核心业务发展板块——新材料蜡烛及工艺制品业务，尤其是新材料蜡烛及工艺制品业务，已经形成了品牌和产品差异化的优势，在产品细分市场上处于绝对优势地位，已发展成为亚洲第一，公司拥有的Kingking商标已先后在包括美国在内的全球20多个国家进行了注册，成为唯一在欧美市场上具有一定品牌知名度的国内蜡烛制造商，行业龙头地位突出。

2017年三季度青岛金王净资产收益率达到15.29%，在上市的243家化学制品公司中排名第17名，市盈率15.77%，排名第13名，每股收益0.97元，排名第12名。青岛金王是一家不断致力于创新前沿，引导世界时尚消费潮流的企业。2002年被《中国企业家》杂志评为中国最具有成长性的企业，综合指标排名全国21家“未来之星”企业榜首。同时，被美国沃尔玛、德国麦德龙等世界500强集团连年评为全球最佳信誉公司，名列前茅的商务、质量过硬的企业。

2. 发展战略

青岛金王自2013年布局化妆品领域以来，坚持并将继续实施清晰、明确的化妆品业务发展战略规划，通过整合优势资源，向以化妆品为核心的颜值产业拓展，围绕化妆品品牌运营、线上线下渠道整合、产品研发生产以及专业美容、医美等方面的业务布局整合产业资源，打造完整颜值经济产业链。在提升企业规模和效益内生增长的同时促进各板块产生并加强协同效应，形成整体竞争力不断提升的良性循环。2016年公司确立了打造“颜值经济产业圈”平台的发展战略，包括日化，护肤，彩妆，香薰，专业美容，医美。伴随中国消费升级，“颜值经济产业圈”市场规模将快速增长，围绕消费者“美丽需求”的产品及服务将得到长足发展。同时，当前“颜值领域”资本进入尚不密集，从公司前期投资化妆品产业链情况来看，目前是产业嫁接资本实现协同发展的较好时间窗口。青岛金王加大渠道整合力度，探索、开发与品牌销售相匹配的服务能力和服务项目，继续完善互联网电商、移动云商、线下实体店铺等全渠道的布局，搭建景气度持续上行的美丽产品“跑道”。

同时公司将继续致力于现有新材料蜡烛的研发和生产制造及营销网络的建设步伐，优化市场细分、优势互补、反应快速、品牌拉动的零距离及差异化服务模式，进一步巩固行业龙头地位。

3. 青岛金王并购情况

青岛金王2006年上市，在这11年里的并购情况如表11－2所示。

表11－2　青岛金王上市以来收购情况表

披露日期	收购标的（%）	并购金额（万元）	披露日期	收购标的（%）	并购金额（万元）
2013.12.13	杭州悠可37	15 170	2016.05.03	安徽弘方60	13 800.6
2014.04.19	广州栋方45	5 192.31	2016.07.04	湖北弘方51	765
2014.10.23	上海月沣60	14 640		临沂博美51	918
2016.6.14	广州韩亚100	37 260	2016.07.12	甘肃弘方51	510
	上海月沣40	28 620		福建弘方51	510

续上表

披露日期	收购标的（%）	并购金额（万元）	披露日期	收购标的（%）	并购金额（万元）
2016.01.06	浙江金庄 60	8 100		厦门旭美 51	459
2016.02.27	云南弘美 60	5 700		甘肃博文弘方 51	433.5
	四川弘方 60	2 920	2017.05.22	杭州悠可 63	68 000
	山东博美 60	3 750			

（二）“新娘”——杭州悠可介绍

杭州悠可化妆品有限公司（以下简称杭州悠可）成立于 2012 年 07 月 24 日，系由中方杭州网妆网络科技有限公司和外方马可孛罗电子商务有限公司共同出资组建的中外合资企业，注册资本：2 330.3233 万港元。经营范围为化妆品（除分装）、卫生用品、母婴用品（除奶粉）、服装鞋帽、纺织品、家具、箱包、家用电器、五金、仪器仪表、电子产品、计算机软硬件、电子产品、电子商务的技术开发、技术咨询、技术服务、成果转让等，为化妆品品牌提供包括网上代理运营，销售，渠道管理，电子商务解决方案等服务。

杭州悠可通过自主设计、创立 UCO.COM 化妆品网络平台，整合关联企业近年来发展的化妆品品牌资源、管道资源，以及创始股东的社会资源，成为采取全网代理经销和渠道包销营销模式的专业化妆品电商品牌管理公司。

杭州悠可系专注于化妆品垂直领域的电子商务企业，为多家国际化妆品品牌商提供多平台、多渠道、全链路的电子商务一站式服务。目前杭州悠可已建立起以代运营天猫官方旗舰店、品牌官网为主，向主流电商平台等线上经销商分销为辅的经营模式，服务内容涵盖旗舰店及官网建设、整合营销、店铺运营、客户服务、商业分析、仓储物流和供应链管理等。

杭州悠可服务的国际知名品牌包括雅诗兰黛旗下倩碧（CLINIQUE）和雅诗兰黛（ESTEE LAUDER）；欧舒丹（L'OCCITANE）；欧莱雅旗下药妆薇姿（VICHY）、理肤泉（LA ROCHE－POSAY）和修丽可（SKINCEUTICALS）；法国品牌娇韵诗（CLARINS）；韩国品牌菲诗小铺（THE FACE SHOP）、谜尚（MISSHA）等 20 多个品牌。

（三）强强“联姻”的来龙去脉

青岛金王并购杭州悠可并不是一次完成的，具体并购情况表如表 11－3 所示。

表 11－3　青岛金王合并杭州悠可情况表

被购买方名称	股权取得时点	股本取得成本（万元）	股权取得比例（%）	股权取得方式	购买日
杭州悠可	2013 年 12 月 30 日	15 170	37	收购及增资	2014 年 3 月 11 日
杭州悠可	2017 年 5 月 3 日	68 014.68	63	发行股份及支付现金	2017 年 5 月 18 日

1. “订婚”——第一次收购37%股权

近年来，电子商务整体延续了高速发展的趋势，网购化妆品市场规模随之持续增大，化妆品电商也发展迅猛。青岛金王为了打通化妆品品牌的线上渠道，实现线上线下渠道业务融合和相互提升，在2013年末聘请北京北方亚事资产评估有限责任公司，以2013年11月30日为评估基准日，对杭州悠可进行了评估。

依据北京北方亚事资产评估有限责任公司出具的（北方亚事评报字［2013］第223号）评估报告，评估机构采取了成本法和收益法评估，为了更准确地反映悠可资源和网络平台资源等无形资产价值，以及现有利润状况和未来盈利能力等方面因素，最终采用收益法评估结果。经评估，杭州悠可评估值为2.84亿元，交易各方以该评估值为依据，经充分协商确定杭州悠可价值为2.82亿元。青岛金王通过认缴杭州悠可新增注册资本以及收购杭州悠可现有部分股权的形式，合计投资人民币1.517亿元，持有杭州悠可37%的股权。其中，按照杭州悠可目前认定的价值2.82亿元，公司投资人民币1.28亿元对杭州悠可进行增资，持有杭州悠可31.34%的股权；以2 320.6万元人民币的价格收购马可孛罗持有的杭州悠可本次增资后5.66%的股权。交易交割完成前后，杭州悠可交易完成前后股权结构如表11－4所示。

表11－4　交易完成前后杭州悠可股权结构表

股东姓名或名称	收购前股权结构（%）	收购后注册资本认缴出资额（港币元）	股权比例（%）
青岛金王应用化学股份有限公司	—	8 622 196.33	37.0000
杭州悠飞品牌管理合伙企业（普通合伙）	49.9139	7 986 224.00	34.2709
马可孛罗电子商务有限公司	42.0861	5 414 812.99	23.2363
杭州悠聚品牌管理合伙企业（普通合伙）	8	1 280 000.00	5.4928
合计	100	23 303 233.32	100

数据来源：《资产评估报告书》（中同华评报字（2016）第716号）。

2. “结婚”——第二次并购63%股权

2017年5月22日，青岛金王以68 014.68万元取得杭州悠可63%股权。青岛金王于2017年5月2日收到中国证券监督管理委员会《关于核准青岛金王应用化学股份有限公司向杭州悠飞品牌管理合伙企业（普通合伙）等发行股份购买资产并募集配套资金的批复》（证监许可［2017］555号），发行股份及支付现金购买杭州悠可100%股权并募集配套资金事项获得中国证监会核准，2017年5月22日，标的资产完成股权过户，纳入公司合并报表范围。

青岛金王委托北京中同华资产评估有限公司，根据有关法律、法规和资产评估准则、资产评估原则，按照必要的评估程序，以企业持续经营和公开市场为前提，采用收益法和市场法，对杭州悠可化妆品有限公司申报的全部资产及负债，包括流动资产、非流动资产和负债，在评估基准日2016年5月31日的市场价值进行了评估。

收益法评估结果为108 000.00万元，比审计后账面净资产增值88 763.83万元，增值率为461.44%。市场法评估结果为112 600.00万元，比审计后账面净资产增值93 363.83

万元，增值率为485.36%。两种方法的评估结果差异4 600万元，差异率4.26%。本次评估采用收益法结论作为最终评估结论：评估基准日2016年5月31日，在持续经营的假设条件下，杭州悠可股东全部权益的市场价值为人民币108 000.00万元。杭州悠可63%股权的市场价值为68 014.68万元。

3. “联姻”的原因及影响

此次非公开发行收购杭州悠可63%股权获无条件通过，意味着青岛金王即将完成对杭州悠可全部股权的收购并实施实际控制，线上版图实力得以完善和增强；而目前青岛金王已经整合超过19个区域代理经销商，旗下共有超过2.45万个网点，超过8.5万的终端销售人员，并预计将持续巩固线下网点和运营实力。线上线下渠道资源的控制和整合，将有利于青岛金王进一步加快对接品牌，以发挥线上线下渠道推广效力，提高对应品牌的市场影响力和销售规模。

4. 青岛金王财务处理

青岛金王由于多次交易分步实现非同一控制下的企业合并，根据会计准则解释第4号的要求，之前2013年购入持有的杭州悠可37%的股权，账面价值为17 933万元，现在要按照股权在购买日的公允价值进行重新计量，根据北京中同华资产评估有限公司出具的《青岛金王发行股份及支付现金购买资产并募集配套资金所涉及的杭州悠可化妆品有限公司股权项目资产评估报告书》中同华评报字（2016）第716号评估报告，杭州悠可100%股权的评估价值为108 000万元，对应37%股权的公允价值为39 960万元，然后公允价值与其账面价值的差额22 027万元计入当期投资收益调整长期股权投资账面价值，所以在2017年上半年青岛金王利润表中，青岛金王的净利润已经达到了3.2亿，同比2016年同期5 947万增长近五倍。在合并报表中，借记“长期股权投资”，贷记“投资收益”。

（四）“联姻”双方财务状况分析

价值投资是基于企业资产所有权人的视角对企业基本分析的基础上强调上市企业或者投资标的公司的内在价值和安全边际的一种在成熟市场广泛使用的投资理念。但因为倾向于相对长期的投资往往会忽略短期的波动收益。其本质就是实业投资思维在股市上的应用。价值投资的根本就是对目标公司了如指掌，只要股价低于价值，就可以考虑买入。首先对两家企业财务状况进行分析，青岛金王2012—2016年盈利能力、偿债能力、营运能力如表11－5、图11－2、表11－6、表11－7所示，杭州悠可财务如表11－8、表11－9所示。

1. 青岛金王财务状况分析

表11－5　青岛金王2012—2016年盈利能力表

年份	营业收入（万元）	营业成本（万元）	销售毛利率（%）	净利润（万元）	净资产收益率（%）
2016	237 099.63	188 326.91	27.57	19 938.22	10.54
2015	147 688.84	115 910.39	21.52	11 310.62	11.89
2014	122 351.00	104 204.10	14.83	4 919.06	7.78
2013	145 400.14	124 856.57	14.13	5 431.44	9.01
2012	142 507.43	120 750.66	15.27	5 234.60	9.51

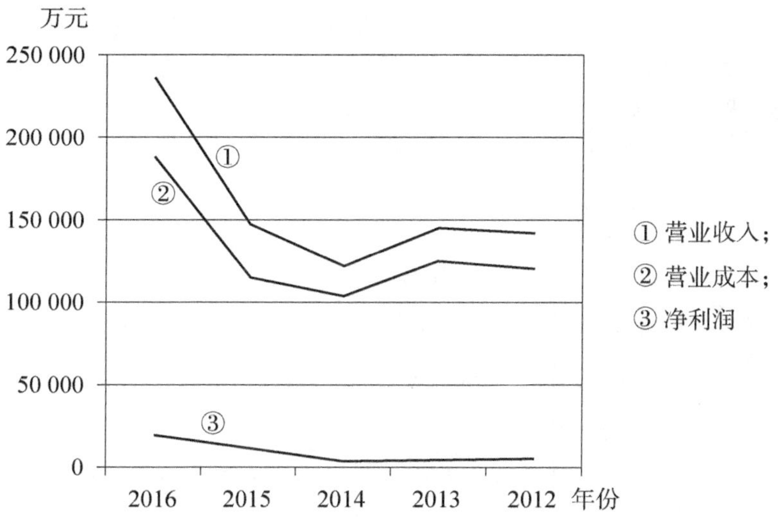

图 11－2　青岛金王 2012—2016 年盈利能力图

从上述各项数据可以看出：青岛金王自 2015 年营业收入开始上升，同比 2014 年增长了 20. 71%，销售毛利润增长了 6. 69%，2016 年营业收入更是大幅度提升，同比 2015 年增长了 60. 54%，净利润也是呈现一个增长的趋势，所以青岛金王近五年的盈利能力状况良好。

表 11－6　青岛金王 2012—2016 年偿债能力表

年份	流动比率	速动比率	经营活动现金流入（万元）	经营活动现金流出（万元）	经营活动产生的现金流量净额（万元）	经营现金净流量与净利润的比率	资产负债率（%）
2016	2. 04	1. 61	266 342. 09	272 555. 58	－6 213. 50	－0. 31	33. 30
2015	1. 35	1. 07	180 280. 89	161 238. 66	19 042. 23	1. 68	58. 08
2014	1. 76	1. 37	131 208. 23	125 546. 82	5 661. 41	1. 15	48. 45
2013	3. 31	2. 28	167 769. 89	159 540. 25	8 229. 63	1. 52	45. 54
2012	3. 21	2. 16	148 340. 26	135 138. 40	13 201. 86	2. 52	50. 58

流动比率和速动比率反映企业短期偿债能力，青岛金王的流动比率和速动比率一直处于比较高的状态，都大于 1，这代表青岛金王短期偿债能力较好。资产负债率反映企业长期偿债能力，青岛金王的资产负债率 2012—2015 年都在 50% 左右浮动，2016 年下降到了 33. 30%，说明青岛金王负债开始减少，加强了自身抵御外部风险的能力。

表 11－7　青岛金王 2012—2016 年营运能力表

年　份	存货周转率（次）	应收账款周转率（次）
2016	6. 47	7. 21
2015	5. 70	5. 53
2014	4. 98	5. 49
2013	4. 56	6. 90
2012	4. 19	7. 48

存货周转率反映存货的周转速度，即存货的流动性及存货资金占用量是否合理，青岛金王近五年的存货周转率和应收账款周转率表现较好，反映其有较好的营运能力。

2. 杭州悠可财务数据

表 11－8　杭州悠可 2013—2016 年财务数据表

单位：万元

项　目	2016 年 9 月 30 日	2015 年 12 月 31 日	2014 年 12 月 31 日	2013 年 12 月 31 日	2013 年 11 月 30 日
资产合计	29 896.84	29 178.35	23 731.22	未披露	15 603.31
所有者权益合计	21 593.64	20 080.66	16 345.70	未披露	2 423.56
营业收入	51 136.24	73 609.93	46 003.99	未披露	24 490.69
净利润	3 982.34	3 719.81	1 573.54	未披露	1 196.74
经营活动产生的现金流量净额	－76.35	5 964.36	－12 923.52	未披露	未披露

数据来源：中兴华会计师事务所《杭州悠可化妆品有限公司 2014—2015 年度及 2016 年 1—9 月份审计报告》（中兴华审字（2016）第 SD03－0126 号）。

表 11－9　杭州悠可主要财务指标表

项　目	2016 年 9 月 30 日	2015 年 12 月 31 日	2014 年 12 月 31 日
流动比率	3.22	3.02	2.88
速动比率	1.36	1.74	1.71
资产负债率（合并）	27.77%	31.18%	31.12%

数据来源：国泰君安证券股份有限公司关于青岛金王发行股份及祝福现金购买资产并募集配套资金之独立财务顾问报告。

杭州悠可在 2013 年被收购时，还处于发展的初步阶段，但是第二次收购时，杭州悠可的业务规模、合作品牌数量、合作的线上购物平台数量均大幅度提升，2013 年 11 月杭州悠可的营业收入为 2.45 亿元，净利润为 1 196 万元；而到了 2015 年，杭州悠可营业收入为 7.36 亿元，净利润为 3 719 万元。杭州悠可的流动比率和速动比率数值偏高，短期偿债能力好，但也有存货积压的风险，资产负债率偏低，长期偿债能力较好，经营较为稳健，资金利用率不高。

三、完美婚姻背后存在的隐患

（一）争议——现金流量与利润孰重孰轻？

首先，青岛金王这种会计处理操作，完全合理合法合规，但是，这种利润的增加，并没有相对应的现金流的支撑，2017 年上半年青岛金王经营活动产生的现金流量净额为 －16 886.19万元，同比下降 76.81%。也就是说，2.2 亿元的投资收益，只是会计处理过程中产生的账面利润，并没有实际的现金流支撑。

企业利润和现金流量都是评价企业业绩的重要指标，两者既有联系又有区别，会计利润的数据来源于企业的利润表，反映的是企业一定时期的经营成果，反映企业生产经营过程中所取得的经济效益，现金流量的数据来源于企业的现金流量表，反映的是企业一定时期的现金流入、现金流出、现金净流量的情况，体现企业经营周转是否顺畅、资金是否紧缺、支付偿债能力的大小。所以对于一些保守的价值投资人而言，企业现金流量在很大程度上决定着企业的生存和发展能力。即使企业有盈利能力，但若现金周转不畅、调度不灵，也将严重影响企业正常的生产经营，偿债能力的弱化直接影响企业的信誉，最终影响企业的生存。

但是，现金流量表反映的只是企业某一特定期间现金流入和流出的情况，它不能完全反映企业的盈利状况和发展状况，从青岛金王的发展战略来看，2013 年以来青岛金王通过投资、并购等方式整合优势资源，加速向化妆品领域拓展，确定了围绕化妆品研发、生产、线上线下营销渠道、品牌运营的整体产业规划和布局，逐步建设形成完整的化妆品全产业链。2016 年完成并购的上海月沣是一家专业的化妆品线下直营渠道运营商，其主要作为化妆品品牌代理商，通过线下连锁专营渠道销售化妆品产品，如今并购的杭州悠可则作为公司化妆品业务线上销售，为形成线上渠道与线下渠道的互动互通和有效融合提供了有力支持。并且根据杭州悠可 2014 年和 2015 年的报表来看，杭州悠可经营能力好，短期偿债能力强，经营业绩都达到了预期目标。所以从长远来看，青岛金王的化妆业产业链完整，发展前景很好，这对于企业来说也是一种“利润”，即使这种利润暂时没有经营现金流量的支持。

（二）风险——企业合并带来的商誉减值风险

第一次收购时，杭州悠可及创始人张子恒、黄冰欢、何志勇、吴进财、林炳春一致确认并承诺悠可 2014—2017 年的盈利分别不低于 1 500 万元、3 000 万元、6 000 万元以及 10 000 万元。上述盈利数据为扣除非经常性损益及所得税后的净利润数。创始人张子恒、黄冰欢、何志勇、吴进财、林炳春承诺，在 2014—2017 年的盈利承诺期间，以每两个会计年度为一个结算期间，如悠可在每个结算期间的盈利实现数据之和低于当期的盈利承诺数据之和，则由创始人以现金方式将该结算期间的盈利差额（为盈利承诺数据与实际盈利数据之差）与公司持有股权比例之乘积向公司一次性补足，结算期间的盈利实现可累计计算。

第二次收购时青岛金王与杭州悠可股东杭州悠飞、马可孛罗及张子恒、黄冰欢、何志勇、吴进财、林炳春签署了《盈利预测补偿协议》。标的公司杭州悠可承诺 2016 年度、2017 年度、2018 年度经审计的净利润分别不低于 6 700 万元、10 000 万元、12 300 万元，且不低于资产评估报告列明的上述期间内净利润的预测值。两次收购杭州悠可做出的业绩承诺如表 11－10 所示。

表 11－10　两次收购标的公司业绩承诺表

收购的评估基准日	交易标的	业绩承诺金额	补偿义务人
2013 年 11 月 30 日	杭州悠可 37% 股权	杭州悠可承诺 2014—2017 年的净利润分别不低于 1 500 万元、3 000万元、6 000 万元以及 10 000 万元	张子恒、黄冰欢、何志勇、吴进财、林炳春
2016 年 05 月 31 日	杭州悠可 63% 股权	杭州悠可承诺 2016 年度、2017 年度、2018 年度经省级的净利润分别不低于 6 700 万元、10 000 万元、12 300 万元	杭州悠飞、马可孛罗

根据中兴华会计师事务所对杭州悠可 2014—2015 年及 2016 年 1—9 月份的审计报告来看，2014 年和 2015 年杭州悠可的净利润分别为 1 573. 54 万元和 3 719. 81 万元，2014 年超额完成 4%，2015 年超额完成 24% 的业绩，但是第二次收购时由于杭州悠可为轻资产企业，其可辨认净资产的公允价值较账面净资产增值较小，收购完成后青岛金王 2017 年上半年的报告中，确认了 80 471. 02 万元的大额商誉，2017 年上半年资产总额为 445 885. 55万元，占资产总额 18%。若杭州悠可在未来经营中实现的收益未达预期或发生其他具有重大不利影响的事项，收购标的资产所形成的商誉则将存在较高的减值风险，从而影响青岛金王的当期损益。

四、与其他企业对比

非同一控制下的企业合并，带来了企业利润，但若以这种方式进行盈余管理，风险很大，“偷鸡不成蚀把米”，反而造成商誉减值，减少企业资产，影响损益。

（一）金枪新材料并购苏州迪马：是非同一控制企业合并还是购买资产？

苏州金枪新材料股份有限公司（下文简称金枪新材料）创立于 1988 年，前身为苏州市胶粘剂厂，是一家专业从事胶粘剂新材料研发、生产、销售的高新技术企业，主营 PUR 复合胶、MS 胶、电子胶、工业胶、绝缘材料、新能源等，拥有 300 多种规格型号的产品，主要应用于服装面料、装修建材、产品包装、工业装配、电子元件、交通运输、太阳能组件等诸多领域。

2017 年 3 月 20 日，证监会更新了发审相关信息，在有关 IPO 审核结果里，首现 3 月份第一家被否公司——金枪新材料。证监会公告中提出，根据招股说明书披露，对发行人收购苏州迪马 100% 股权时，未作非同一控制企业合并处理，而是按购买资产处理，并对商誉等按会计差错作了追溯调整。

2014 年 11 月 28 日，为了购买苏州迪马拥有的土地使用权证号为吴国用（2012）第 0630667 号土地使用权（面积 40 540. 40 平方米）及其上的 11 座建筑物（总建筑面积 12 669. 61平方米），金枪新材料与苏州迪马股东苏州工业园区万马生物科技有限公司签订了《资产转让框架协议》，如表 11－11 所示。

表 11－11　《资产转让框架协议》

序号	约 定 条 款
1	双方同意在苏州迪马剥离除上述房产土地外其他所有资产负债后，金枪新材料通过受让迪马生物100%股权的方式完成本次资产转让
2	苏州迪马应于2014年12月31日前，以收取或转让方式处置完毕苏州迪马的全部应收款项，出售苏州迪马的存货等除本次收购标的房产土地外的其他全部资产；清偿苏州迪马的全部银行贷款及应付款项及其他债务。苏州迪马应解除其全部的对外担保，包括抵押、质押及保证等，解除剩余员工的劳动关系并足额支付离职补偿金、社会保险、住房公积金及其他应付给员工的费用
3	双方以2015年1月31日为审计、评估基准日，对苏州迪马进行审计及评估，并参考评估值协商确定本次转让的价格

资料来源：《首次公开发行股票并在创业板上市招股说明书》。

2015年6月2日，在《资产转让框架协议》的基础上，双方签订正式资产转让协议，在标的房产土地评估价值2 748.12万元的基础上，考虑到签协议时账面尚未剥离的其他资产、负债的情况，双方协商确定股权转让价款为2 600万元。在金枪新材料的招股说明书中称，苏州迪马的资产、负债的组合不具备投入、加工处理、产出三个要素，不能形成业务，根据《企业会计准则讲解（2010）》中的相关表述，"如果一个企业取得了对另一个或多个企业的控制权，而被购买方（或被合并方）并不构成业务，则该交易或事项不形成企业合并。企业取得了不形成业务的一组资产或是净资产时，应将购买成本按购买日所取得各项可辨认资产、负债的相对公允价值基础进行分配，不按照企业合并准则进行处理"，所以金枪新材料将本次收购以非企业合并的方式形成的长期股权投资，以支付的股权价款2 600万元作为长期股权投资的初始投资成本。合并报表中，以购买日苏州迪马各项可辨认资产、负债的公允价值为基础，将其纳入公司合并报表，这既不影响金枪新材料的会计利润，也不影响其应纳税所得额，故根据《企业会计准则第18号——所得税》第十一条和第十三条规定，苏州迪马的各项资产、负债在金枪新材料合并报表层面的初始计量金额不同于其计税基础，从而导致产生应纳税暂时性差异或者可抵扣暂时性差异。

2015年6月16日，苏州迪马召开股东会，同意苏州迪马原股东苏州工业园区万马生物科技有限公司将持有的苏州迪马100%的出资额转让给金枪新材料，苏州迪马成为本公司全资子公司。金枪新材料以苏州迪马的资产、负债组合不具备投入、加工处理、产出能力，不形成业务的理由，以苏州迪马各项可辨认资产、负债的公允价值为基础，将其纳入公司合并报表，不按照企业合并准则进行处理，不确认商誉。这明显不符合企业会计准则关于企业合并的规定。

（二）智业软件：并购商誉发生减值

智业软件股份有限公司（下文简称智业软件）成立于1997年4月7日，专注于医疗卫生信息化行业，主要从事医疗卫生信息化软件产品的研究开发、建设实施与后续维护，以及与医疗卫生信息化项目配套的硬件集成业务，包括硬件设施的构架设计、安装调试与运行维护等。

但是在 2017 年 9 月 13 日，创业板发审委第 71 次会议审核结果，智业软件（A15293）首发未通过。智业软件在收购天津天职、云南汇众、内蒙古普诺杰时存在业绩对赌，并因合并成本大于取得上述被收购对象的可辨认净资产公允价值而产生商誉，收购时天津天职确认商誉 769. 16 万元，云南汇众确认商誉 4 540. 05 万元，内蒙古普诺杰确认商誉 2 449. 46 万元。但是由于种种原因，云南汇众、内蒙古普诺杰经营收益都没有达到预期的水平，于是智业软件在 2017 年上半年对 2013 年末至 2016 年末的商誉，采用收益法评估结果进行减值测试并进行追溯调整，经过公司第一届董事会第二十二次董事会议通过，该项会计差错采用追溯调整法，调减 2013 年末商誉 5 062. 40 万元，其中天津天职商誉减值 385. 90 万元，云南汇众商誉减值 2 563. 75 万元，内蒙古普诺杰商誉减值2 112. 75 万元，调减 2015 年末天津天职商誉 383. 26 万元。并且在 2017 年上半年末全额计提增资收购福建海汇时形成的商誉 109. 45 万元。

（三）三者对比

青岛金王和这两个企业相比，同样是对非同一控制下企业控股合并的财务处理，青岛金王根据企业会计准则解释第 4 号的规定，将多次交易分步实现统一控制下企业合并造成的差额进行合理合法合规的调整，从而在 2017 年度的上半年就有了 3. 2 亿元的净利润，这从某种角度上看属于一种盈余管理。

而金枪新材料在收购了苏州迪马 100% 股权的情况下，在招股说明书中称，“苏州迪马的资产、负债的组合不具备投入、加工处理、产出三个要素，不能形成业务”，所以并未按照非同一控制企业合并处理，而是按购买资产处理。但是通过对此次收购案的研究，我们认为：金枪新材料的这次收购主要是购买了苏州迪马的土地使用权及其上的 11 座建筑物，金枪新材料收购苏州迪马后，苏州迪马未来将主要生产聚氨酯胶粘剂（功能性、热熔型、无溶剂型）、有机硅胶粘剂（MS 类）、环氧胶粘剂（功能性）等产品，并且目前金枪新材料正在对苏州迪马厂房进行改造与设备购置，以满足上述产品的生产条件。因此，这笔收购应该按照《企业会计准则第 20 号——企业合并》进行处理。

企业通过企业合并来扩大生产规模，拓展经营市场，往往在并购时会因为看好这家企业的发展前景而以高于收购对象的可辨认净资产公允价值进行收购，这样便产生了商誉，比如智业软件收购天津天职、云南汇众、内蒙古普诺杰，和青岛金王收购杭州悠可，两者都确认了较多的商誉，然而智业软件并购的这些公司在后续的经营中并没有达到预期的经营业绩，于是在上市前期进行了大额的商誉减值，相比之下，杭州悠可在 2014 年和 2015 年都完成了承诺的业绩，所以青岛金王目前不需要进行商誉减值。

五、对该案例的思考

首先，青岛金王通过对多次交易分步形成非同一控制下企业合并的合并报表差额进行调整，在 2017 年上半年形成 3. 2 亿元的净利润，其中合并杭州悠可时产生的投资收益有 2. 2 亿元，这种会计处理方法符合企业会计准则的要求，是完全合理合法合规的，属于一种企业的盈余管理。

其次，那么对于这 2. 2 亿元的投资收益算入利润，有人认为并没有现金流的支撑，不属于青岛金王实实在在产生的收益，但是从一个企业整体的财务管理角度来看，现金流只是反映企业某一特定时期现金的流进和流出以及资金周转水平，而企业长期的发展状况特别是并购效应还必须结合多种因素来综合考虑。所以现金流只能作为分析企业利润的一个分析数据，并不能完全依赖于现金流。

最后，企业合并固然是一个快速扩张企业规模、增加企业价值的办法，但是在选择并购公司时，需要考虑被收购企业在未来经营中实现的收益未达预期或发生其他具有重大不利影响的事项。这种事项一旦发生，收购标的资产所形成的商誉则将存在较高的减值风险，从而影响企业的当期损益。所以在选择并购企业的时候，应该选择发展空间大、盈利能力好、品牌资源丰富的企业。

六、讨论题目

以下问题作为课堂讨论时引导学员思考的问题，也可以布置给学员在课外准备案例时的思考。

1. 青岛金王收购杭州悠可的目的是什么?
2. 青岛金王是怎样通过多次交易分步实现对杭州悠可的并购?
3. 青岛金王通过多次交易分步实现对杭州悠可的并购，通过什么价值评估方法进行评估？评估过程是怎样的?
4. 杭州悠可两次交易价格差异的原因及合理性分析。
5. 青岛金王并购杭州悠可属于价值投资么？并购后存在什么争议和风险?

七、参考资料

［1］《青岛金王应用化学股份有限公司 2012—2016 年年度报告》.

［2］《青岛金王应用化学股份有限公司对外投资公告》.

［3］《青岛金王发行股份及支付现金购买资产并募集配套资金所设计的杭州悠可化妆品有限公司股权项目资产评估报告书》（中同华评报字［2016］716 号）.

［4］《国泰君安证券股份有限公司关于青岛金王应用化学股份有限公司发行股份及支付现金购买资产并募集配套资金之独立财务顾问报告》.

［5］《杭州悠可化妆品有限公司 2014—2015 年度及 2016 年 1—9 月份审计报告》（中兴华审字［2016］SD03 -0126 号）.

［6］《苏州金枪新材料股份有限公司首次公开发行股票并在创业板上市招股说明书》.

［7］《智业软件股份有限公司首次公开发行股票并在创业板上市招股说明书》.

［8］李立菁．探究我国电子商务发展的特点及趋势［J］．商场现代化，2017（11）：68 -69.

［9］曾璐，孙玺．会计利润与现金流量的矛盾及其协调［J］．价值工程，2016，35（6）：30 -32.

[案例说明书]

一、本案例需要解决的关键问题

企业合并是当今经济全球化大背景下企业寻求快速发展的有效途径，本案例以青岛金王通过多次交易分步实现并购杭州悠可为例，引导学员从分步合并的角度来了解如何对企业进行估值、研究多次交易分步实现非同一控制下企业合并给企业带来的影响，分析商誉、利润、现金流量等因素的变动，以及青岛金王高溢价并购中存在的风险等，帮助学员熟悉企业并购的基本理论，并结合案例分析这次分步合并是否属于价值投资。

二、案例讨论的准备工作

为实现本案例的教学目标，学员应在案例讨论前通过预发材料了解以下相关的知识背景。

（一）理论背景

长期股权投资和企业并购的基本理论：定义、相关会计准则、会计核算方法等；企业价值估值的方法；经营活动现金流量的定义和意义；商誉及商誉减值等。

（二）制度背景

《企业会计准则第 20 号——企业合并》《会计准则解释第 4 号》。

三、教学组织方式

（一）问题清单及提问顺序、资料发放顺序

本案例讨论题目依次为：

1. 青岛金王收购杭州悠可的目的是什么？
2. 青岛金王是怎样通过多次交易分步实现对杭州悠可的并购？
3. 青岛金王通过多次交易分步实现对杭州悠可的并购，通过什么价值评估方法进行评估？评估过程是怎样的？
4. 对杭州悠可两次交易价格差异的原因及合理性进行分析。
5. 青岛金王并购杭州悠可属于价值投资么？并购后存在什么争议和风险？

（二）课时分配

本案例的案例正文及讨论问题，在讲授有关知识点之后，案例讨论课之前（至少提前一周），一次性布置给学员。在案例讨论课上可以按照如下的课堂计划进行分析和讨论，仅供参考。

内 容	主讲人	时 间	说 明
课前准备	教师	—	至少提前一周发放资料，请学员在课前完成阅读和初步思考
讨论问题 1	分组讨论	20—25 分钟	学员自由发言，教师参与讨论并帮助分析
讨论问题 2	分组讨论	20—25 分钟	学员自由发言，教师参与讨论并帮助分析
讨论问题 3	分组讨论	20—25 分钟	学员自由发言，教师参与讨论并帮助分析
讨论问题 4	分组讨论	20—25 分钟	学员自由发言，教师参与讨论并帮助分析
讨论问题 5	分组讨论	20—25 分钟	学员自由发言，教师参与讨论并帮助分析
案例总结	教师、学员	10—15 分钟	学员自由发言，教师进行总结

（三）讨论方式

本案例拟采用小组式的讨论方式。

（四）课堂讨论总结

课堂讨论总结的关键是：根据小组发言与辩论情况，进行归纳总结，教师就学员的讨论情况进行点评，就如何运用理论知识去解决实际问题提出建议并引导学员对案例后续发展做出展望，并在课后继续跟踪最新进展。